令和６年
10月改訂

タイムリミットで考える

相続税対策実践ハンドブック

生前対策編

税理士　山本 和義　著

清文社

はじめに

令和４年に死亡した者（1,569,050 人）について、令和５年に相続税の申告を行うと仮定した場合に、その申告件数（課税状況）は 150,858 件、課税割合は 9.6％ となっていて、およそ 10 人に１人の割合で相続税が課されます。標準的な家族構成である親子４人家族の相続税の基礎控除額は 4,800 万円で、都心にマイホームを所有し、老後を安心して暮らすための最低限の生活資金を保有しているだけで相続税が課税されるような状況にあります。そのため、相続対策への関心が高まってきています。

相続対策において、優先すべき課題は「争族の防止」です。次に「相続税の納税資金対策」をしっかりと実行することで、副次的効果によって「相続税等の軽減」にも役立つというような取組み方が望ましいと思います。節税重視型の対策は、相続税法や財産評価基本通達などが頻繁に改正されることから期待した節税効果が得られないことにもなりかねません。相続税等の軽減対策よりも「家族の幸せ対策」が重要で、遺産分割協議でもめないように、生前の対策や、財産を承継させたい人に確実に残すことができるような対策を実行しておきたいものです。

相続対策は、①現状を正しく把握し、②問題点とその対処法についてあらゆる角度から検討し、③対策の実行について意思決定して、④具体的に対策を実行に移し、⑤その効果を検証しつつ定期的に見直しをするようにしなければなりません。

また、相続対策は、一定の前提条件を基に対策を実行することになります。そのため、前提条件が異なると自ずと期待した効果が生じない場合や、逆効果になってしまうこともあります。前提条件で欠かせないものとして、死亡する順番を想定します。例えば、父→母の順に相続が開始すると仮定し、相続対策にかけることができる時間は何年とするかについても前提条件として定めて対策を立案することになります。

相続対策は、生前に長い時間をかけて実行すれば、少ないコストと小さなリスクで効果を得ることが期待できます。相続税法等に規定する各種特例等の適用を受けるためには、生前に適用要件等を確認し、必要な対策を実行しておくことが欠かせません。

そのため、不動産や金融資産などの調査や資料収集にかなりの時間を要し、具体的な対策立案、実行可能なものの検討、実行の順序の決定など対策に着手するまでの期間は最短でも３か月は必要です。更に、対策に着手してからその効果が期待できるまでには３年以上の年月が必要な対策が多いのが現実です。

厚生労働省が公表している簡易生命表（令和４年）によると、平均余命（ある年齢の人々があと何年生きられるかいう期待値）が10年以上とされるのは、男性の場合78歳以下、女性は82歳以下となっています。また、健康寿命は、厚生労働省の「健康寿命の令和元年値について」によると、男性72.68歳、女性75.38歳と報告されています。健康寿命とは、健康上の問題で日常生活が制限されることなく、自立して生きられる期間のことを指します。認知症などによって意思能力が失われると相続対策を実行することができなくなりますので、早めの着手が必須です。

一方、相続の開始が間際になってから慌てられる人もいれば、あきらめてしまう人もいます。しかし、このような残された時間があまりない状況下でも、意思能力があれば、限られた対策ですが打つ手はあります。一例を挙げれば、令和５年度税制改正において生前贈与加算の対象期間が３年から７年に延長されましたが、相続又は遺贈によって財産を取得しない孫などへの暦年贈与は相続財産に加算されませんので、相続税の限界税率よりも低い贈与税の負担割合で贈与することで相続税を軽減することができます。

そこで、本書では、生前対策にかける時間の長短に応じた具体的な相続対策について解説しています。限られた紙面ではありますが、分かりやすく解説するために設例を用いて数値で確認できるようにしています。また、コラムによって実務上の疑問点などの解消のために役立つよう工夫しています。

なお、本書は、平成10年に初版を発刊し、その後改訂を重ねました『タイムリミットで考える　相続税対策実践ハンドブック』をリニューアルしたもので、旧版のうち相続発生前の対策を「生前対策編」として本書にまとめています（相続発生後の対策をまとめた「遺産分割・申告実務編」は令和６年12月に発刊予定です。）。

筆者は浅学非才でありますが、実務に従事しながら相続対策の基本とその取組み方について多くの事例を体験し、その中から得た内容などをこの本にまとめています。内容等について今後検討を必要とする部分もあることと思いますが、読者諸賢にとって相続対策のヒントとなる一項目でもあれば筆者の望外の喜びとするところです。

なお、文中意見にわたる部分は私見であり、設例の数値は原則「万円」単位で表示し、端数処理については四捨五入してありますので、その旨ご留意ください。

最後になりましたが、清文社の編集部の皆さまには大変ご苦労をおかけしました。この紙面を借りて心よりお礼申し上げます。

令和６年９月

税理士　山 本 和 義

（注）　文中解説において、推定被相続人及び推定相続人を、単に「被相続人」及び「相続人」として表記している部分がありますので、解説の内容に応じて読み替えをお願いします。

目　次　　CONTENTS

序　相続対策の取組み方・考え方

長期対策編　相続発生までに１年以上あると予想される場合

Ⅰ　遺留分の放棄

Ⅱ　信託を活用した相続対策

目　次

Ⅲ　土地の有効活用による相続税対策

Ⅳ　生前贈与を活用した対策

V 生命保険徹底活用による相続税対策

一　相続税対策に活かす生命保険とは

二　相続税対策に活かす生命保険徹底活用

VI 不動産管理会社設立による相続対策

目 次

短期対策編　相続発生が１年以内に予想される場合

Ⅰ 被相続人の意思能力について

Ⅱ 短期間のうちに相続が開始すると対策の効果が期待できないもの

Ⅲ 遺族年金を受給するための直前対策

Ⅳ 遺言書の作成

Ⅴ 養子縁組の活用による相続税対策

Ⅵ 資産の種類別直前対策の具体例

Ⅶ 取引相場のない株式等の相続税対策

目　次

Ⅷ　その他の対策

【凡例】

所法…………所得税法
所規…………所得税法施行規則
相法…………相続税法
相令…………相続税法施行令
相規…………相続税法施行規則
措法…………租税特別措置法
措令…………租税特別措置法施行令
通法…………国税通則法
相基通…………相続税法基本通達
措通……………租税特別措置法関係通達
評基通…………財産評価基本通達
不登法…………不動産登記法
災免法…………災害被害者に対する租税の減免、徴収猶予等に関する法律
経営承継法…………中小企業における経営の承継の円滑化に関する法律

本書の内容は、令和６年８月１日現在の法令等によっています。

序

相続対策の取組み方・考え方

基本的な考え方

相続対策は、「争族対策」が最重要課題で、次に「納税資金対策」をしっかりと行い、その副次的効果として「相続税の軽減」を図るようにします。

争族防止のためには、遺言書の作成による対策が大変効果的であり、その他、生前に遺産分割しやすいように財産を分割又は換金しておくことなどが考えられます。

納税資金対策については、相続税が超過累進課税であり、適用される限界税率(※)が30%から50%であるケースも多くあります。しかし、相続財産に占める現金預貯金等の割合は国税庁による「令和4年分相続税の申告事績の概要」から見ると34.9%であり、毎年その割合は高まってきていますが、一時に現金で納税することは困難な事例も少なくありません。

※　限界税率とは、適用される累進税率のうち最も高い税率をいいます。

相続税の軽減効果は、不確実と言わざるを得ません。なぜなら、現在有効な軽減対策も、現行税制の改正が行われない場合に限り軽減効果が期待できるのであって、相続税は、相続発生時の相続税法や財産評価基本通達によって評価され課税されることになることから、今後どのような改正が行われるかについては、予測不可能であり相続税の軽減効果は確定したものとは言えません。例えば、親と子の双方が国外へ5年超住所を移転することにより、国外財産への課税を免れるような租税回避行為を封じ込めるために、平成29年4月1日以後に相続若しくは遺贈又は贈与により取得する財産に係る相続税又は贈与税から、被相続人及び日本国籍を有する相続人の場合、両者が国内に10年超住所がない場合に限り国外財産に相続税が課されないことと改正されました。

平成30年度の税制改正では、小規模宅地等の特例のうち、俗にいう「家なき子」の定義が見直されました。この特例は、被相続人と同居していない親族においても、親の死亡後に実家に戻ることが想定されるから、一定の要件（3年以内に自己又は自己の配偶者の持ち家に居住していないことなど）に該当する場合に、330 m^2 までの部分について通常の相続税評価額から80%減額することができるとしていました。

そのため、地価の高い所に居住していた被相続人のその敷地について「家なき子」の特例適用を受けるために、その相続人が自己の持ち家に居住していた場合には、その相続人の子や同族法人へ建物を贈与又は譲渡して、自分は持ち家に居住していなかったようにする対策も行われていました。また、被相続人の居住用不動産を、相続人の子（被相続人の孫）へ遺言書で遺贈すれば、その子は持ち家に居住していない（例えば、その子の親の家に居住していた）場合には、この特例の適用を受けることができました。

この「家なき子」の対象を、自己、自己の配偶者に加え、3親等内の親族、関係する同族会社や一般社団法人等の所有する家屋に居住している者を除外することとし、また、相続開始時に居住していた家屋を相続前に所有していた者が除外されることに見直されました。

また、令和６年１月１日以後に相続、遺贈又は贈与により取得した居住用の区分所有財産の評価について、評価方法が見直され、都心のタワーマンションなどは従前の評価額の概ね1.5倍～２倍程度に評価額が引き上げられることになりました。

このように、相続税対策を実行しても、その後の相続税法等の改正によって相続税の軽減効果は失われてしまうこともあります。ゆえに、相続税の軽減対策重視は賢明な選択とは思えません。

また、相続税の申告の必要のない相続においても、共同相続人間での遺産分割問題は存在しますので、「争族」に発展しないよう相続対策は必要と考えられます。相続対策は一部の富裕層の人達だけの問題ではないことを認識しておかなければなりません。

令和４年の最高裁判所の統計資料によると、遺産分割事件のうち認容・調停成立件数は6,915件で、そのうち、「審理期間と遺産の価額及び代理人弁護士関与の総数」は以下のようになっています。

審理期間 遺産の価額	総数	１年以内	２年以内	３年以内	３年超	代理人弁護士関与の総数
総数	6,915件	3,894件	1,981件	675件	365件	5,933件
1,000万円以下	2,322件	1,606件	522件	133件	61件	1,851件
5,000万円以下	2,954件	1,642件	922件	278件	112件	2,579件
１億円以下	803件	340件	271件	128件	64件	735件
５億円以下	525件	159件	175件	98件	93件	488件
５億円超	49件	7件	13件	14件	15件	48件
算定不能・不詳	262件	140件	78件	24件	20件	232件

（出典：最高裁判所事務総局「司法統計年報（家事編）　第53表」）

この統計は、１年間に裁判所に持ち込まれた相続争いの中で、調停が成立した件数のうち、一体いくらぐらいの価額帯の遺産で争われていたのかを裁判所がまとめたものです。それによれば、遺産の価額が5,000万円以下の占める割合が76.3%を占めていて、1,000万円以下の割合は33.6%となっています。自宅以外に分けるものがない場合など遺産の多寡に関係なく、遺産争いになっている現実を垣間見ることができます。

また、審理期間別にみると、審理期間が１年以内で遺産の価額が5,000万円以下の認容・調停成立件数は3,248件、5,000万円以下の総数5,276件に対して61.6%であるのに対して、審理期間が１年以内で遺産の価額が5,000万円超の認容・調停成立件数（算定不能・不詳件数を除く。）は506件、5,000万円超の総数（算定不能・不詳件数を除く。）1,377件に対する割合は36.7%となっています。遺産の価額が多いほど審理期間が長くなっていることが分かります。

弁護士の関与の割合も、遺産の価額が5,000万円以下の総数は4,430件で、5,000万円以下の総数5,276件に対する割合は84.0%で、遺産の価額が5,000万円超の割合（算定不能・不詳件数を除く。）は 92.3％（1,271 件÷1,377 件）となっています。遺産の額が多ければ弁護士の関与割合も高くなっています。

相続対策は、まず財産の棚卸しから

相続対策は資産の所有者の「願い」を実現するものでなければなりません。そのため、「願い」は何かを明確にしていく必要があります。例えば、自身の今後の生活をどのように過ごそうとしているのか、どの財産を誰に相続させようと考えているのか、均分に財産を承継させるのか、それとも特定の相続人に財産を承継させるのか、節税効果を得るためのリスクやコストについてはどのように考えているのか等が明確になっていないと対策は進みません。場当たり的なものでなく相続対策の全体設計が不可欠です。

そのためには、まず現状を正しく把握することから始める必要があります。すなわち、財産の棚卸しを行うことです。財産の棚卸しを実行することにより、現在の資産の相続税評価額や時価を知り、その資産がどのように活用されているのか、万が一の場合の相続税の納税資金は万全か、不足するならば、どのくらい足りないのかなどの現状をしっかりと認識することができ、問題点も浮き彫りになります。

このように現状の把握をしてみると、漠然としていた問題点が明確になり、思い描いていた将来像とは懸け離れた状態にあるかもしれません。対策の実行に当たっては、現状を正しく把握し、可能であれば推定被相続人と推定相続人が共通の課題として取り組むことで、それぞれの理想とする形へ近付けていくことにより、今後の対策も立てやすくなります。

⑴　財産棚卸しの実施

①　財産の棚卸しにより所有財産の状況及び評価額を確認します。

この場合、現状の財産の棚卸しだけでなく、10 年くらい先についても一定の前提条件を基に財産の棚卸しを実行しておきます。

②　第一次相続及び第二次相続を通じた相続税の試算を行います。

⑵　問題点の確認

①　算出された相続税額に対して納税資金が十分に準備されているか確認します。

②　相続人の間で円滑に分割できる財産構成となっているか確認します。

③　残すべき資産の優先順位をつけていきます。

⑶　対策の実行を考える

⑵の問題点の解決のために、以下の対策を検討します。

①　相続税を可能な限り軽減するための対策を検討します。

②　相続税の納税が円滑に行えるようにするための対策を検討します。

③　円満に遺産分割できるようにするための対策を検討します。

対策の実行に当たっては、リスクとコストが伴いますので、残された時間を考えながら、対策の優先順位をつけて実行します。

換金処分の困難な財産の割合が高いからこそ相続対策が必要

国税庁が公表している相続税の統計資料から相続財産の種類別内訳の最近の推移を確認します。

◉ 平成30年～令和4年：相続財産種類別内訳（課税状況）　（単位：百万円）

	平成30年	令和元年	令和2年	令和3年	令和4年
①　土　地	6,081,773	5,760,979	6,038,866	6,542,777	7,068,780
②　家屋・構築物	914,688	879,267	930,160	1,013,291	1,109,214
③　有価証券	2,773,267	2,546,034	2,581,109	3,220,446	3,570,188
④　同上のうち未上場株式等	(13,154人) 664,282	(12,613人) 665,593	(13,045人) 603,283	(14,087人) 868,823	(15,012人) 797,463
⑤　現金・預貯金	5,589,038	5,643,362	5,898,877	6,684,643	7,630,411
⑥　生命保険金等	678,750	666,130	707,683	800,049	943,365
⑦　退職手当金等	193,545	189,143	175,396	196,059	208,440
⑧　その他	1,086,823	1,067,499	1,084,747	1,222,103	1,335,919
⑨　合　計	17,317,883	16,752,414	17,416,837	19,679,368	21,866,316
被相続人の数	116,341人	115,267人	120,372人	134,275人	150,858人
相続人の数	300,241人	295,214人	307,333人	341,002	380,937人
金融資産の割合 (③－④＋⑤～⑦)／⑨	49.5%	50.0%	50.3%	51.0%	52.8%
現金・預貯金の割合 (⑤／⑨)	32.3%	33.7%	33.9%	34.0%	34.9%

（出典：国税庁統計資料）

相続財産の種類別内訳における顕著な変化は、相続財産に占める現金・預貯金の割合の増加が著しいことです。土地については、近年価額が上昇傾向にありますが比較的安定していると思われます。有価証券は、そのときの経済状況に左右され、前年対比増減を繰返していますが、令和３年はかなり上昇しています。

換金処分が困難な土地・家屋及び未上場株式等の占める割合は直近５年間の平均値が約43％となっています。換金処分が困難な財産の占める割合が高いからこそ、相続税の納税資金の確保のための対策が重要となってきます。

また、平成30年度〜令和４年度の相続税の課税価格（課税状況）の合計額（93,032,818百万円）を、その間の被相続人の延べ人数（637,113人）で割ると、課税価格は14,602万円／人、未上場株式等の課税価格の合計額（3,599,444百万円）を、未上場株式等を残した被相続人の延べ人数（67,911人）で割ると5,300万円／人となります。

そのことから、未上場株式等の占める割合は約36％（5,300万円÷14,602万円）と推定され、標準的な家族構成（相続人が、妻と子２人）で、長男が事業後継者である場合に未上場株式等を相続すれば、長男が相続する財産の額は法定相続分を超えることになり、法定相続分を基に遺産分割をする場合には、長男が相続税の納税資金を相続することは困難になります。

そのため、自社株に代表される換金処分の困難な財産が、相続財産に占める割合が高い相続人にとっては、相続税の納税資金の確保が重要課題になります。

相続税の軽減対策と納税資金対策は車の両輪

相続税の軽減対策は、相続財産が「数量×単価」で求められることから、数量を減らし、単価を下げることです。この場合に、数量を減らす対策では、生前贈与による対策が多く行われていますが、被相続人の財産が増加することを防止する対策も重要です。例えば、不動産賃貸業を営んでいる人の場合には、不動産管理会社を活用して収入の分散を図ることで、超過累進税率で課税される所得を法人の比例税率へ変更し、かつ、被相続人に資産が蓄積していくことを防止することにより、毎年の所得税と将来の相続税の軽減に役立ちます。

単価を下げる対策では、非課税財産に組み換えることや、時価と相続税評価額の差が大きな財産への組換え対策が基本となります。

◉ 時価に対する相続税評価額の目安

	時価	相続税評価額
土地（自用地）	100	80
土地（貸家建付地）	100	60
建物（自用）	100	60

建物（貸家）	100	40
現預金	100	100
借入金	△100	△100

納税資金対策では、必要納税資金に対して相続財産と相続人所有の金融資産（現預金・生命保険金・上場有価証券等）がいくら準備できるかを試算し、相続税の支払能力をチェックし、対策の必要性を確認します。相続税の支払能力の判定には、【納税資金÷相続税×100】で求めます。この割合を相続税のカバレッジといいます。この比率が100%よりも小さければ小さいほど対策が必要であることを示しています。

納税資金の不足を解消するためには、①相続税対策により相続税額を軽減すること、及び、②納税資金対策により相続税の納税資金を増やすことがポイントです。

このことにより、祖先から相続した不動産等を譲渡又は物納することなく相続税の納税を完結させることも期待できます。

相続税の軽減対策と納税資金対策は、真に車の両輪のごとく着実に実行することが大切です。

相続対策イコール節税対策ではない

相続対策は相続税対策に偏ったものであってはなりません。なぜなら、相続は5年から10年後に発生すると予想して対策を実行することが基本であり、その間の税制改正のリスク、租税回避行為としての認定、経済状況や心境の変化など不確定要素が多くあり過ぎます。

また、全体の相続税を軽減させる対策であっても、個々の相続人に焦点を当てると有利・不利が混在する対策も少なからずあります。端的な例が「養子縁組」でしょう。養子縁組により法定相続人数が増加し、相続税の基礎控除額がアップし、かつ、法定相続人1人当たりの取得金額が小さくなり累進税率が緩和されて相続税負担は大きく軽減します。しかし、養子は実子と同等の相続権を有し、共同相続人間の相続分や遺留分に影響を与えることから、遺産分割協議などでもめる原因ともなりかねません。そのため、相続対策によって得られる相続税の軽減効果は副次的なものとして位置づけておくことがよいでしょう。

相続対策は優良な資産を次の世代に承継していくための対策であるべきと考えます。そのため、所有する資産のうち「残さなければならない資産」、「残せればよい資産」及び「処分もやむなしと考える資産」に区分し、希望どおり残すべき資産等を次世代に無理なく承継することができる対策を講ずることが大切です。

また、過去に行った相続対策の見直しが必要となることもあります。なぜなら相続対策の効果の多くは、相続開始後に確定します。そのため、相続対策を実行した後において、以下のような事情により相続対策の見直しが必要となることがあります。

①　税制改正

税制等は毎年改正され、相続税対策を実行したときに期待された税制の効果が減殺されていることがあります。

②　家族構成の異動

相続対策を実行したときの家族構成が異動することがあります。

例えば、年齢が上の夫が先に亡くなるという想定のもとに、相続対策を実行していたら、妻や子が先に亡くなってしまうこともあります。また、養子縁組によって相続の順位に変動が生じることもあります。

③　心情の変化

相続させたいと考えていた子などとの関係が悪化して他の者に相続させようと考えが変わることもあります。また、相続させる割合や特定の相続財産を相続させる人を変更したいと考えることもあります。

④　経済状況の変動

高齢になってリスクの高い商品で運用することは少ないと思いますが、日本経済の変動によって財産が大きく目減りすることも予想されます。また、自然災害などによって建物などが毀損することもあります。

財産は直接所有より間接所有の方がよい

相続対策上、その資産の所有形態は個人が自ら所有するのではなく、同族法人を介して間接所有することが望ましいと言えます。その理由は、資産を直接所有している場合には、資産の値上がり益や含み益のすべてが相続財産に反映され相続税の増加を回避できないことにあります。一方、法人を介して間接所有していれば、法人が所有する資産の値上がり益や含み益については、原則として、それらの含み益等に対して37%相当額の控除が行われた後の評価額に基づき相続税が課税されることとなるので、直接所有と比べて大きく税負担は軽減されます。

さらに、生前対策としてその所有土地等を移転する場合の譲渡税を除く移転コストも、土地等の移転の場合、移転登記に伴う登録免許税及び不動産取得税の負担が不可欠であるのに対して、法人所有の場合には株式の移転に伴う移転コストもなく手続も簡単です。そのため、毎年所有株式を少しずつ贈与していく方法も選択できます。

その上、土地等の場合は、利用区分を変更することなどの方法以外に自らの意思で相続税評価額を引き下げることが困難であるのに対して、取引相場のない株式等の相続税評価額は意図的、計画的に引下げることもできるため、最も株価が下落しているタイミングで所有株式の移転を図ることも可能です。所有資産の値上がり、含み益の増加など将来相続税の負担が大きくなる要素を考慮すれば、**相続対策としての資産の所有形態は「支配すれども所有せず」とした間接所有のあり方が望ましい**と考えます。

しかし、個人所有の土地等を法人に移転する場合には譲渡税などの大きな税コストの負担を避けて通ることができません。そこで、それらの税コストを極力軽減、回避して法人へ移転する工夫が求められます。

知識があっても実行しなければ絵に描いた餅

当たり前のことですが、相続対策は実行することが肝心です。実行しなければ絵に描いた餅で終わってしまいます。相続争いを防止するための**「遺言書作成」**、対策の効果の即効性と孫などへ世代飛ばしで遺産を相続させるための**「養子縁組」**、地味ながら着実にその対策の効果を累積していける**「生前贈与」**、相続税の納税資金作りに最適な**「生命保険の活用」**、及び不動産中心の資産構成の資産家は**「不動産管理会社」**を設立して収入と資産の分散を図ることも基本対策と言えます。これら５つの対策は、相続対策の定番で相続対策の本には必ず取り上げられるテーマです。そのため、相続対策の必要性を認識している人のほとんどが一度ならず耳にしたり、本を読んで知識を持っているはずです。基本的な対策だけでも、実行すれば大きな効果が得られます。

遅疑逡巡している時間はありません。為すべき時には時機を逸することなく断行すべきです。

相続対策の実行に当たっては、リスクとコストが伴います。そのため、対策をしない場合のリスク・コストとの比較検討が欠かせません。すなわち、現状のままで相続が発生した場合にどのような状況になり税負担はどうなるのか、対策を実行した場合にどの程度のリスク・コストを覚悟しなければならないのか、相続対策がうまくいったときのその経済的効果などはどのくらい期待できるのかなど、あらゆる角度からの比較検討が不可欠です。実行に伴う経済的な効果の享受や不調に終わる場合の責任はすべて相続人等に帰属するからです。

相続発生後は、土地の評価と遺産分割がポイント

相続対策は生前対策だけでなく、相続発生後の対策・実行も重要です。

相続発生後の相続税の軽減のポイントは土地の評価と遺産分割の工夫にあります。全財産に占める土地の割合は「令和4年分相続税の申告事績の概要」では32.3%であり、路線価地域の土地は、建築基準法、道路法、都市計画法など各種の法令規制を受ける場合には、相続税評価額の算定において一定の補正が必要となるなど何らかの評価上の減額要素を孕んでいます。

不動産に関する情報については、市区町村からの固定資産の名寄帳、法務局から登記事項証明書、地図情報（14条地図や公図）、地積測量図、建物図面などを収集し、市区町村のホームページなどで都市計画道路予定地や容積率などを確認するようにします。

また、遺産分割に当たっては、今回の相続税の軽減だけを考えるのではなく、相続税の有利な納税方法、相続人の所得税の軽減及び次の相続税の軽減を考慮した遺産分割の工夫が求められます。

（詳細については、姉妹書『タイムリミットで考える相続税対策実践ハンドブック〔遺産分割・申告実務編〕』をご参照ください。）

相続税の節税対策よりも家族の幸せ対策

相続対策においては、相続税の納税資金対策や、家族の中の弱者に配慮したもので、節税対策よりも家族の幸せ対策が重要です。とくに、遺産分割協議でもめないように生前の対策をしっかりと行うことや、残したい人に確実に財産が残せるような対策を実行しておきたいものです。そのため、遺言書の作成と併せて、遺留分の生前放棄、相続時精算課税制度の活用による贈与など、生前に遺産分割争いの芽を摘んでおくことが肝要です。

土地の有効活用においては、相続税や固定資産税などの税負担の軽減に目を奪われて事業採算の悪い不動産の有効活用を借入金によって実行した結果、借入金の返済に行き詰まり、その他の不動産を売却して借入金の返済を行わざるを得なくなるなど、節税効果を上回る副作用が出ることもあります。また、老朽化したアパートを放置すると、相続人にとっては不動産ではなく「負動産」となります。

相続対策は優良な資産を残すことを目的に行うべきと考えます。そのため、一等地は有効に活用し、より多くの収益をあげることでそれらの収益を相続税の納税原資とするようにします。一方、資産価値の乏しい不動産は売却か物納により処分を行います。生

前に権利関係が錯綜している不動産の整理も積極的に行うようにします。それらを通じて所有する不動産の資産価値の向上を図らなければなりません。

相続人にとって、相続財産に多額の負債がなく、かつ、相続税の納税資金が別腹で用意されている（例えば、納税に必要な額以上に生命保険金が確保してある）ことが望ましいと思います。

インフォームド・コンセントとセカンド・オピニオンの時代

相続対策の実行に伴う経済的効果や損失は基本的には相続人が自ら負うことになります。そのため、専門家からの説明はできるだけ口頭だけでなく書面で受けるようにします。書面に記載された内容について分かるまで説明を受け、納得して対策を実践することが大切です。そして、書面によって説明を受けていれば他の専門家に相談するときに、その書面に記載されている同じ前提条件等をもとにアドバイスを得ることも可能となります。税務の世界においても、「インフォームド・コンセント」（十分な説明と同意）の実践と「セカンド・オピニオン」（第二の専門家の意見）が常識とされる時代となりました。

相続税の申告における税理士の関与割合は、国税庁実績評価書によると、令和４年度は85.9％で、書面添付の割合は法人税や所得税と比べて23.4％と突出して高い割合となっていて、かつ、相続税の書面添付の割合は年々増加傾向にあります。

税理士が相続税の申告書を調製するに当たっては、提供された資料や相続人への質問・回答だけでは、適正な申告書作成には不十分な状況であることもあり得ます。また、財産を管理運用していた被相続人が死亡していることから疑問点の解消が困難な場合も考えられます。

相続税の書面添付割合が他の税目と比べて高い理由は、税理士の責任の範囲を書面添付において明らかにすることにあると思います。

◉ 平成30～令和４事務年度：税理士法第33条の２に規定する書面の添付割合（単位：％）

年度	平成30年度	令和元年度	令和２年度	令和３年度	令和４年度
所得税	1.4	1.4	1.4	1.5	1.5
相続税	20.1	21.5	22.2	23.1	23.4
法人税	9.5	9.7	9.8	9.8	10.0

（注１）上記割合は、税理士が関与した申告書の件数のうち、書面添付があったものの件数の割合です。
（注２）「所得税」は、翌年３月末までに提出された申告書を対象としています。ただし、令和元年度から令和３年度については、申告期限の延長に伴い、翌年４月末までに提出された申告書を対象としています。
（注３）「相続税」は、各年分ともその年の10月末までに提出のあったその前年の相続に係る申告書（修正申告書を除く。）

を対象としています。

（注４）「法人税」は、４月決算から翌年３月決算法人について、翌年７月末までに申告書の提出があったものを対象としています。

◉ 平成30～令和４事務年度：税理士関与割合

（単位：％）

年度	平成30年度	令和元年度	令和２年度	令和３年度	令和４年度
所得税	20.3	20.6	21.1	21.0	20.4
相続税	85.0	85.7	86.1	86.1	85.9
法人税	89.1	89.3	89.4	89.5	89.5

（注１）「所得税」は、翌年３月末までに提出された申告書を対象としています。ただし、令和元年度から令和３年度については、申告期限の延長に伴い、翌年４月末までに提出された申告書を対象としています。

（注２）「相続税」は、各年分ともその年の10月末までに提出のあったその前年の相続に係る申告書（修正申告書を除く。）を対象としています。

（注３）「法人税」は、４月決算から翌年３月決算法人について、翌年７月末までに申告書の提出があったものを対象としています。

（出典：国税庁実績評価書）

長期対策編

相続発生までに１年以上あると予想される場合

I

遺留分の放棄

民法に規定する遺留分の放棄

(1) 遺留分の概要

遺言書は遺言者が自由に書くことができますが、民法は、兄弟姉妹以外の相続人に最低限度の相続分として、遺留分制度を設けています。

遺留分とは、被相続人の一定の近親者のために法律上留保しなければならない相続財産のうち一定の割合をいいます。私有財産制社会では、自らの財産を生前や死後においても自由に処分できるのが建て前ですが、これを無条件に認めることとなると、配偶者や子など遺族の生活保障や、相続人による被相続人の財産形成への有形無形の寄与が全く考慮されないこととなります。遺留分制度は被相続人、相続人両者の利益を調整しようとするものです。遺留分の割合は以下のようになっています。

イ．総体的遺留分の割合（民法1042①）

法定相続人	遺留分
配偶者と子（直系卑属） 配偶者と親（直系尊属） 配偶者のみ 子（直系卑属）のみ	被相続人の財産の 1/2
親（直系尊属）のみ	被相続人の財産の 1/3
兄弟姉妹	遺留分の権利はありません

ロ．個別的遺留分の割合（民法1042②）

遺留分権利者が複数いるときは、上記の全体としての遺留分の割合に、個々の相続人の法定相続分を乗じたものがその相続人の遺留分の割合になります。

【算式】

個別の遺留分の額＝（相続開始の時に有した財産（①）＋贈与財産（②＋③）－債務（④））×総体的遺留分の割合

×個別的遺留分（法定相続分）

◉ 遺留分権利者が配偶者や子などである場合の遺留分の計算のイメージ

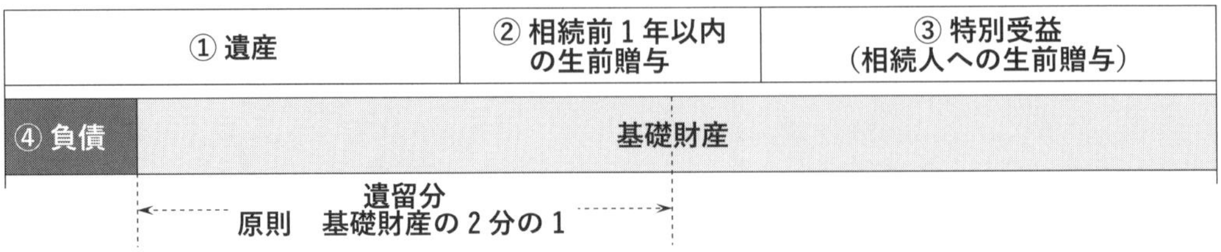

① 遺産	② 相続前１年以内の生前贈与	③ 特別受益（相続人への生前贈与）
④ 負債	基礎財産	

遺留分
原則　基礎財産の２分の１

（注） 相続前１年前の日より前にした贈与でも、契約当事者が遺留分権利者に損害を与えることを知って行ったものは算入されます（民法1044）。相続人に対する生前贈与は、原則として相続開始前の10年間にされたものに限り、その価額（婚姻若しくは養子縁組のため又は生計の資本として受けた贈与の価額に限ります。）を、遺留分を算定するための財産の価額に算入します（民法1044③）。

(2) なぜ遺留分の放棄を検討するのか

遺言書で相続分を指定しても、一定の近親者である相続人には、遺留分が認められていることから遺言書どおりに相続させることができない場合もあります。そこで、生前中に遺留分の放棄をしてもらうようにします。

法律上、相続の生前放棄は認められていませんが、相続の開始前における遺留分の放棄は、家庭裁判所の許可を受けたときに限り、その効力を生ずる（民法1049①）としています。遺留分の放棄では、家庭裁判所に対して、「遺留分放棄の許可の審判」を請求することになります。家庭裁判所が調査をし、この放棄について正当な理由があるかどうかで判断されます。

家庭裁判所が遺留分の放棄を許可する基準は以下のとおりです。

①	放棄が本人の自由意志に基づくものであること。
②	放棄の理由に合理性と必要性があること。
③	代償性があること（特別受益分があるか、放棄と引き換えに現金をもらうなどの代償があるなど）。

（注１） 親が強要したと考えられる場合や一方的に不利益な場合には認められません。
（注２） 遺留分放棄の代償として贈与する場合は、既に当該贈与が履行されているか、若しくは放棄と引き換えとして同時に一定の財産を贈与することで認められているようです。

◉ 遺留分の放棄の受理総数と認容件数（既済）

年　分	受理総数	認容件数	年　分	受理総数	認容件数
平成15年度	1,391件	1,134件	平成25年度	1,246件	1,066件
平成16年度	1,274件	1,056件	平成26年度	1,282件	1,135件
平成17年度	1,185件	1,009件	平成27年度	1,265件	1,076件
平成18年度	1,248件	1,088件	平成28年度	1,293件	1,119件
平成19年度	1,175件	973件	平成29年度	1,102件	931件
平成20年度	1,106件	954件	平成30年度	1,053件	890件
平成21年度	1,141件	988件	令和元年度	996件	877件
平成22年度	1,198件	1,044件	令和２年度	844件	727件
平成23年度	1,151件	971件	令和３年度	859件	739件
平成24年度	1,144件	987件	令和４年度	876件	763件

（出典：最高裁判所事務総局「司法統計年報（家事編） 第３表」）

相続争いに発展する事例のうち、先妻の子と後妻及びその子が相続人であるケースが多いと思われます。その場合、先妻の子に対して遺留分放棄と同時に相続時精算課税を活用した生前贈与を実行することで将来の相続争いを未然に防ぐようにします。

具体的には、「遺留分放棄があった場合に○○を贈与する」といった内容の停止条件付贈与契約を締結することとします。停止条件付贈与契約を活用した遺留分放棄の場合、遺留分権をある程度考慮した内容の贈与を行うこととなりますので、贈与金額及び贈与税も相当な額になると思われます。そこで、このような場合は贈与税負担を軽減するために、相続時精算課税の活用が考えられます。相続時精算課税は、令和6年1月1日以後の贈与から、基礎控除110万円を控除し、その残額から特別控除額2,500万円を控除した後の金額に対して20％の税率で課税されますので、贈与時の税負担の軽減が図れます。

留意すべき点は以下のようなものと考えられます。

① 遺留分の放棄が行われていても遺言書が残されていないと、遺留分の放棄は相続の放棄ではありませんので、遺留分の放棄をした者も含めて遺産分割協議が必要となります。そのため、必ず遺言書を作成しておく必要があります。

② 遺言書に遺言執行者の指定がない場合には、相続人などの利害関係者は家庭裁判所に、遺言執行者を選任してくれるよう申し立てることができますが、この手続でもめることも予想されますので、遺言書に遺言執行者を指定しておくようにします。遺言執行者を指定する目的は、遺言の確実な履行を法的に担保するためです。遺言執行者がいるメリットとしては、相続人は相続財産に対する管理、処分機能を失うため、相続財産を処分するなどの遺言の執行を妨げる行為ができなくなり、遺言執行者によって相続手続をスムーズに行うことができます。

③ 相続の発生順によっては各人の遺留分の割合に変動が生じます。

④ 相続の放棄があった場合には「相続放棄申述受理証明書」を、相続人又は債権者が申請し家庭裁判所から受理することができます。しかし、遺留分放棄の許可については、家庭裁判所に遺留分の放棄の許可を受けた年月日や事件番号などを申し出ることで検索してもらえますが、事件番号などが分からない場合には困難が伴います。そのため、遺留分放棄者に交付された「遺留分放棄許可通知書」の写しを、遺留分放棄者からあらかじめ入手しておいたり、遺言書に遺留分放棄の許可の事実関係や事件番号などを記載しておくようにしましょう。

◉ 遺留分放棄許可通知書の見本

令和□年（家）第□号　遺留分放棄許可申立事件

審　　判

本　　籍　大阪府□

住　　所　大阪府□

申立人□

本　　籍　兵庫県□

住　　所　兵庫県□

被相続人□

上記事件について、当裁判所はその申立てを相当と認め、次のとおり審判する。

主　　文

1　申立人が被相続人[　　　　]の相続財産に対する遺留分を放棄することを許可する。

2　手続費用は申立人の負担とする。

令和[　]年[　]月[　]日

神戸家庭裁判所[　]支部

裁判官[　　　　　　]

◉ **家事審判・調停事件の事件別新受件数（全家庭裁判所）～抜粋～**　（単位：件数）

審判事件	平成10年	平成15年	平成20年	平成25年	平成30年	令和4年
特別代理人の選任（利益相反行為）	12, 219	13, 412	11, 498	11, 039	9, 322	8, 807
相続の限定承認の申述受理	799	995	897	830	709	696
相続の放棄の申述受理	83, 316	140, 236	148, 526	172, 936	215, 320	260, 497
遺言書の検認	8, 825	11, 364	13, 632	16, 708	17, 487	20, 500
遺留分の放棄についての許可	1, 373	1, 233	988	1, 154	950	801
寄与分を定める処分	1, 374 (643)	1, 504 (699)	1, 364 (717)	1, 418 (750)	1, 195 (705)	1, 056 (590)
特別の寄与に関する処分	－	－	－	－	－	313 (273)

（注）（　）の件数は調停事件の件数を内書きしたもの。

（出典：最高裁判所事務総局「司法統計年報（家事編）　第9表」）

遺留分侵害額請求権

(1)　遺留分侵害額請求権とは

遺留分侵害額請求権とは、遺留分を侵害された者が、贈与又は遺贈を受けた者に対し、遺留分侵害額に相当する金銭の支払を請求することができる権利です（民法1046①）。

遺留分侵害額請求額について、当事者間で話合いがつかない場合や、話合いができないときには、遺留分権利者は家庭裁判所の調停手続を利用することができます。

なお、遺留分侵害額請求権は、相手方に対する意思表示をもってすれば足りますが、家庭裁判所の調停を申し立てただけでは、相手方に対する意思表示とはなりません（最高裁：平成5年2月18日判決）ので、調停の申立てとは別に内容証明郵便等により意思表示を行う必要があります。

この遺留分侵害額の請求は、相続開始及び遺留分を侵害する贈与又は遺贈のあったことを知った時から１年又は相続開始の時から10年を経過したときは、することができなくなります（民法1048）。

なお、遺言無効を争っている場合でも、予備的に、遺言が有効とされた場合に備えて、遺留分侵害額請求は期限内（相続開始及び遺留分を侵害する贈与又は遺贈のあったことを知った時から１年以内）にしておかなければなりません（最高裁：昭和57年11月12日判決）。

また、遺留分侵害額請求権は、遺留分を侵害している相続人等に遺留分侵害額に相当する金銭の支払いを請求する権利であり、一般の金銭債権と異ならないため、遺留分侵害額請求権を行使した時から５年の消滅時効にかかることになる（民法166①一）ため、相手方が話合いに応じないときや、いつまでたっても話合いがまとまらない場合には、速やかに、家庭裁判所に遺留分侵害額請求調停を申し立てるべきです。

最高裁判決（昭和57年11月12日）

【判決の要旨】

遺留分権利者が、減殺すべき贈与の無効を訴訟上主張していても、被相続人の財産のほとんど全部が贈与されたことを認識していたときは、その無効を信じていたため遺留分減殺請求権を行使しなかったことにもっともと認められる特段の事情のない限り、右贈与が減殺することができるものであることを知っていたと推認するのが相当である。

遺留分権利者の権利行使の意思表示は、遺留分侵害額に相当する金銭債権を発生させる形成権の行使で、その行使に当たり必ずしも金額を明示して行う必要はなく、また、その形成権の行使によって客観的に生じた金銭債務は、期限の定めのない債務となるものと考えられます。したがって、遺留分権利者が具体的な金額を示してその履行を請求した時点で初めて履行遅滞に陥ることとなると考えられます。

もっとも、遺留分権利者が当初から具体的な金額を示して金銭の支払を求めていた場合には、遺留分に関する権利を行使する旨の形成権の行使と金銭債務の履行請求とを同時に行ったことになりますから、その時点から金銭債務に対する遅延損害金が発生することとなります。

なお、その金銭債権については、通常の金銭債権と同様に消滅時効にかかることになりますので、その金銭債権の消滅時効は、民法（債権法）改正法施行前（令和２年４月１日前）なら10年、施行後なら５年とされていることに留意しておかなければなりません。

調停手続では、当事者双方から事情を聴いたり、必要に応じて資料等を提出してもらったり、遺産について鑑定を行うなどして事情をよく把握した上で、当事者双方の意向を聴取し、解決案を提示したり、解決のために必要な助言をし、話合いを進めていきます。

遺留分侵害額	=	遺留分の額	−	遺留分権利者が受けた特別受益（※1）	−	遺留分権利者が取得すべき具体的相続分	+	遺留分権利者が負担する債務の額（※2）

※1　ここでの特別受益は、相続開始前10年以内かどうかを問わず、特別受益に該当する生前贈与はすべて含まれます（民法1046②一）。

※2　受遺者又は受贈者は、遺留分権利者承継債務について弁済等したときは、消滅した債務について遺留分権利者に対する意思表示によって債務を消滅させることができます（民法1047③）。

(2)　遺留分侵害額の請求の順序

遺留分侵害額の請求の順序として、民法は以下のように規定しています。

①　贈与と遺贈が併存している場合（民法1047①一）

贈与に対する遺留分侵害額請求は、遺贈に対して遺留分侵害額請求権を行使した後でなければ、これをすることができません。

死因贈与のある場合には、遺贈（又は相続させる遺言）→死因贈与→贈与の順に請求権を行使します。

②　数個の遺贈がある場合（民法1047①二）

遺贈又は複数の贈与が同時にされた場合は、その目的の価額の割合に応じて請求権を行使します。

ただし、遺言者がその遺言に別段の意思を表示（数個の遺贈の遺留分侵害額の請求の順序又はその侵害額の請求の割合を定めるなど）したときは、その意思に従うこととされています（遺贈する、しないは遺言者の自由ですので、順番を決めるのも自由です。）。

③　数個の贈与がある場合（民法1047①三）

贈与に対して遺留分侵害額請求権の行使は、後の贈与から順次前の贈与に対して行います（遺贈の場合と異なり、遺言者がこれと異なる定めをすることはできません。）。

（注）受遺者又は受贈者が相続人である場合には、当該価額から遺留分としてその相続人が受けるべき額を控除した額を限度として、遺留分侵害額を負担することとされています（民法1047①かっこ書き）。

設例

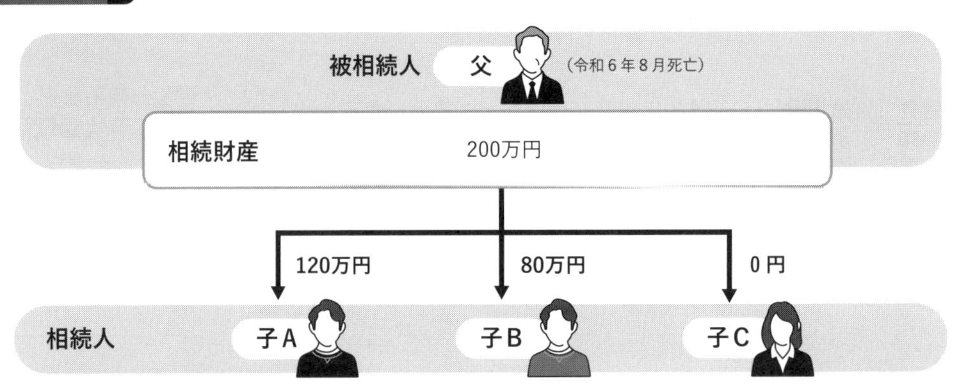

1．遺贈及び生前贈与の状況

（単位：万円）

相続人等	令和６年８月	令和５年10月	令和５年９月	平成29年１月
子A	遺贈　120	−	−	贈与 60(※700)
子B	遺贈　80	−	−	贈与 40(※300)
子C	−	−	−	−
孫D	−	贈与　70	−	−
孫E	−	−	贈与　50	−

※　（　）内の金額は、相続開始時の価額

2．Cの遺留分侵害額

①　遺留分算定基礎財産

(120万円＋80万円)＋(70万円＋50万円)＋(700万円＋300万円)※＝1,320万円

※　相続時の価額で遺留分算定基礎財産が算定されます。

②　遺留分額

1,320万円×1/2(総体的遺留分の割合)×1/3(個別的遺留分の割合)＝220万円

子Cは、遺留分侵害額の請求を行うものとする。

3．遺留分請求の順序

①　まず遺贈から　(A 120万円＋B 80万円)−220万円＝△20万円

Cは、A及びBが遺贈により取得した金額について遺留分の請求を行う。

（注）この場合、遺贈を受けた全部について、Cから遺留分侵害額の請求を受けても、A及びBは特別受益（平成29年1月の贈与）によって財産を取得していることから、A及びBの遺留分220万円は侵害されない。

②　Cは遺留分侵害額に満たない金額について、贈与（後の贈与から）を受けたDに対して20万円を請求する。

III

信託を活用した相続対策

認知症などによって本人の判断能力が不十分になったときに備えて、「任意後見制度」を活用する方法が考えられます。

任意後見制度を活用する目的には、身上監護があります。身上監護とは、成年被後見人の身のまわりの手続、つまり、生活、治療、療養、介護などに関する手続を行うことです。

しかし、後見制度によると成年被後見人の財産の管理や処分については家庭裁判所の監督下に置かれることから成年被後見人の望む財産の処分などは原則行うことができません。

そこで、信託契約によって財産を信託しておけば、認知症などによって本人の判断能力が不十分になっても、信託財産については受託者がその契約に基づいて柔軟に管理運用処分行為ができます。

信託とは、「委託者」が信託行為（例えば、信託契約、遺言）によってその信頼できる人（受託者）に対して財産を移転し、「受託者」は委託者が設定した信託目的に従って「受益者」のためにその財産（信託財産）の管理・処分などをする制度です。

信託では、「委託者」、「受託者」及び「受益者」の三者が登場します。それぞれの定義を信託法などで確認します。

⑴　委託者

「委託者」とは、一定の方法により信託をする者（信託法２④）をいいます。

委託者には受託者・信託監督人等の選任・解任等に関する権利（信託法58①、62①）、信託事務の処理の状況等の報告請求権（信託法36）が付与され、信託目的に反するおそれのある信託の変更・併合・分割には委託者の合意を要する旨を定めています（信託法149①ほか）。

⑵　受託者

「受託者」とは、信託行為の定めに従い、信託財産に属する財産の管理又は処分及びその他の信託の目的の達成のために必要な行為をすべき義務を負う者（信託法２⑤）をいいます。受託者の資格については、信託法７条の受託者不適格者（未成年者、成年被後見人又は被保佐人）に該当する場合、又は信託業法が適用になるときを除いて資格制限はなく、自然人のみならず法人も受託者になることができます。

しかし、信託管理人、信託監督人及び受益者代理人は、受託者を兼ねることができません（信託法124二、137、144）。

受託者は、信託財産に属する財産と固有財産及び他の信託の信託財産に属する財産とを、分別して管理しなければならないとされています（信託法34）。

また、受託者は毎年１回、一定の時期に貸借対照表、損益計算書等を作成し、受益者に報告しなければならないとされています（信託法37②③）。

委託者から受託者に賃貸不動産が信託された場合、受託者が管理する賃貸不動産から発生した家賃収入は受益者のものとなります。この場合、個人が受益者であるときは、信託の計算期間に関わらず、1月1日～12月31日までの信託財産に属する収益及び費用を計算して、受託者が「信託の計算書合計表」と「信託の計算書」を作成し、毎年1月31日までに受託者の住所地を所轄する税務署に提出しなければなりません（所法227、所規96）。

この場合、信託財産から生じた損失は、信託財産以外から発生した所得から差し引くことができない（措法41の4の2、措令26の6の2）とされていて、赤字の信託不動産がある場合には、信託する前と比べて損と益が通算できない分税負担が重くなります。

さらに、受託者は、以下の事由が生じた日の属する月の翌月末日までに「信託に関する受益者別（委託者別）調書」、「信託に関する受益者別（委託者別）調書合計表」を税務署に提出しなければなりません（相法59③）。

① 信託の効力が生じた場合（当該信託が遺言によりされた場合は、当該信託の引受けがあった場合）

② 受益者等（みなし受益者を含む）が変更された場合（受益者等が存することになった場合、又は存しなくなった場合を含みます。）

③ 信託が終了した場合（信託に関する権利の放棄があった場合、権利が消滅した場合を含みます。）

④ 信託に関する権利の内容に変更があった場合

⑶ 受益者

「受益者」とは、受益権を有する者（信託法2⑥）をいい、「受益権」とは、信託行為に基づいて受託者が受益者に対し負う債務であって信託財産に属する財産の引渡しその他の信託財産に係る給付をすべきものに係る債権（以下「受益債権」といいます。）及びこれを確保するためにこの法律の規定に基づいて受託者その他の者に対し一定の行為を求めることができる権利（信託法2⑦）をいいます。

受益者が信託行為の当事者である場合を除き、受託者に対して受益権を放棄する旨の意思表示ができ、受益者は当初から受益権を有していなかったものとみなされますが、他の受益者、受託者を含む第三者の権利を害することはできません（信託法99①②）。

受益権の放棄は、遡及効を有するものとされていますので、受益権を放棄した受益者は、既に給付を受けていたものがあれば不当利得として信託財産に返還することとなります。その場合、他にも受益者がいない限り、当該信託は当初から受益者が存在しないことになって、目的の不達成により終了することになります。

信託の設定方法

信託法３条において、信託の設定方法として３つの方法を定めています。

⑴　信託契約による方法（信託法３一）

特定の者との間で、当該特定の者に対し財産の譲渡、担保権の設定その他の財産の処分をする旨並びに当該特定の者が一定の目的に従い財産の管理又は処分及びその他の当該目的の達成のために必要な行為をすべき旨の契約を締結する方法です。すなわち、委託者と受託者との間の契約で、財産権の移転を行う契約のことを「信託契約」とよびます。

信託契約について特別の方式や書式等を定めていません。また、委託者となるべき者と受託者となるべき者との間に契約の締結によってその効力を生ずるとされ、口頭の合意で成立してしまう契約とされています。

【基本の仕組み】

①　委託者　父

②　受託者　長男

③　受益者　父

④　信託財産　Ａ不動産

父から長男に所有者変更登記により名義変更の登記が行われます。

⑵　遺言による方法（信託法３二）

特定の者に対し財産の譲渡、担保権の設定その他の財産の処分をする旨並びに当該特定の者が、一定の目的に従い、財産の管理又は処分及びその他の当該目的の達成のために必要な行為をすべき旨の遺言をする方法です。遺言によって財産の処分が可能ですが、ポイントは、これにプラスして、受託者を指定して、その者に「一定の目的に従い財産の管理又は処分及びその他の当該目的の達成のために必要な行為をすべき者」を命じることが、遺言によってできることです。しかし、遺言者の意思に基づく一方的な規定のため、実務上は受託者となる者に対して就任承諾の意思を確認しておく必要があります。

遺言信託は、委託者、すなわち遺言者の遺言を通じて信託を設定する形態の信託で、遺言であり、委託者の単独行為によって行われる要式行為ですが、信託法上はその方式等の定めはありません。遺言信託は、当該遺言の効力の発生によってその効力を生ずることとされています。

信託銀行が行っている「遺言信託」は、「遺言についての自己の相談から遺言書の作成、遺言書の保管、財産に関する遺言の執行」を行うという商品にすぎません。このような業務は、信託法にいう信託とは無関係ですから、混乱のないように注意する必要があります。

【基本の仕組み】

① 遺言者　父

② 信託の内容

・委託者（遺言者）　父

・受託者　長男

・受益者　障害を持つ二男

・信託財産　収益不動産

遺言書によって、父が死亡したら収益不動産（受益権）は二男が相続します。収益不動産の名義は、受託者である長男になり、長男が信託目的に従ってその財産の管理又は処分を行うこととなります。

⑶　自己信託（信託宣言）による方法（信託法３三）

特定の者が、一定の目的に従い自己の有する一定の財産の管理又は処分及びその他の当該目的の達成のために必要な行為を自らすべき旨の意思表示を、公正証書その他の書面又は電磁的記録で当該目的、当該財産の特定に必要な事項その他の法務省令で定める事項（信託法施行規則３）を記載し又は記録したものによってする方法です。すなわち、委託者の単独行為で信託が設定され、信託宣言の方法による自己信託の設定が認められたことを意味します。

【基本の仕組み】

① 委託者　父

② 受託者　父

③ 受益者　障害のある子

信託が設定されると、信託財産は、受託者名義となりますが、受託者は自由に処分することができず、信託目的に拘束され、その意味で受託者から独立した財産になります(受託者の固有財産とは区別された扱いを受けます。)。このことを、一般的に「信託財産の独立性」と呼んでいます。そのため、受託者が破産したとしても、信託財産は受託者の責任財産にはなりませんので、倒産隔離されます。

相続対策に活用できる家族のための信託の概要

家族のための信託では、遺言代用の信託と後継ぎ遺贈型の受益者連続信託の利用が考えられます。

⑴ 遺言代用の信託（信託法90）

遺言代用の信託とは、委託者となる者がその財産を信託して、委託者生存中の受益者を委託者自身とし、委託者死亡後の受益者を委託者の配偶者や子などと定めることによって、自己の死亡後における財産の分配を信託によって実現しようとするもので、遺言と同様の目的を相続手続の外で実現しようとするものです。

信託法90条は、「委託者の死亡の時に受益権を取得する旨の定めのある信託等の特例」という見出しで、いわゆる遺言代用の信託として、次の２類型を規定しています。

1号	委託者の死亡の時に受益者となるべき者として指定された者が受益権を取得する旨の定めのある信託
2号	委託者の死亡の時以後に受益者が信託財産に係る給付を受ける旨の定めのある信託

受益者変更権は、信託契約に留保していない限り行使できないのが原則（信託法149①）ですが、遺言代用の信託においては、受益者変更権を留保していなくとも、信託契約に別段の定めがない限り、委託者は受益者変更権を有するものとされています（信託法90②）。

なお、上記２号類型においては、受益者は委託者の死亡前から受益権を取得していますが、委託者の死亡時以後に信託財産に係る給付を受けるケースで、当該受益者は委託者死亡前において既に受益者であることから、委託者が信託の変更、信託の終了を望む場合、当該受益者の保護のため、原則として当該受益者の同意を要することになります。しかし、それでは遺言代用の信託における委託者の通常の意思に合わないと考えられることから、信託法90条２項は、委託者が死亡するまで、受益者としての権利を有しないものと定めています。

遺言代用の信託も遺留分侵害額の請求の対象になるという考え方が一般的です。また、遺留分侵害額の請求に関する計算については、委託者死亡時に受益権を取得する者及び委託者死亡時以後に給付を受ける受益者が、委託者の死亡時に始期付きで存続期間不確定な権利を取得したものとして行われることになると考えられます。

⑵ 後継ぎ遺贈型受益者連続信託（受益者の死亡により他の者が新たに受益権を取得する旨の定めのある信託）（信託法91）

「後継ぎ遺贈型受益者連続信託」とは、例えば、委託者Ａが自己の生存中は自らが受益者となり、Ａの死亡によりＢ（例えばＡの妻）が次の受益者となり、さらに、Ｂの死亡によりＣ（例えばＡの子）がその次の受益者となるというように、受益者の死亡により他の者が新たに受益権を取得する旨の定めのある信託をいいます。生存配偶者等の生活保障や個人企業における後継者確保の有効手段としてのニーズに対応したものと考えられます。受益者が胎児である場合や最初に生まれた子を次の受益者とするなど、信託設定時に存在しない者を連続受益者の１人とすることもできます。

ただし、これについては、財の固定化防止及び相続法理等も考慮して、当該信託がされたときから30年を経過した時以後において、現に存する受益者が当該定めにより受益権を取得し、かつ、その受益者が死亡し又は当該受益権が消滅するまでの間に限って、その効力を有することとされました。

この制限の範囲内であれば、受益者の死亡を契機とする受益権の承継の回数に信託法上の制限はないことになります。

同様のことを、民法の遺言（遺贈）で実現することは困難です。たとえば、遺言では妻に財産を相続させることはできても、妻が死亡した後にその財産を先妻の子へ譲与することまでは拘束できないという説が有力となっているからです。

後継ぎ遺贈型信託が、信託法91条が新設されたことにより有効であることが明確にされましたが、後継ぎ遺贈型信託に対する遺留分制度の適用に関する規定は設けられていません。後継ぎ遺贈型信託に関する立法過程においては、後継ぎ遺贈型信託を設定することによって遺留分侵害額の請求を免れることができないことが当然のこととして議論されていました。

遺留分の計算については、第一受益者は存続期間の不確定な受益権を、第二受益者以降の各受益者は始期付きで存続期間の不確定な受益権を取得したものとみて、それらを遺贈により取得した場合に準じて取り扱うべきものとする説が有力なものと考えられます。

いずれにしても、各受益者が取得した権利は存続期間が不確定な権利ですから、その価格は家庭裁判所が選定した鑑定人の評価により、その価格を定めることになります。

後継ぎ遺贈が活用される代表的な事例については、以下のようなものが予想されます。

① 妻との間に子のいない夫は、妻に財産を残したいが、妻の死亡後は、妻の親や兄弟にその財産を相続させるよりも、自分の兄弟に承継させたいと望むケース。

② 後妻との間に子のいない夫は、後妻に財産を残したいが、後妻の死亡後は、後妻の親や兄弟、又は後妻が再婚するかもしれない将来の夫に相続させるよりも、自分と先妻との間の子に承継させたいと望むケース。

③ 親が死亡したときは長男と二男が相続人である場合で、長男夫婦には子がなく、二男夫婦には子がいるときに、長男が主たる財産を相続すると長男死亡後は長男の妻が法定相続分の3／4を相続することになると、その後、長男の妻が死亡したらその妻の兄弟姉妹などへ財産が相続されることになるため、長男、又は長男の妻が死亡した後は、二男や二男の子に相続させたいと望むケース。

④ 居住用不動産が主たる財産である夫は、妻が生存中は、子との遺産分割のための不動産の売却を回避して、その不動産を妻の居住用として確保してやりたいが、妻の再婚の可能性等を考慮し、妻の死亡後は、その不動産を確実に子に承継させたいと望むケース。

⑤ 株式会社を経営する父親は、長男に事業を承継させたいが、長男の死亡後は、経営

手腕から判断して、長男の子（孫）よりもむしろ二男に事業を承継させたいと願い、その会社の過半数の株式を長男から二男へと承継させたいと望むケース。

設例

Aの死亡後、配偶者Bが受益者となり、Bの死亡後子Cが受益者となり、Cの死亡後孫Dが受益者となる遺言信託を設定した場合、誰までが受益者となれるか？

＜ケース１＞ 30年経過前にBが死亡し、30年経過時点でCが受益者の場合

30年経過時点の受益者の次の受益者が死亡するまで、又は、受益権が消滅するまでとされていることから、Dが受益者となる。

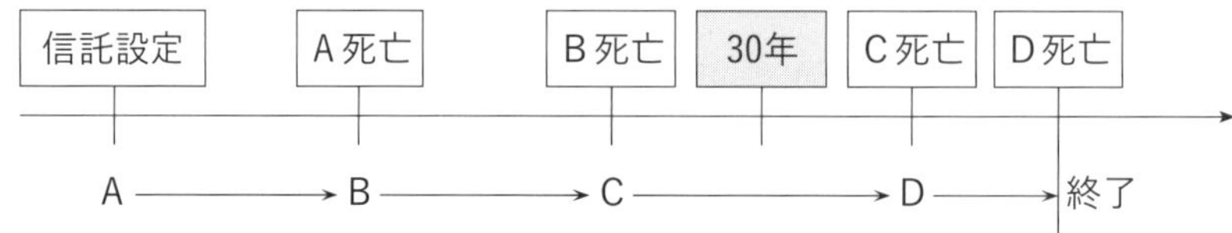

＜ケース２＞ 30年経過時点でBが受益者で、その後、Bが死亡した場合

30年経過時点の受益者の次の受益者が死亡するまで、又は、受益権が消滅するまでとされていることから、Cが受益者となる。

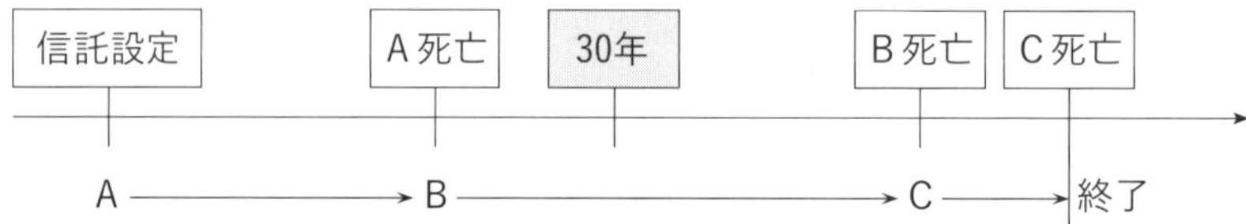

＜ケース３＞ 30年経過時点でBが受益者で既にCが死亡している場合に、その後、Bが死亡したとき

30年経過時点の受益者の次の受益者が死亡するまで、又は、受益権が消滅するまでとされていることから、Dが受益者となる。

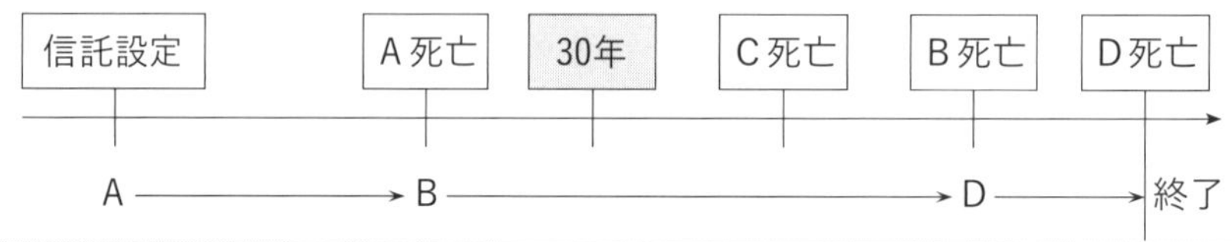

⑶　受益者指定権等（受益者を指定し又はこれを変更する権利）（信託法89）

受益者指定権等を有する者の定めのある信託、つまり、次に誰を受益者にするかを指定し、又はこれを変更する権利を有する者を、委託者以外の者にすることもできる信託です。例えばAさんが財産を信託して、とりあえず自分が第一受益者になります。通常、信託契約などで、自分が死んだら妻、妻が死んだら息子というように決めるのは、財産を信託した委託者ですが、遺言や遺言代用の信託で受益者を決めても、その人が受益者にふさわしいかどうかは、財産を委託した人が死んだ後だからわからない場合もあ

ります。

そこで、受益者を指定し、又はこれを変更する権利を有する者を定め、委託者以外の者で信頼できる者を指定しておけば、上記のようなリスクが回避できる可能性が高くなります。

事業承継対策に活用する事例としては以下のようなケースが予想されます。

① 信託を利用して、長男を承継者にして株式を生前贈与して事業からは引退しようと考えている。しかし、長男は病弱のため今後の事業に耐えられるか心配。よって、もしもの場合は二男を承継者にするため、株式の移転手段を確保しておきたい。

② オーナーには娘しかいないため、事業は長女の婿に継がせるため株式も生前贈与しようと思っている。しかし、一度贈与してしまったら取り戻すことができないため、将来娘との夫婦関係が悪くなった場合に株式を移転できる手段を検討しておきたい。

5つの事例で検証する家族のための信託の活用方法

信託は、言葉のとおり「信じて託す」ことで、よき受託者を得ることが肝要です。受託者を身内にすることで信託財産の名義が受託者に変更されることについて心理的な抵抗は少なくなります。高齢の親の財産管理の方法として、成年後見制度を利用した場合、裁判所の監督を受けることになり、自由な管理が行えなくなりますが、信託であればどのような管理方法でも合意することが可能です。

そこで、信託を活用する頻度の高いと思われる基本の事例を基に、信託を活用すれば解決できる仕組みや課税関係を確認することとします。

事例1．居住用不動産は長男へ、金融資産は他の相続人に均分に相続させたい（遺言代用信託）

⑴ 委託者の願い

委託者甲が所有する財産は、主として居住用不動産で、長男家族と同居し、長男家族が甲の身の回りの世話をしてくれています。そこで、甲が死亡したら居住用不動産を長男へ相続させたいと願っています。なお、甲には、長男以外に、長女及び二男がいて、居住用不動産（相続税評価額2,300万円、時価2,800万円）以外に現預金が800万円あり、長女及び二男に相続させたいと考えています。

⑵ 制度の仕組み

居住用不動産を以下の方法によって信託します。

① 信託財産　居住用不動産

② 委託者　甲

③ 受託者　長男

④ 受益者　当初　甲、甲死亡後の受益者　長男

⑤ 信託の終了　委託者死亡により信託は終了する

この場合、「所有権変更」の登記と「信託」の登記が行われ、居住用不動産の名義は、「長男」に変更されます。委託者甲の死亡と同時に長男が受益権を取得することとなり、信託は終了することとなります。信託が終了したら、居住用不動産の名義は長男に所有権移転登記され、信託の登記は抹消されます。

このような「遺言代用信託」では、遺産分割協議も遺言の執行も不要で、相続手続を経ずに財産を長男へ承継させることが可能です。

【遺言書】

甲は遺言書によって、現預金については、長女及び二男に1／2ずつ均分に相続させることとしました。

⑶ 課税関係

受益者が特定されている場合の信託設定時課税の原則が適用され、甲が居住用不動産を信託した場合、委託者と当初受益者が甲であることから課税関係は生じませんが、甲の死亡後は、長男が受益権を遺贈によって取得したものとして相続税が課されます。

また、遺言書によって、現預金は長女及び二男がそれぞれ相続によって取得した場合には、相続財産として相続税の課税対象となります。

しかし、甲の遺産の総額は、相続税の基礎控除額以下であることから、相続税の申告義務はありません。

なお、不動産を信託する場合に、信託登記が必要となりますので、以下のような税負担等が生じます。なお、不動産の所有権変更の登記と信託登記は、同時にしなければなりません（不登法98①）。

① 印紙税　信託行為に関する契約書　1通につき200円

② 登録免許税　信託の登記　土地0.3%、建物0.4%（なお、信託契約による不動産の所有権変更の登記については、登録免許税は課税されません。）

③ その他　司法書士の登記手数料が必要です。

信託不動産についての登記は、信託による所有権変更及び信託の登記であり、所有権移転登記ではありません。そのため、不動産取得税は課されません。

また、信託終了に伴い、不動産の所有権の移転登記を行うこととなります。その場合の登録免許税は、以下のようになります（相続を原因とする場合には、不動産所得税は課されません。）。

この事例は、当初は委託者＝受益者で、信託終了に伴い、当初受益者の相続人である

長男が受益権を取得し、当該不動産の所有権を移転することとなりますので、登録免許税の税率は、4／1000、信託の登記を抹消するには、不動産1個につき1,000円とされます。

信託された不動産と株式の相続税法の特例の適用

信託受益権の元本である不動産としての宅地等が、特例対象宅地等に該当する場合は、小規模宅地等の課税価格の計算の特例の適用を受けることができます。

小規模宅地等の特例（措法69の4）においては、相続税法のみなし規定（相法9の2⑥）の準用規定があり、信託された土地等についても土地等とみなされますので（措令40の2㉗）、特例適用が可能とされています（措通69の4－2）。

一方、株式が信託された場合には、その財産は株式から信託受益権に変更され、非上場株式等についての贈与税又は相続税の納税猶予制度（いわゆる事業承継税制）を規定する条文には信託受益権に対する特例適用を認める文言が存在しないことから、非上場株式を信託した場合には、事業承継税制の適用を受けることができません（措法70の7、70の7の2）。

(4) 留意点

① 遺留分侵害額の請求

信託行為に対しても遺留分侵害額の請求をすることができます。この場合、遺留分対象財産額が3,600万円（居住用不動産2,800万円＋現預金800万円）とすると、長女又は二男の遺留分は、3,600万円×1/2(総体的遺留分)×1/3(個別的遺留分)＝600万円となり、長女（又は二男）が相続した預貯金が800万円×1/2＝400万円なので、遺留分に満たない金額となります。

そのため、長女又は二男から長男に対して遺留分侵害額の請求が行われる可能性が考えられます。

② 第三者対抗要件

ある財産が信託財産に属することを第三者に対抗するためには、当該財産が登記・登録制度の対象となるようなものである場合、信託の登記・登録が必要とされます（これに対して、登記・登録制度の対象とならない財産（一般の動産や指名債権）については、当該財産が信託財産に属する旨の公示がなくても、信託財産に属することを第三者に対抗することができます。）。

不動産登記法は、登記事項として、①委託者・受託者・受益者の氏名（又は名称）・住所、②受益者の指定に関する条件など、③信託管理人の氏名（又は名称）・住所、④

受益者代理人の氏名（又は名称）・住所、⑤受益証券発行信託である旨、⑥受益者の定めのない信託である旨、⑦公益信託である旨、⑧信託目的、⑨信託財産の管理方法、⑩信託の終了事由、⑪その他の信託の条項を挙げています。

事例２．後妻の老後生活と先妻との子への財産承継（受益者連続型信託）

⑴　委託者の願い

委託者甲は、自分の死後において後妻の老後生活の安定を図るために、居住用不動産と一定額の金融資産を相続させたいと考えています。しかし、妻が再婚するとその夫に、また、妻との間に子がないため、妻が死亡すると甲から相続した財産も妻の兄弟姉妹に相続されてしまう可能性が高いと思われます。そこで、妻が相続した居住用不動産は、甲の先妻との間の子（長男）に相続させたいと願っています。

⑵　制度の仕組み

居住用不動産と金融資産を以下の方法によって信託します。

①　信託財産　居住用不動産と金融資産

②　委託者　甲

③　受託者　妻又は甲の親族など（妻が受託者の場合、妻に後見開始後は長男）

④　受益者　当初　甲、甲死亡後の受益者　妻、妻死亡後の受益者　長男
受益権は、譲渡、質入れ等すること及び分割禁止

⑤　信託の終了　妻死亡により信託は終了する

⑶　課税関係

受益者連続型信託等（信託行為に一定の場合に受益権が順次移転する定めのある信託、受益者指定権等を有する者の定めのある信託その他これらの信託に類似する信託）については、受益者が個人の場合、次のとおり課税されます。

①　適正な対価を負担せずに受益者連続型信託等の受益者等となる者があるときは、受益者等となった時においてその受益者等である個人に対して、委託者（又はその受益者等の直前の受益者等）である個人から受益権を遺贈又は贈与により取得したものとみなして相続税又は贈与税が課税されます。

②　上記①の受益者連続型信託等の受益権については、課税される受益者等がその受益権のすべてを取得するものとみなして相続税又は贈与税が課税されます。

例えば、自分の死後、収益不動産の収益受益権を妻に、元本受益権を孫に承継させ、妻の死亡後は、収益受益権を子に与えるというような受益者連続型信託の場合には、子には収益受益権を与えるだけですが、収益受益権は一種の条件付、制約付ですが、そのような制約は付していないとみなし、その全受益権に対して課税されることになります。つまり、収益に関する受益権の価額は、信託財産（収益受益権＋元本受益権）そのもの

の価値とイコールとして計算されることになります。これにより元本受益権の評価は、ゼロということになります。

⑷　留意点

信託以外の方法では、甲が遺言書によって妻へ居住用不動産を相続させる旨の遺言は有効ですが、妻が死亡した後に、甲の子に居住用不動産を相続させる旨の遺言は無効と考えられています。

そこで、居住用不動産を子へ相続させる方法として、妻と子が養子縁組を行い相続する方法や、妻が遺言書を残し甲の子に遺贈する方法も考えられます。しかし、養子縁組は当事者の合意によって、又は離縁の調停や裁判によって離縁することができ、遺言書は妻が単独に新たに書き換えることも可能ですので、確実な方法とはいえません。

（注）　受益者連続信託による方法以外の方法として、令和２年４月１日以後に開始した相続から「配偶者居住権」を配偶者に取得させ、配偶者居住権が設定された不動産を子へ相続させる方法も考えられます。

事例３．認知症の妻の老後生活と自分の生活の安定（自己信託）

⑴　委託者の願い

委託者甲には、認知症になった妻がいて、妻は自分で財産の管理ができないため、甲が死亡した後の妻の生活の安定を図りたいと願っています。また、自分自身も認知症などを発症して自ら財産管理が困難となることにも備えたいと考えています。

⑵　制度の仕組み

①　信託財産　居住用不動産＋現預金
②　委託者　甲
③　受託者　甲（甲が死亡又は後見開始などの場合には、長男）
④　受益者　妻（現預金については、甲が負担する婚姻費用の範囲内とする）、妻死亡後の受益者　甲、甲死亡後の受益者　長男
⑤　信託の終了　甲及び妻の両方が死亡したとき

⑶　課税関係

①　居住用不動産

婚姻期間20年以上の夫婦間の居住用財産等の贈与については、贈与税の配偶者控除の適用を受ければ、贈与価格2,000万円までの部分の贈与については、贈与税が課税されないこととされています。しかし、贈与契約は、贈与者と受贈者における贈与の合意が必要とされていることから、妻が認知症である場合には、贈与の合意が困難であると思われます。

しかし、信託契約による方法では、委託者と受託者との契約の締結によって信託が設

定されるため、妻の老後生活を考慮し、かつ、妻の死亡後の財産の承継者を特定の相続人にしたいと考える場合には、信託による方法しかありません。

また、信託による方法であれば、受益者を妻としておけば、妻が居住用不動産を信託受益権の贈与によって取得したものとみなされ、贈与税の配偶者控除の適用を受けることもできます（相法9の2⑥）。

② 現預金

委託者≠受益者であることから、信託効力の発生の時に原則として贈与税の課税が行われることになります。しかし、扶養義務者相互間において生活費等に充てるために贈与を受けた財産のうち「通常必要と認められるもの」については、贈与税の課税対象とされていません（相法21の3）。そして、「生活費」とは、その者の通常の日常生活を営むのに必要な費用をいいます。そこで、受益者である妻の受益権の範囲について、民法760条により負担している婚姻費用の範囲内の金額と定めておけば贈与税は課されないと思われます。

③ 妻が甲よりも先に亡くなった場合

妻が甲よりも先に亡くなった場合には、受益権は甲に戻り、妻から遺贈によって取得したものとされます。また、甲が先に亡くなった場合には長男が遺贈により取得したものとされます。

⑷ 留意点

信託法は、「受託者が受益権の全部を固有財産で有する状態が1年間継続したとき」信託は終了することとしています（信託法163二）。

甲の妻が先に亡くなると受託者が受益権の全部を固有財産で有することとなるため、甲に後見開始などによって受託者が長男に変更にならない限り、その後、1年間で信託契約は終了します。

事例4．障害を持つ子の生活の安定（遺言信託）

⑴ 委託者の願い

委託者甲には、未成年で、かつ、障害を持つ孫乙がいます。乙の親（甲の長男）は金銭にルーズなので、乙の財産を親権者として管理すると勝手に食い潰すことが懸念されます。そのため、乙の生活の安定を最優先に配慮しておくために、収益不動産と一定額の金融資産を残してやりたいと考えています。

⑵ 制度の仕組み

甲は、遺言書によって以下のような信託をします。

① 信託財産　収益不動産＋預金2,000万円

② 委託者　　甲

③　受託者　　一般社団法人（社員及び理事は、甲、甲の弟、専門家）

④　受益者　　乙（障害を持つ未成年の孫）

⑤　信託の終了　乙が死亡した日

⑥　帰属権利者　受託者である一般社団法人

⑦　遺言執行者　○○弁護士

以上のような信託を設定するための具体的内容（上記以外にも信託の目的、具体的管理・運用・給付方法なども定めます。）の要項を遺言の要式に従い記載します。

単なる遺言では財産の承継先しか定められず、どう利用するかは決められないのと比べると、遺言による信託は死後に財産を障害のある乙のために活用するように指定できます。

また、遺言による信託は、死亡まで効力は生じず、気が変われば変更や撤回ができます。遺言である以上、自分ひとりでの作成が可能で、受託者以外の親族に知られたくないときにも、利用しやすいと思われます。

なお、信託銀行が行っている「遺言信託（サービス）」は、遺言書の作成、保管、執行をサポートするもので、「信託」という名前がついているものの、法律上の信託ではありません。

⑶　課税関係

遺言によって信託する方法です。そのため、甲が死亡した場合、乙は、遺贈によって財産を取得したものとみなされて相続税の課税を受けることとなります。その場合、乙は甲の配偶者又は一親等の血族以外の者であることから、相続税額の２割加算の対象となります。

⑷　留意点

①　受託者

長期に渡る財産管理では、受託者が個人である場合に受託者が認知症になったり、死亡したりした場合に、次の受託者の選任などで支障が生じます。そのため、家族を中心とした社員及び理事で一般社団法人を設立しておき、その法人を受託者とすることが望ましいと思います。

②　信託契約

老朽化等への対応、換金処分して受益者の生活資金や施設利用費を捻出するなど将来の様々な手当てをしておく必要があります。受託者の判断で自由にあるいは信託関係人の承諾を得て換金処分できること、新たにアパート等を新築することなどを定めることも必要と思われます。

生命保険信託とラップ信託

一部の生命保険会社が取り扱っている「生命保険信託」は、財産管理が困難な事情にある親族等の受取保険金を保全しながら、必要な財産の交付を行うことを目的として利用される信託です。

死亡保険金受取人の財産管理能力が疑われる場合とは、①シングルマザー又はシングルファザー受取人の子が幼いか、障害がある、②受取人は認知症を患う配偶者、又は親などが考えられます。

生命保険信託を活用すると「死亡保険金の受取人」が信託銀行となり、被保険者が亡くなった後は、死亡保険金の管理は受託者（信託銀行）が行いますので、安全に財産が守られます。

証券会社では、金融資産の運用と信託を組み合わせた商品を開発しています。例えば、N証券会社では、「ラップ信託」によって運用資産を遺産分割協議の対象外財産とし、相続手続にかかる期間も原則４営業日程度で、かつ、相続後も運用を継続したまま指定された受益者が引き継ぐことができます。

また、D証券会社では、「ファンドラップ」による運用で、相続発生時には運用がいったん終了し現金化されますが、相続時受取人指定サービスを利用すると「死因贈与契約」によって指定された受贈者が簡単な手続で相続することができるようにしています。

事例５．既に共有になっている収益不動産を信託し専門家に管理運用を任せる

⑴　委託者の願い

委託者甲は、父から相続した収益不動産が兄弟と共有になっているため、近い将来に行う必要がある大規模修繕の費用の負担や、共有者が海外に居住していたり、相続などによって所有権がさらに分散することで当該不動産の管理運用が難しくなることを懸念しています。

⑵　制度の仕組み

①　信託財産　甲とその親族の共有となっている収益不動産

②　委託者　甲とその親族

③　受託者　一般社団法人（社員は甲とその親族。理事は甲とその親族及び不動産管理の専門家を入れる）

④　受益者　甲とその親族（信託財産の共有持分に応じて受益）
受益者死亡の場合には、その受益者の相続人

共有不動産は、信託によって受託者である一般社団法人の名義へ所有者が変更されていますので、信託契約に従って一般社団法人がその不動産を適正に管理することとなります。

⑶　課税関係

①　所得税

信託された資産及び負債から生じる収益及び費用は、受益者の収益及び費用とみなして課税され、受益者が信託された不動産から生じる所得を申告することとなります。しかし、信託から生じた不動産所得が損失である場合、不動産所得の金額の計算上なかったものとされます（措法41の4の2①、措令26の6の2④）。そのため、信託から生じた不動産所得の損失は、当該信託以外からの所得（例えば、受益者個人が有する信託財産以外の不動産から生じる不動産所得など）と相殺・損益通算することはできません。

②　相続税

委託者＝受益者であることから、信託の設定に伴う課税関係は生じません。その後、受益者が死亡してその受益権を次の受益者が取得すると相続税が課されることとなります。

⑷　留意点

一般社団法人には出資という概念がないので、株式会社のような出資者が存在しません。一般社団法人の社員総会では、一般社団法人の組織、運営、管理その他一般社団法人に関する一切の事項等について決議をすることができます（一般社団法人及び一般財団法人に関する法律35①）。社員は、各一個の議決権を有することとされますが、定款で別段の定めをすることを妨げないと規定されています（一般社団法人及び一般財団法人に関する法律48）。

社員総会の決議は、定款に別段の定めがある場合を除き、総社員の議決権の過半数を有する社員が出席し、出席した当該社員の議決権の過半数をもって行うこととされています（一般社団法人及び一般財団法人に関する法律49）。

甲とその家族が一般社団法人の社員や理事に就任することで、共有不動産の管理・運用については、社員の過半数の賛成でもって決議することが可能となりますので、専門家に管理・運用を任せるなどして適正かつスムーズな管理・運用が期待できます。

III

土地の
有効活用による
相続税対策

土地有効活用による税効果

土地有効活用による対策には、①不動産取得税及び固定資産税等の軽減と、②相続税の軽減の税効果が期待できます。そこで、それぞれの税効果を獲得するための留意点を簡潔に解説することとします。

(1) 不動産取得税や固定資産税等の軽減を受けるための床面積要件に注意する

賃貸住宅等を建築した場合、その一室当たりの部屋の広さ（床面積）が一定の床面積の要件を満たすことで不動産取得税、固定資産税の軽減を受けることができます。しかし、この一室当たりの床面積は、一般的にいう専有面積でもなく、建築基準法上で使用される床面積（延べ床面積、容積対象床面積、施工床面積等）を基準に各部屋当たりの床面積を算定したものでもなく、登記簿上の床面積（区分所有建物の場合、共用部分の面積を含める）を基準に各部屋当たりの床面積を算定したものを指しています。

よって、この床面積の算定基準を理解することは、賃貸住宅等を建築する上で大きなポイントとなってきます。とくにワンルームタイプ（1K、1DK）の貸家共同住宅を建築する場合には、この床面積の要件（40 m² 以上）に該当するか否かにより、不動産取得税及び固定資産税の額が大きく異なってきますので注意が必要です。

◉ 不動産取得税・固定資産税の軽減特例を受けるための床面積要件

税目及び特例		床面積	床面積の基準
不動産取得税	新築住宅 共同住宅等の建築	50 m² 以上 240 m² 以下 （貸家共同住宅：40 m² 以上 240 m² 以下）	登記簿上の床面積（区分所有建物の場合、共用部分の面積を含める）
	サービス付き高齢者向け住宅	30 m² 以上 160 m² 以下	
固定資産税	新築住宅	50 m² 以上 280 m² 以下 （貸家共同住宅：40 m² 以上 280 m² 以下）	
	サービス付き高齢者向け住宅	30 m² 以上 160 m² 以下	

◉ 新築住宅の軽減特例の概要

税目	建物の区分	特例の概要
不動産取得税	一般住宅の場合	（固定資産税評価額－1,200万円／戸）×3％
	認定長期優良住宅の場合	（固定資産税評価額－1,300万円／戸）×3％
	サービス付き高齢者向け住宅	（固定資産税評価額－1,200万円／戸）×3％
固定資産税	一般住宅の場合	建物部分の固定資産税を3年間（※）2分の1に減税 ※　3階建以上の耐火・準耐火建築物は5年間
	認定長期優良住宅の場合	建物部分の固定資産税を5年間（※）2分の1に減税 ※　3階建以上の耐火・準耐火建築物は7年間
	サービス付き高齢者向け住宅	建物部分の固定資産税を5年間2分の1（※）に減税 ※　1/2以上5/6以下の範囲で市町村が定める割合

⑵　相続税が軽減される

①　土地の相続税評価額が下がる

路線価は公示価格の80％程度とされていますが、相続財産のうちに土地等の占める割合が多い人にとっては、土地等の価額そのものが高額ですので大変な税負担になります。しかし、土地等はその利用状況によりさらに評価減を受けることができます。

例えば、所有土地の上にアパートを建築すると、相続税評価の上で、その敷地の利用区分が更地（自用地）から貸家建付地に変わり、更地の場合より15％～24％程度相続税評価額の引下げを図ることができます。宅地などは更地での評価額そのものが高額ですから評価減による減額金額も大きく、相続税評価額の引下げに効果的です。

＜貸家建付地の算式＞

その宅地の自用地としての価額－（その宅地の自用地としての価額×借地権割合×借家権割合×賃貸割合）

②　建物の評価差額が発生する

建物の相続税評価額は固定資産税評価額に相当する金額で評価されます。また、貸家についてはさらに借家権（30％）の割合を控除します。

固定資産税評価額は建物の建築価額の5～6割程度が目安となりますので、例えば、建築価額1億円の賃貸住宅を新築すると、相続税評価額は借家権割合を控除して約4,000万円程度となり、6,000万円程度の評価差額が期待できます。

＜貸家の算式＞

固定資産税評価額×1.0＝自用家屋の価額

自用家屋の価額－（自用家屋の価額×借家権割合×賃貸割合）

③　小規模宅地等の特例の対象となる

賃貸の用に供されている一定の宅地等で、一定の要件を満たすものについては「貸付事業用宅地等」として限度面積200 m²までの部分について50% 課税価格を減額することができます。

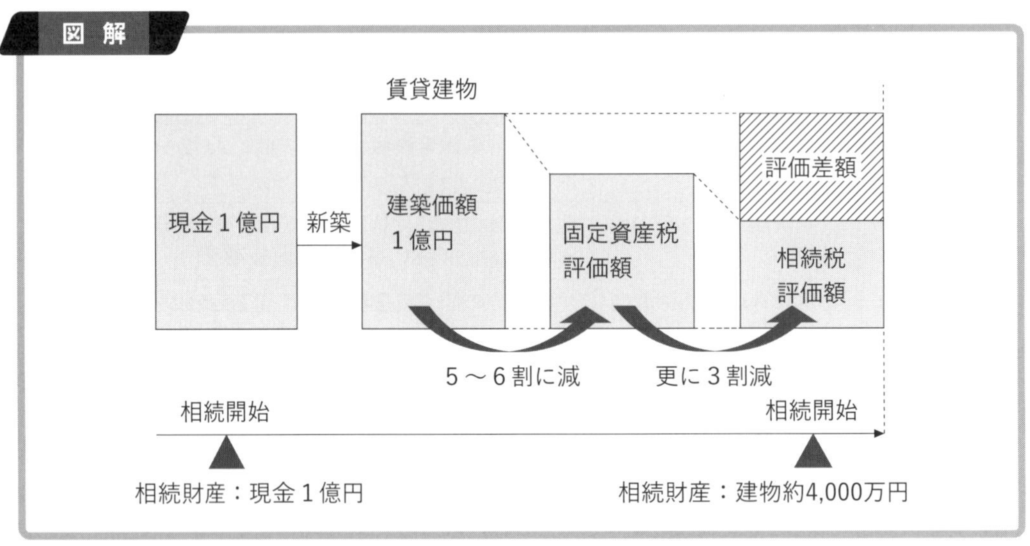

個人地主と建築主の組み合わせによる税効果

(1)　個人地主と建物の名義の組み合わせについて

賃貸建物の名義の選択に当たっては、地主が個人又は法人のいずれか、地主と建物の所有者は同一か否か、及びその敷地の貸借関係により大きく課税関係が異なります。そのため、対策の目的を明確にして慎重に建物の名義選択をする必要があります。

そこで、個人地主の場合で、５つの組み合わせによる目的別建物の名義選択のメリット等を判定すると以下のようになります。

地主	建物名義	相続発生予想（注１）	貸借関係の選択基準				目的別選択基準
			使用貸借	賃貸借		無償返還届（注２）	
				通常の地代	相当の地代		
父	父	◎	—	—	—	—	相続税対策重視型
	子	×	※	—	—	—	所得税対策重視型
	法人(株主・子)	△	—	※	—	有	相続税・所得税対策併用型
	法人(株主・父)	○	※	—	—	有	建物を無税で贈与する

子	父	◎	—	—	※	—	父の金融資産移転対策

※　土地の貸借関係の選択

（注１）◎　新築後３年以内に相続が発生すると予想される場合

○　新築後３年超５年以内に相続が発生すると予想される場合

△　新築後５年超10年以内に相続が発生すると予想される場合

×　新築後10年経過後に相続が発生すると予想される場合

（注２）個人間の土地貸借においては、「土地の無償返還に関する届出書」の制度はありません。

⑵　目的別５つの組み合わせの判断ポイント

①　相続税対策重視の場合

土地所有者：父
建物所有者：父
土地貸借関係：自己使用
土地の評価方法：貸家建付地
主な利用方法：賃貸マンション・アパート

この対策では、近い将来に相続が発生することが予想される場合に選択する方法です。相続が発生したら、その時における時価でもって財産を評価し、相続税の課税が行われることとなっています。

時価とは、財産評価基本通達１によれば、課税時期において、それぞれの財産の現況に応じ、不特定多数の当事者間で自由な取引が行われる場合に通常成立すると認められる価額をいい、その価額は、この通達の定めによって評価した価額による、としています。なお、この通達の定めによって評価することが著しく不適当と認められる財産の価額は、国税庁長官の指示を受けて評価する（財産評価基本通達６）、としています。

建物の相続税評価額は、財産評価基本通達89において、その家屋の固定資産税評価額に別表１に定める倍率（1.0倍）を乗じて計算した金額によって評価するとしています。さらに、アパートの場合には、貸家として評価され、借家人の権利相当額(借家権)を控除することができます。そのため、アパートの場合、借家権相当額の控除を考慮すると建築価額の約40％未満の評価額になると予想され、大きな評価差額の発生が期待できます。

また、その敷地についても、貸家建付地として評価され、借地権割合と借家権割合及び賃貸割合を乗じて求めた割合だけ評価が減額されます。さらに、その敷地については、一定の要件を満たせば貸付事業用宅地等として小規模宅地等の特例（200 m^2までの部分について50％減額）の適用を受けることができます。

しかし、アパートを個人で建築した場合、相続税の軽減効果が共同相続人全員に及ぶのに反して、アパート経営のリスクは、その事業を承継する特定の相続人にのみ帰属します。そのことを設例で検証します。

設例

1. 推定被相続人 父

2. 推定相続人 母・長男・長女（長男及び長女は、父母と別生計で持家に居住）

3. 父の相続財産

① A土地 6,000万円（自用地：青空駐車場として利用。借地権割合60%）

② B自宅土地 3,000万円（330 m²）

③ 家屋（自宅） 800万円

④ その他の財産 20,000万円

4. アパート建築

A土地の上にアパートを1億円（全額銀行借入金で賄う）で新築。

（アパートの固定資産税評価額5,000万円）

5. 遺産分割

B自宅土地及び家屋（自宅）は母が、A土地とアパート及び借入金は長男が取得するものとし、アパート建築後の評価額を基に、母・長男及び長女が法定相続分（小規模宅地等の特例前）の割合で相続する。

6. 相続税の計算（アパートが完成し賃貸開始直後に父が死亡すると仮定） （単位：万円）

	アパート建築前			アパート建築後		
相続人	母	長男	長女	母	長男	長女
A土地	−	6,000	−	−	4,920	−
B土地	3,000	−	−	3,000	−	−
小規模宅地等の特例	△2,400	−	−	△2,400	−	−
家屋	800	−	−	800	−	−
アパート	−	−	−	−	3,500	−
その他の財産	7,300	7,150	5,550	7,300	7,150	5,550
借入金	−	−	−	−	△10,000	−
課税価格	8,700	13,150	5,550	8,700	5,570	5,550
相続税の総額	4,810			2,655		
各人の算出税額	1,527	2,308	974	1,165	746	743
配偶者の税額軽減	△1,527	−	−	△1,165	−	−
納付税額	0	2,308	974	0	746	743

7. 検証

相続税の総額は、アパート建築後は4,810万円から2,655万円へ大幅に減少しています。その結果、長男の納付税額は2,308万円から746万円に、長女の納付税額は974万円から

743 万円に減少しています。

アパート建築後の課税価格を基に法定相続分どおり相続し、共同相続人全員の相続税が軽減されていますが、アパート建築に伴う経営リスクは承継者である長男が１人で負うことになります。そのことを共同相続人間での共通の認識としておかなければなりません。

また、賃貸経営が順調に推移すれば、時間の経過とともに、相続税の軽減効果は縮減していくことにも留意しておかなければなりません。

建物の建築名義の選択を誤ると相続税の軽減効果は消滅する

ハウスメーカーなどが提案するアパート・マンション建築による相続税の軽減効果に魅力を感じ、借入金などで建築の意思決定を行う事例も少なくないと思います。しかし、その相続税の軽減効果が最も高いのは建物の完成後賃貸を開始した直後におけるものであり、相続発生時のものではありません。相続税の軽減効果については建物の賃貸開始直後の状態で説明されているのに、その建築に伴う将来の資金収支は通常プラスのものが大半で 20 数年後には建築資金として調達した借入金は全額家賃収入で弁済できるとのシミュレーションで説明されています。

その結果、長生きすると建物の賃貸開始直後の相続税の軽減効果は段階的に縮減していくのに、その点には触れずに説明される事例がほとんどだと思われます。相続対策において土地所有者である被相続人の名義で建築することが常に有利とは言えません。そのため、アパート・マンションを建築する場合、誰の名義で建築するかの選択は大変重要で、長生きすることを前提に考えるならば法人で建築する方法も選択肢の１つです。

設 例

新築するアパートの名義を誰にすれば良いかについて設例で検証してみます。

1．**推定被相続人**　父（下記４のアパート完成後に死亡すると仮定）

2．**推定相続人**　長男・長女

3．**相続財産**　甲土地（自用地評価額）10,000 万円・その他 40,000 万円

4．**アパートの建築**　父名義で甲土地の上に建築し全額銀行借入金とする

⑴　建築総額　２億円（令和６年３月完成）

⑵　固定資産税評価額　11,000 万円（３年ごとに建築当時の固定資産税評価額の５％（550 万円）ずつ値下がりするものと仮定する）

⑶　借地権割合　60％

⑷　賃貸割合は常に　100％

⑸　銀行借入金　2億円（20年間で元金均等返済とする）

⑹　その他　賃料収入で借入金の弁済が可能で、かつ、収支差額はゼロと仮定する

5．その他　甲土地及びその他財産について相続税評価額は変動しないものと仮定する

6．相続税の軽減効果の検証　（単位：万円）

	アパート建築前	アパート建築後			
		完成直後	10年経過後	17年経過後	20年経過後
甲土地	10,000	8,200	8,200	8,200	8,200
アパート	–	7,700	6,545	5,775	5,390
その他	40,000	40,000	40,000	40,000	40,000
借入金	–	△20,000	△10,000	△3,000	0
課税価格	50,000	35,900	44,745	50,975	53,590
相続税	15,210	9,280	12,845	15,649	16,826

この設例の場合、アパート建築後17年を経過するとアパート建築に伴う相続税の軽減効果は消滅してしまいます。平均余命（令和4年）が17年以上の人は、男68歳、女73歳であることから、それらの年齢以下の人で健康上の問題を抱えていない場合には、アパートの名義については慎重に判断しなければなりません。

②　所得税対策重視の場合

土地所有者：父
建物所有者：子
土地貸借関係：使用貸借（その敷地の固定資産税相当額以下の地代）
土地の評価方法：自用地評価
主な利用方法：賃貸マンション・アパート
その他（所得の状況）：父の課税所得>子の課税所得

この対策の場合には、当分の間、父に相続が発生しないことが前提となっています。土地活用に当たって、賃貸マンション等の建物だけの利回りを見ればほとんどのケースで10%を超えています。そのため、初期投資に大きな費用が発生する1年目を除き、昨今の超低金利の時代には2年目から不動産所得が発生することが予想されます。また、所得計算と収支計算は異なり、収支計算上は敷金・保証金等の預り金があれば1年目からプラスになるケースもあります。

これらのことから、父所有の土地を使用貸借（地代の額はゼロ又はその敷地の固定資産税相当額以下とします。）で子が借り受け、その土地の上に賃貸マンション等を建築すれば、その建物の賃料は子に帰属し、子は父の課税所得よりも少ない場合には、所得税の適用税率は低いところでの課税を受けることになります。さらに、収支差額の金融資産も子の財産となります。その結果、家全体の所得税負担を軽減しながら、父の財産

の増加を防ぐことができます。

この対策のデメリットは、予想に反して父が短期間で亡くなった場合に、その敷地の評価額は自用地として評価され、土地の評価減の適用を受けることができない点や、建物の評価差額を活用できないことにあります。また、父と子が別生計であるときは、その建物の敷地について小規模宅地等の特例の適用を受けることができません(同一生計であれば、一定の要件を満たせば小規模宅地等の特例の適用を受けることができます。)。

なお、建物の新築後相当期間経過後になって、父の相続が近いと予想される時になったら、子名義の建物をその時の時価で父に譲渡することにより、そのデメリットを解消することができます。

③ 相続税・所得税対策併用の場合

土地所有者：父
建物所有者：同族法人（株主　子）
土地貸借関係：通常地代による賃貸借＋無償返還届出書の提出
土地の評価方法：自用地評価額×80％
主な利用方法：ロードサイド店舗等高収益物件

この対策では、土地所有者の父に近いうちに相続の開始が予想されない場合に、ロードサイド店舗等に代表される高収益な建物を同族法人で建築することにより、家賃等を法人の収入とし、家族役員に役員給与として支給することにより収入の分散を図ろうとする対策です。このことにより、父に賃料が帰属しないことから毎年の所得税等と将来の相続税の負担軽減に寄与することが期待されます。

さらに、土地の貸借関係は「通常の地代」による賃貸借とし、同族法人に対する借地権の認定課税を回避するために、地主及び借地人である同族法人の連名で所轄税務署長に借地権の設定等による「土地の無償返還に関する届出書」を提出することとします。このことにより、父に相続が発生した場合、その敷地の相続税評価額は、自用地に比較して一定の利用制限を受けていることを考慮し、自用地評価額の80％相当額で評価することができます。

なお、この対策では、父が建物を所有しないため、父の相続において建物の評価差額は発生しません。

しかし、父の相続の発生がかなり先と予想される状況においては、毎年の賃貸の収支差額による金融資産の増加を防ぐ効果の方が大きいと思われます。

（注） 通常の地代とは、その土地の周辺の地代と同額程度の地代をいい、その土地の固定資産税（都市計画税を含みます。）の２～３倍程度の地代が目安と考えられます。また、簡便法として「自用地価額（過去３年間の平均額）×（１－借地権割合）×６％」で求めることもできます。

この対策の留意点は、借地人である同族法人の株主構成です。この法人は高収益な物件を所有し、ロードサイドの土地活用に多く見受けられる建設協力金方式によれば、特定の賃借人による借上げ方式によって安定して経営することができると予想され、将来において、この法人の株式等の相続税評価額は高くなると思われます。そのため、資本金の出資に当たっては、子が中心となった株主構成とするよう工夫することが大切です。その場合、子に資本金の出資資力がないときには、父が子に対してその資本金相当額の金銭贈与を行い、資金出所を明確にしておくことも大切です。

④　建物を無税で贈与しようとする場合

土地所有者：父 建物所有者：同族法人（株主　父） 土地貸借関係：使用貸借＋無償返還届出書の提出 土地の評価方法：自用地評価 主な利用方法：賃貸マンション・アパート

この対策は、上記③と異なり、同族法人の出資は父が行います。この場合には、父の相続開始が建物の完成後３年を経過した後において発生することが予想されるときに効果的な対策です。同族法人との土地貸借関係は使用貸借とし、同族法人に対する借地権の認定課税を避けるために使用貸借契約による「土地の無償返還に関する届出書」を父及び同族法人の連名で所轄税務署長に提出します。

そして、建物取得後３年を経過したら、その法人の株式を子などに贈与します。この場合の株式の相続税評価額がゼロとなるよう工夫することにより、無税で株式の贈与をすることができれば、間接的に建物の贈与を無税で行うことができます。

設例

1．父が資本金1億円で法人を設立します。

2．父の相続人は、長男・長女の2人。

3．父所有の土地（賃貸マンションの敷地）に法人が2億円（固定資産税評価額9,000万円）で、賃貸マンションを新築し、父からその敷地を「使用貸借の無償返還型」によって貸借することとします。

4．賃貸マンションの建築資金の不足額1億円は、銀行借入（25年の元金均等方式）によることとします。

5．父の所有する財産は以下の表（現状）に記載のとおりとします。

	現　状	完成直後	築後3年経過
自宅土地・その他の土地	10,000万円	10,000万円	10,000万円
賃貸マンションの敷地	5,000万円	5,000万円	5,000万円
家　屋	2,000万円	2,000万円	2,000万円
現預金	13,000万円	3,000万円	3,000万円
法人の株式(※)	－	4,000万円	0円
課税価格	30,000万円	24,000万円	20,000万円
相続税の総額	6,920万円	4,540万円	3,340万円

※　法人の株式の相続税評価額は以下のようになります。

・完成直後

賃貸マンションの通常の取引価額は2億円×（1－0.3）＝1億4,000万円、負債は1億円で、自社株の純資産価額（相続税評価額）は4,000万円となります。

・築後3年経過後

賃貸マンションの相続税評価額が6,300万円（9,000万円×（1－0.3））となり、3年間の賃貸マンションのキャッシュフローが累積で＋1,000万円あると仮定しても資産合計額は7,300万円、債務は8,800万円（3年間の元金返済額1,200万円控除後）となり、自社株の純資産価額は債務超過になることから相続税評価額は0円になります。

以上のことから、株式の相続税評価額がゼロ以下になった日以後に、子又は孫へその株式を贈与しても贈与税は課されません。また、株式の贈与を実行した後において、父が長生きして、法人の株価が上昇することになっても、父の財産ではないことから、父の相続税には影響がありません。

さらに、将来土地貸借の方法を、「賃貸借」型の土地の無償返還方式に変更すれば、父の所有する賃貸マンションの敷地の相続税評価額が5,000万円から4,000万円に下がります。

⑤　父の金融資産の移転対策を行う場合

> 土地所有者：子
> 建物所有者：母（土地所有者である子と同一生計）
> 土地貸借関係：相当の地代の支払による賃貸借（地代については３年ごとに改訂する）
> 土地の評価方法：自用地評価
> 主な利用方法：賃貸マンション・アパート

この対策は、子所有の土地に生計を一にする母が賃貸マンション等を建て、子の土地との貸借関係を「相当の地代」を支払い、かつ、概ね３年ごとにその地代を改訂することとします。

（注）　相当の地代とは、借地権を評価しようとする年分の土地の相続税評価額又はその年以前３年以内の相続税評価額の平均額のいずれか低い額に対して概ね年６％程度の地代をいい、その相当の地代の支払方式には、概ね３年ごとにその地代を改訂する方式と固定する方式とがあります。

この対策のねらいは、母に多額の金融資産がある場合に、相当地代の収受により母の金融資産を子に無税で移転させることにあります。なぜ課税されないのでしょうか。

同一生計の子所有の土地の貸借に当たり、母が権利金及び地代を支払うと、子に対して譲渡所得又は不動産所得として課税されます。また、通常の権利金を収受しないで、かつ、相当の地代に満たない地代の支払があると、母に対して一定の借地権相当額の贈与があったものとして、贈与税が課されます。

一方、権利金及び地代を収受しない場合には、使用貸借と判定され借地権等の課税関係は一切生じません。また、通常の権利金の収受がなくても、母が子に相当の地代の支払をすれば同様に借地権の課税関係は生じません。

相当の地代方式では支払地代の額が高額となりますが、同一生計の親族間の地代の収受については所得税の課税関係が生じない点（※）を活用し、例えば、子所有の土地に母が賃貸マンション等（室数が10以上）を建て、①権利金を支払わず、②相当の地代の改訂方式により相当地代の支払をすれば、子は所得税及び贈与税の課税を受けずに金銭の移転を受けることができます。その場合、母は支払った地代は不動産所得の計算上なかったものとみなされ、その敷地に対して一切の権利を有しません（相当地代の固定方式では、母の借地権はその敷地の自用地価額の20％以上に評価されます。）。

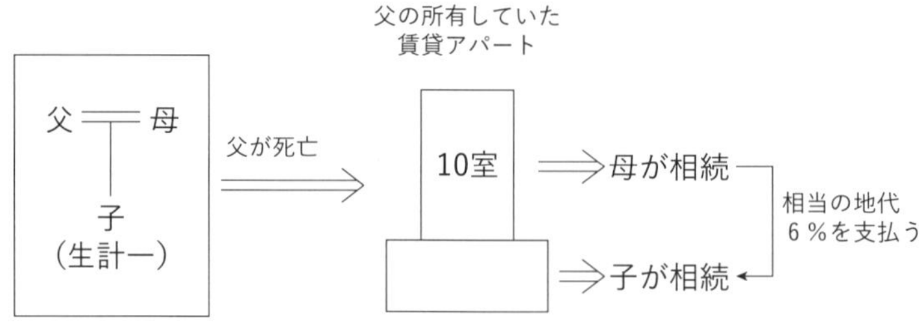

その結果、母から子へ相当の地代相当額の金銭を無税で贈与することと同じ経済効果

が生ずることになります。

※　所得税法第56条（事業から対価を受ける親族がある場合の必要経費の特例）において、居住者と生計を一にする配偶者その他の親族が居住者の営むその事業から対価の支払を受ける場合には、その居住者の所得の金額の計算上必要経費に算入しないものとし、かつ、その親族が支払を受けた対価の額は、各種所得の金額の計算上ないものとみなすとする規定があります。

（注１）　生計を一にするとは、同居している場合には、明らかに独立して生計を営んでいると認められる場合を除き、原則として生計を一にするものとして判定されます。別居しているときは、一般的には生計を別にしているものと判定することとしていますが、別居親族に対する生計費の送金及び職業の有無や各種状況等を総合勘案して判定することとしています。

（注２）　不動産の貸付が、事業として行われているか否かは以下のように判定します。

①　貸間、アパート等については、貸与することができる独立した室数が概ね10以上であること。

②　独立家屋については、概ね５棟以上であること（１棟当たり２室と換算します。）。

③　貸地がある場合、概ね貸付件数５件を貸室１室と換算して判定します。

④　土地を青空駐車場として整備して貸し付けている場合、概ね５件を貸室１室として換算します。

また、母が新たに賃貸マンション等を建築する方法以外でも、父の相続に際して父が所有していた賃貸マンション等の建物を母が相続し、その敷地は生計を一にする子が相続して、相当の地代方式の地代改訂型とすることによっても同様の効果を得ることができます。

この場合の留意点として、小規模宅地等の特例の適用に当たっては、子は、相続税の申告期限までの間にこの宅地上で営まれていた被相続人である父の貸付事業（賃借人との間の貸家事業）を引き継いだことにならないことから、貸付事業用宅地等として小規模宅地等の特例の適用を受けることができません。

仮に、被相続人と子が生計一であったとしても、「生計一親族が相続開始前から相続税の申告期限まで引き続きその宅地等を自己の貸付事業の用に供していること」とされているため、自己の貸付事業の用に供しているとは認められません。

また、母と子との間で、土地の賃貸借契約をした場合でも、被相続人の貸付事業を引き継ぐこととする要件を充足しないことから、貸付事業用宅地等として小規模宅地等の特例の適用を受けることはできません。

Ⅳ

生前贈与を活用した対策

一　贈与とは

贈与とは当事者の一方（贈与者）がある財産を無償で相手方（受贈者）に与える意思表示をし、相手方が受諾することによって成立する契約です（民法549）。本来贈与は、恩恵・好意・謝意等の原因を動機としてなされるものですから法規範の対象外と考えられるのですが、近代民法は贈与を契約としてとらえて法的な拘束力を与えています。

口頭でも書面でも可

日本の民法では贈与を「不要式の諾成契約」としています。つまり、贈与者が「あげましょう」という意思表示を行い、受贈者が「いただきます」という意思表示をすれば、贈与契約は成立します（民法549）。

また、贈与契約は書面による必要はありませんが、書面によらなかったときは、給付を履行する前であれば、いつでも取消しができます。

このように「書面によらない贈与はいつでも取消しができる」としたことにより、書面による贈与のみに法的な拘束力が与えられました。これは、贈与者の軽率な行為を戒め、贈与者の意思を明確にすることによって後日の紛争を避けるためです。

贈与財産には制限がない

法律上、贈与の目的となる財産には制限がなく、贈与者の負担において受贈者の利益となる内容であればよいことになっています。しかし、財産の実体が減少しない「使用貸借」や「無償の労務給付」等は、原則として贈与の目的にはなりません。

贈与の種類

①　生前贈与

贈与者が生存中に自分の財産を無償で他の人に与えることで、一般に「贈与」といえばこの生前贈与を指します。

◉ **贈与契約書の見本** 父・山本太郎（贈与者）／子・山本一郎（受贈者）

> 贈与契約書
>
> 贈与者　山本太郎（甲）と受贈者　山本一郎（乙）との間で下記のとおり贈与契約を締結した。
>
> 第一条　甲は、その所有する下記の財産を乙に贈与するものとし、乙はこれを受諾した。
>
> （物件の表示）
>
> 1．現金　　＊＊＊円
>
> 第二条　甲は当該財産を令和＊年＊月＊日までに乙に引き渡すこととする。
>
> 上記契約の証として本書を作成し、甲、乙各一通保有する。
>
> 令和＊年＊月＊日
>
> 甲（住所）大阪市＊＊区＊＊町＊丁目＊番＊号
>
> （氏名）山本太郎　　印
>
> 乙（住所）大阪市＊＊区＊＊町＊丁目＊番＊号
>
> （氏名）山本一郎　　印

（注）贈与の年月日及び氏名は、父と子が各自で署名し押印するようにします。

②　死因贈与

生前に贈与する旨の契約をするが、贈与者が死亡することによって初めて効力が生じる贈与を「死因贈与」といいます。死因贈与も、形としては契約や、生前贈与と同様に当事者間の合意によって成立します。しかし、贈与者が死亡することにより効力が生じる贈与ですので、ほぼ、遺贈についての規定が適用されます。

遺贈とは、遺言で自分の財産の全部又は一部を処分することをいいます。

◉ **遺言書（遺贈）と死因贈与の主な相違点**

	遺言書（遺贈）	死因贈与
方　式	法定されている	法定されていない
意思確認	遺言者の単独の意思表示	贈与者及び受贈者の意思表示が必要
取消し	何時でも遺言の方式に従って自由に取り消せる	負担付死因贈与（例えば、生前に面倒をみてくれることを負担とする）の場合に、既に負担が履行されているようなときには取り消せない
作成能力	15歳に達すれば単独で作成することができる	受贈者が未成年者である場合には、親権者の同意又は親権者が代理して行わなければならない
検認手続	公正証書以外の遺言書（法務局で保管されている自筆証書遺言を除く）の場合には検認を受けなければならない	検認の必要はない

不動産の登記	遺言者の生前中に登記することができない	贈与者の生前に仮登記（所有権移転請求権保全の仮登記）ができる
承認・放棄	受遺者は、限定承認や放棄をすることができる	受贈者の意思に基づく契約であるため、承認や放棄の規定は適用されない

死因贈与は、税務上の取扱いについても遺贈の規定が適用され、贈与税ではなく、相続税が課税されます。また、この場合、受贈者が配偶者及び一親等の血族（代襲相続人を含みます。）である場合を除き、「相続税額の２割加算」（※）の適用があります。

※ 「相続税額の２割加算」とは、相続又は遺贈（死因贈与を含みます。）により財産を取得した人が、被相続人の配偶者及び一親等の血族（代襲相続人を含みます。）以外の人である場合はその人の相続税額にその20％相当額を加算するという規定です。なお、被相続人の養子となった被相続人の孫（代襲相続人である者を除きます。）も２割加算の対象とされます。

◉ 死因贈与契約書の見本　　父・山本太郎（贈与者）／子・山本一郎（受贈者）

贈与契約書

贈与者　山本太郎（甲）と受贈者　山本一郎（乙）との間で下記のとおり贈与契約を締結した。

第一条　甲は、その所有する下記の土地を乙に贈与するものとし、乙はこれを受諾した。

（物件の表示）

1　所在地　＊＊県＊＊市＊＊町＊丁目＊番地＊

2　種類　宅地

3　地積　100 m²

第二条　本贈与契約は、贈与者甲の死亡と同時に効力を発生する。

第三条　甲が死亡する以前に乙が死亡したときは本契約はその効力を失う。

第四条　当事者は、本件土地について、受贈者乙のために、始期付所有権移転仮登記をするものとする。贈与者甲は、受贈者乙が右仮登記手続を申請することを承諾した。

第五条　甲は本契約の執行者として、次の者を指定する。

住　所　大阪市北区〇〇町＊丁目＊番＊号

氏　名　佐藤一郎

生年月日　昭和27年2月17日

第六条　本件土地の所有権移転登記手続に関する費用は、乙が負担する。

上記契約の証として本書を作成し、甲、乙各一通保有する。

令和＊年＊月＊日

甲　（住所）大阪市＊＊区＊＊町＊丁目＊番＊号

（氏名）　山本太郎　　印

乙　（住所）大阪市＊＊区＊＊町＊丁目＊番＊号

（氏名）　山本一郎　　印

③　負担付贈与

負担付贈与とは、受贈者に一定の債務を負担させることを条件にした財産の贈与をいいます。

一般的な贈与は贈与者だけが「財産を無償で与える」という義務を負う「片務契約」になりますが、負担付贈与は、受贈者に一定の条件を付けて贈与するため、受贈者もその条件を履行する義務を負う「双務契約」となります（民法553）。

例えば、「貸家を贈与するが、受贈者は家賃の何割かを贈与者の妻に与える」といったものです。

個人から負担付贈与を受けた場合は、贈与財産の価額（時価）から負担額を控除した価額に贈与税が課税されることとなります（相基通21の2－4）。

設例

父から時価1,000万円（相続税評価額800万円）の住宅の贈与を受ける代わりに、父の600万円の借金を返済する場合

1,000万円－600万円＝400万円

400万円が贈与財産の価額になります。

【注意点】

一般的な贈与（前記①の贈与）の場合、「贈与された財産の価額」は「相続税評価額」になりますが、負担付贈与の場合は「通常の取引価額に相当する金額」が贈与された財産の価額になります。

以上のほか、贈与の種類としては、「混合贈与」（例えば、時価よりも低い対価で財産を譲渡し、時価との差額を贈与するという、双方の間に贈与の合意があるもの）や、「定期贈与」（毎年又は毎月一定の金銭又は物を給付するというように定期的に履行する贈与）などがあります。

【預り保証金（敷金）付きで収益物件を贈与した場合の負担付贈与の判定】

平成16年に国税庁が発表した「相続時精算課税に関する質疑応答事例について」（情報）では、預り保証金付きで贈与した場合の取扱いについて、次のように解説されています（問は省略し、答のみ記載）。

敷金とは、不動産の賃借人が、賃料その他の債務を担保するために契約成立の際、あらかじめ賃貸人に交付する金銭（権利金と異なり、賃貸借契約が終了すれば賃借人に債務の未払いがない限り返還される。）であり、その法的性格は、停止条件付返還債務である（判例・通説）とされている。

また、賃貸中の建物の所有権の移転があった場合には、旧所有者に差し入れた敷金が現存する限り、たとえ新旧所有者間に敷金の引継ぎがなくても、賃貸中の建物の新所有者は当然に引継ぐ（判例・通説）とされている。

ところで、本件問いのように、旧所有者（父親）が賃借人に対して敷金返還義務を負っている状態で、新所有者（長男）に対し賃貸アパートを贈与した場

合には、法形式上は、負担付贈与に該当するが、当該敷金返還債務に相当する現金の贈与を同時に行っている場合には、一般的に当該敷金返還義務を承継させ（す）る意図が贈与者・受贈者間においてなく、実質的な負担はないと認定することができる。
したがって、本件問いについては、実質的に負担付贈与に当たらないと解するのが相当であることから、負担付贈与通達の適用はない。

つまり、賃借人に対して敷金返還義務を負っている状態で、賃貸建物を贈与した場合に、その敷金の額に相当する現金の贈与を同時に行っていれば、負担付贈与に該当しないこととしています。

贈与と税務上の時効

⑴ 贈与税の課税対象とされる贈与とは

贈与税の課税対象とされる贈与には、①民法上の贈与（非課税とされるものを除く。）と、②相続税法上の独自の観点から設けられたみなし贈与（例えば、生命保険金の贈与等）の２種類があります。

民法上の贈与については、民法549条において「贈与は、当事者の一方がある財産を無償で相手方に与える意思を表示し、相手方が受諾をすることによって、その効力を生ずる」と規定されています。

このことから、贈与者による贈与の意思表示と受贈者による受贈の意思表示をもって成立する契約（諾成契約）行為であることが特徴であり、贈与者による一方的な意思表示のみでは民法上の贈与は成立しないことになります。

そのため、未成年の子への贈与については、親権者が未成年の子に代わって受贈の意思表示をすることで贈与契約は成立します。

しかし、親権者から未成年の子に対して贈与する場合には、子に一方的に有利となる契約であり実質的には利益相反行為に該当しないことから、親権者が受託すれば契約は成立し、未成年の子が贈与の事実を知っていたかどうかに関わらず、贈与契約は成立すると解されています（平成19年６月26日裁決）。

一方、みなし贈与については、贈与契約の履行により取得したものとはいえないが、関係する者の間の事情に照らし、実質的にみて、贈与があったのと同様の経済的利益の移転の事実がある場合に、税負担の公平の見地から、その取得した経済的利益を贈与により取得したものとみなして、贈与税を課税することとしたものであると考えられています。

そのため、贈与により取得したとみなされる場合には、租税回避の意図・目的や贈与の申込み、それに対する承諾（贈与契約）の必要はありません。

◉ 主なみなし贈与の種類と贈与時期

みなし贈与の種類	贈与により取得したものとみなされる財産	贈与の時期
生命保険金	満期等により取得した生命保険金	保険事故が発生した時
定期金	給付事由の発生により取得した定期金の受給権	定期金給付事由が発生した時
低額譲受け	低額譲受けにより受けた利益	財産を譲り受けた時
債務免除等	債務の免除、引受け等により受けた利益	債務の免除があった時
その他の利益の享受(※)	その他の理由により受けた経済的な利益	利益を受けた時
信託に関する権利	委託者以外のものを受益者とする信託の効力が生じた場合等の信託に関する権利又は利益	信託の効力が生じた時等

（注） 農地の贈与については、一定の要件を満たす場合には、農地法の許可又は届出に関する書類を農業委員会に提出した日に贈与があったものとして取り扱って差し支えないとされています。

※ その他の利益の享受

みなし贈与の種類のうち、その他の利益の享受に該当するものには以下のようなものがあります。

具体的な事例
同族会社に対し、無償による財産の提供等をしたことにより、株式又は出資の価額が増加した場合
同族会社の新株引受権の付与が変則的に行われた場合
同族会社の増資に伴う失権株に係る発行が行われなかった場合
離婚による財産分与で贈与と認定される場合
無利子の金銭貸与等で贈与と認定される場合
負担付贈与の場合
共有持分の放棄をした場合
共稼ぎ夫婦が住宅等を購入したときに贈与と認定される場合

受贈者に代わって贈与税を納税した場合

相続税法34条4項において、「財産を贈与した者は、当該贈与により財産を取得した者の当該財産を取得した年分の贈与税額に当該財産の価額が当該贈与税の課税価格に算入された財産の価額のうちに占める割合を乗じて算出した金額として政令で定める金額に相当する贈与税について、当該財産の価額に相当する金額を限度として、連帯納付の責めに任ずる。」としています。

また、相続税法基本通達34－3(注)では、「連帯納付の責めに基づいて相続税又は贈与税の納付があった場合において、相基通8－3の適用がある」としています。

相続税法基本通達8－3(1)は、連帯債務者が自己の負担に属する債務の部分を超えて弁済した場合において、その超える部分の金額について他の債務者に対し求償権を放棄したときは、その超える部分の金額は、相続税法8条の規定による贈与があったものとみなされるとしています。

> **第８条**　対価を支払わないで、又は著しく低い価額の対価で債務の免除、引受け又は第三者のためにする債務の弁済による利益を受けた場合においては、当該債務の免除、引受け又は弁済があった時において、当該債務の免除、引受け又は弁済による利益を受けた者が、当該債務の免除、引受け又は弁済に係る債務の金額に相当する金額（対価の支払があった場合には、その価額を控除した金額）を当該債務の免除、引受け又は弁済をした者から贈与（当該債務の免除、引受け又は弁済が遺言によりなされた場合には、遺贈）により取得したものとみなす。
> 　以下、略

設例

１．被相続人　父（令和６年４月死亡）

２．受贈者　長男

３．長男が受けた贈与（平成 28 年）

⑴　父からの贈与の贈与税　500 万円

⑵　母からの贈与の贈与税　400 万円

４．贈与税の納付者

父（平成 29 年３月 15 日に 900 万円の贈与税を長男に代わって納付）

５．父が支払った贈与税の相続財産への加算

	父から受けた贈与	母から受けた贈与
贈与税の納税	連帯納付義務の履行	債務の弁済（肩代わり）
贈与の時期	求償権を放棄したとき	父が贈与税を納付した時
贈与の種類	みなし贈与	みなし贈与
更正等の期間制限	６年	６年
相続財産への加算	求償権の放棄がなかった場合には、500 万円は立替金として相続財産に加算される	消滅時効が完成しているため、400 万円は相続財産に加算されない
根拠条文	相法 34、相法 37、相基通 34－3、相基通 8－3(1)	相法 8、相法 37

⑵　税務上の時効とは

贈与税における時効期間としての定めは、国税通則法において、原則として法定納期限から５年間行使しないことによって、時効により消滅することとしています。しかし、相続税法 37 条によって贈与税の時効は６年と定められています。そのため、原則として贈与税の申告書の提出期限から６年を経過すれば、時効によって消滅することとなります。ただし、偽りその他不正の行為によって免れ又は還付を受けた贈与税については、贈与税の申告書の提出期限から７年間とされています。

偽りその他不正の行為とは、「真実の所得を隠蔽し、それが課税の対象となることを回避するため、所得金額をことさらに過小に記載した内容虚偽の確定申告書を提出する行為」と最高裁で判示し、単に確定申告書を提出しなかったという消極的な行為だけではこれに当たらないとしています。

国税の徴収権の時効については、その援用を要せず、また、その利益を放棄することができないため、時効完成後の納税は過誤納として還付されます。なお、時効完成の効力は起算日まで遡りますから、以降の利子税、延滞税も同様に消滅します。

◉ 消滅時効と除斥期間

	消滅時効（民法166、724ほか）	除斥期間（民法566、884ほか）
制度の概要	一定期間権利が行使されない場合に、法律で定められた時効期間が経過した後、当事者等が消滅時効を援用することにより、確定的に権利が消滅する制度	一定期間の経過によって、権利が当然に消滅する制度
対象財産	「債権」、「不法行為による損害賠償請求権」、「所有権以外の財産権」など	「遺留分侵害額請求権」、「相続回復の請求権」など
消滅期間	遺留分侵害額請求権：遺留分を侵害することを知った時から１年 相続回復請求権：相続権を侵害された事実を知った時から５年 一般の債権：原則として10年	遺留分侵害額請求権：相続開始の時から10年
援用の必要性	要	不要
遡及効	遡及する	遡及しない （期間完成時に消滅する）
起算点	権利を行使することができる時	権利の発生時
完成猶予、更新（時効の中断）の有無	あり	なし
税務上の取扱い	国税の徴収権や還付請求権：５年（通法72）、援用を要せず ただし、滞納の督促などによる時効の中断がある	賦課権（更正及び決定） ① 通常５年（通法70ほか） ② 贈与税６年 ③ 偽りその他不正の行為によって税を免れ、又は還付を受けた場合７年

⑶ 名義預金の時効について

民法上の贈与とは諾成契約による必要があることから、例えば、父が子名義で毎年預金をしていてもその預金の存在をその子が知らない場合には、受贈者（子）による受贈の意思表示がないことから贈与は成立していない（民法549）と考えられます。

そのため、子名義の預金が行われて何年経過していても、民法上の贈与が成立していない以上、税務上の時効は進行しないことになり消滅時効は完成しません。

このことについては、国税庁が作成している「相続税の申告のしかた」の中で、以下のようなＱ＆Ａによって注意を喚起しています。

Ｑ＆Ａ 家族名義の財産は？

問：父（被相続人）の財産を整理していたところ、家族名義の預金通帳が見つかりました。この家族名義の預金も相続税の申告に含める必要があるのでしょうか。

答：名義にかかわらず、被相続人が取得等のための資金を拠出していたことなどから被相続人の財産と認められるものは相続税の課税対象となります。したがって、被相続人が購入（新築）した不動産でまだ登記をしていないものや、被相続人の預貯金、株式、公社債、貸付信託や証券投資信託の受益証券等で家族名義や無記名のものなども、相続税の申告に含める必要があります。

贈与をすると有利な財産

⑴ 将来値上がりする可能性のある財産を贈与する

相続税対策は、財産の移転により相続財産を少なくすることと併せて、相続財産の増加を防ぐことも大切なことです。

そこで、土地等などで将来値上がりのする可能性のある財産を相続税評価額の低いうちに贈与すれば、贈与財産が生前贈与加算の対象となっても、贈与財産の価額の固定効果が得られることから、相続財産の増加を防ぐことにつながります。

例えば、次のような土地等です。

① 市街地の土地等で現在は倍率方式で低く評価されているが、将来路線価方式に評価方法が改訂され、相続税評価額が高くなる可能性がある土地等

② 現在は市街化を抑制すべき区域として市街化調整区域に指定されているが、近い将来、市街化区域へ編入される可能性がある土地等

③ 新駅の設置予定や開発計画があり将来便利になるため地価が上昇すると思われる土地等

⑵ 高収益の賃貸不動産を贈与する

賃貸建物を贈与した場合、贈与税の課税価格は、固定資産税評価額×（１－借家権割合×賃貸割合）になり、贈与財産から生じる収入などについては贈与税は課されません。また、高収益の賃貸不動産を子に贈与すると、その収益が子に移転し、相続税の納税資金の原資に役立ちます。さらに、所得の分散効果も期待でき所得税の節税にもなります。

注意点としては、個人間の土地貸借については使用貸借（地代の支払はその敷地の固定資産税相当額以下）とし、借地権の認定課税を受けないようにします。

賃貸建物はその入居者の借家権を考慮し、当該建物の相続税評価において借家権相当額を控除することとしています。また、その敷地についても当該借家権の一部が及ぶとの考え方から「貸家建付地」として、自用地評価額から借地権割合、借家権割合及び賃貸割合を乗じて求めた割合を減額することとしています。

賃貸建物だけの贈与があった場合に、贈与後においてもその敷地が貸家建付地として評価されるのは賃借人について異動がない場合に限られています。これは、贈与前後において実態が変わらないこと等に配慮して使用貸借通達4（使用貸借に係る土地等の上に存する建物等を相続又は贈与により取得した場合）にその旨の取扱いが明記されています。

しかし、贈与後に建物の賃借人の異動があった場合には、その時点において受贈者がその後の利用を意思決定するものであり、その敷地の地代等の支払がない場合には、原則として使用貸借であることからその敷地は自用地（更地）として評価することとされています。

そこで、贈与後に建物の賃借人の異動が生じないように、贈与する以前に家族が主宰する不動産管理会社等に一括して賃貸します。そして、その会社が第三者に転貸していれば、建物の賃借人は異動しないので、将来相続が発生したときのその敷地は「貸家建付地」として評価することができます。

贈与をする場合の留意点

⑴　贈与による財産移転の証拠を残す

贈与によって財産が移転すると贈与税が課されることになりますが、相続税対策で贈与を行った場合、税務上、贈与があったかどうかの事実関係が問題とされることが多くあります。

夫婦や親子など特殊な関係にある者の間において行われる金銭等の贈与は書面を作成して行われることが少なく、贈与であるのか、あるいは金銭消費貸借であるのかの事実認定は難しい場合が多くあります。

そこで、贈与の事実を明らかにするために贈与契約書を作成し、金銭などを贈与する場合には、贈与者の預金通帳から受贈者の預金通帳へ振り替えるなどの工夫により、客観的にみても贈与の事実があったと認められる状況をつくります。

また、贈与税の申告の有無のみをもって贈与の事実を判定することはありませんので、贈与税の申告さえしていれば贈与を否認されることはないと考えるのは間違いです。例えば、親から長男へ111万円贈与したことにして長男名義で親が贈与税の申告と1,000円の贈与税を納税しても、親から長男へ贈与の事実を立証できなければ、誤った申告による誤納があったと判定されることも考えられます。

国税不服審判所の裁決（平成19年6月26日）では、贈与事実の存否の判断に当たって、贈与税の申告及び納税の事実は、贈与事実を認定する上での一つの証拠とは認められるものの、それをもって直ちに贈与事実を認定することはできないと解すべきであるとしています。

裁決の要旨は以下のとおりです。

国税不服審判所裁決（平成19年6月26日）

【要旨】

納税義務は各税法で定める課税要件を充足したときに、抽象的にかつ客観的に成立するとされ、贈与税の場合は、贈与による財産の取得の時に納税義務が成立するとされるが、この抽象的に成立した贈与税の納税義務は、納税者のする申告により納付すべき税額が確定（申告納税方式）し、具体的な債務となる。

このような申告事実と課税要件事実との関係については、「納税義務を負担するとして納税申告をしたならば、実体上の課税要件の充足を必要的前提要件とすることなく、その申告行為に租税債権関係に関する形成的効力が与えられ、税額の確定された具体的納税義務が成立するものと解せられる」（高松高裁：昭和58年3月9日判決）と示されていることからすると、贈与税の申告は、贈与税額を具体的に確定させる効力は有するものの、それをもって必ずしも申告の前提となる課税要件の充足（贈与事実の存否）までも明らかにするものではないと解するのが相当である。

そうすると、贈与事実の存否の判断に当たって、贈与税の申告及び納税の事実は贈与事実を認定する上での一つの証拠とは認められるものの、贈与事実の存否は、飽くまでも具体的な事実関係を総合勘案して判断すべきと解するのが相当である。

さらに、勝手に親が長男の名義を使って預金等をしている場合で、その預金等の引出しや解約をしようとするときには、「本人確認法」の規定により親は長男の預金等の引出しや解約はできませんので、その点にも留意が必要です。

前記の例のような場合、贈与後は通帳も印鑑も受贈者（例えば子）に渡し、贈与者である父は贈与した財産にタッチしないようにします。贈与により財産が移転すれば、受贈者がその贈与された財産の管理・処分を自由にできるはずです。ですから、父から子へ預金の振替えにより贈与したと主張しても子の通帳も印鑑も父が所持したままでは贈与による財産の移転があったとは認められません。

つまり、現預金・有価証券などは単に名義だけを変えたもので、実質は父の財産と判断され相続財産として相続税が課されることになります。

なお、贈与税は贈与を受けた者が納付するのが原則です。贈与者がする贈与税の立替払は、受贈者が資力を喪失している場合を除き、求償権の放棄があった場合には、贈与とみなされ贈与税が課されますので注意が必要です。

(2) 贈与財産についての相続税等の特例適用の可否

生前贈与によって財産を移転させた場合、贈与税の課税価格は、贈与の行われた年において贈与により取得した財産の価額の合計額とされていて、相続開始時の評価からは切り離されています。そのため、相続開始まで保有し続けた場合と比較すると、価額固定効果を有することや、贈与財産が生み出す収益も移転するなどの効果が期待されます。

しかし、生前贈与することによる、以下のような特例措置などの利用制限に留意しておかなければなりません。

① 小規模宅地等の特例

この特例は、個人が、相続又は遺贈により取得した財産のうち、その相続の開始の直前において被相続人等（被相続人と生計を一にしていた被相続人の親族を含みます。）の事業の用に供されていた宅地等（土地又は土地の上に存する権利で、建物又は構築物の敷地の用に供されているものをいいます。ただし、棚卸資産及びこれに準ずる資産に該当しないものに限られます。）又は被相続人等の居住の用に供されていた宅地等のうち、一定の選択をしたもので限度面積までの部分については、相続税の課税価格に算入すべき価額の計算上、一定の割合が減額されます（措法69の4）。

しかし、相続開始前3年（令和6年1月1日以後の贈与から7年）以内に贈与により取得した宅地等や、相続時精算課税に係る贈与により取得した宅地等については、この特例の適用を受けることはできません。

② 被相続人の居住用財産（空き家）に係る譲渡所得の特別控除の特例

相続又は遺贈により取得した被相続人居住用家屋又は被相続人居住用家屋の敷地等を、平成28年4月1日から令和9年12月31日までの間に売って、一定の要件に当てはまるときは、譲渡所得の金額から最高3,000万円までを控除できます（措法35③）。

この特例は、相続又は遺贈により取得した財産について適用を受けることができるとされているため、生前贈与により取得した場合には適用を受けることができません。

③ 相続税額の取得費加算の特例

相続又は遺贈により取得した土地、建物、株式などの財産を、一定期間内に譲渡した場合に、相続税額のうち一定金額を譲渡資産の取得費に加算することができます。

この特例は、相続税額に係る課税価格（生前贈与加算対象財産又は相続時精算課税の適用財産を含む）の計算の基礎に算入された資産の譲渡をした場合に適用を受けることができるとしています（措法39①）。

④　みなし配当課税の特例

相続又は遺贈により財産を取得して相続税を課税された人が、一定の間に、相続税の課税の対象となった非上場株式をその発行会社に譲渡した場合においては、その人が株式の譲渡の対価として発行会社から交付を受けた金銭の額が、その発行会社の資本金等の額のうちその譲渡株式に対応する部分の金額を超えるときであっても、その超える部分の金額は配当所得とはみなされず、発行会社から交付を受ける金銭の全額が株式の譲渡所得に係る収入金額とされます（措法９の７）。

この特例は、相続税額に係る課税価格（生前贈与加算対象財産又は相続時精算課税の適用財産を含む）の計算の基礎に算入された資産の譲渡をした場合に適用を受けることができるとしています（措法９の７①）。

⑤　国等に対して相続財産を贈与した場合等の相続税の非課税等

相続又は遺贈により財産を取得した者が、その取得した財産をその取得後その相続又は遺贈に係る相続税の申告書の提出期限までに、国、地方公共団体、又は一定の公益法人等に贈与した場合には、その贈与した財産の価額は、その相続又は遺贈に係る相続税の課税価格の計算の基礎に算入しないこととされています（措法70）。

この特例は、相続又は遺贈により取得した財産について適用を受けることができるとされているため、生前贈与により取得した場合には適用を受けることができません。

⑥　物納

相続税は、延納によっても金銭で納付することを困難とする事由がある場合には、その納付を困難とする金額を限度として一定の相続財産による物納が認められています（相法41①）。なお、物納財産を国が収納するときの価額は、原則として相続税の課税価格計算の基礎となったその財産の価額になります（相法43①）。

物納に充てることができる財産は、相続税の課税価格計算の基礎となった財産（相続時精算課税の適用を受ける財産を除く。）としています（相法41②）。

そのため、生前贈与加算の対象財産は物納申請することができますが、相続時精算課税財産については物納することができません。

⑦　相続土地国庫帰属制度

土地を相続したものの、「遠くに住んでいて利用する予定がない」「周りに迷惑がかからないようにきちんと管理するのは経済的な負担が大きい…」。そのような理由で相続した土地を手放したいとき、その土地を国に引き渡すことができる「相続土地国庫帰属制度」という制度があります。

この制度は、相続又は相続人に対する遺贈によって、土地の所有権又は共有持分を取得した者等は、法務大臣に対して、その土地の所有権を国庫に帰属させることについて、承認を申請することができます。

そのため、生前贈与を受けた土地については、生前贈与加算の対象となって相続税の課税価格に算入されても、この制度を利用することはできません。

◉ 生前贈与があった場合の特例措置等の適用可否一覧

	生前贈与加算対象財産（暦年贈与）	相続時精算課税贈与財産
小規模宅地等の特例	適用できない	適用できない
被相続人の居住用財産（空き家）に係る譲渡所得の特別控除の特例	適用できない	適用できない
相続税額の取得費加算の特例	適用できる	適用できる
みなし配当課税の特例	適用できる	適用できる
国等に対して相続財産を贈与した場合等の相続税の非課税等	適用できない	適用できない
物納	選択できる	選択できない
相続土地国庫帰属制度	利用不可	利用不可

⑶　期限内申告が要件

①　住宅取得等資金の贈与税の非課税制度

令和6年1月1日から令和8年12月31日までの間に、父母や祖父母など直系尊属からの贈与により、自己の居住の用に供する住宅用の家屋の新築等の対価に充てるための金銭を取得した場合において、一定の要件を満たすときは、一定の非課税限度額までの金額について、贈与税が非課税となります。

この非課税制度は、贈与税の申告書の提出期間内に贈与税の申告書及び一定の添付書類を提出した場合に限り、その適用を受けることができます。

②　相続時精算課税贈与

この制度は、納税者の選択により、暦年単位による贈与税の課税方法「暦年課税」に代えて、贈与時には本制度に係る贈与税額（基礎控除額（※）：110万円、特別控除額：累積2,500万円、税率：一律20%）を納付し、その後、その贈与をした者の相続開始時には、本制度を適用した受贈財産の価額と相続又は遺贈により取得した財産の価額の合計額を課税価格として計算した相続税額から既に納付した本制度に係る贈与税額を控除した金額を納付する（贈与税額が相続税額を上回る場合には還付を受ける）ことにより、贈与税・相続税を通じた納税をすることができるものです(相法21の9～21の18)。

※　令和6年1月1日以後に受けた贈与から、毎年110万円の基礎控除後の金額が相続財産に加算されます（相法21の15①、21の16③）。

相続時精算課税の適用を受けようとする受贈者は、贈与を受けた財産に係る贈与税の申告期間内に「相続時精算課税選択届出書」（贈与者ごとに作成が必要）を贈与税の申告書に添付して、納税地の所轄税務署長に提出する必要があります（相法21の9②)。

相続時精算課税選択届出書を提出期限までに提出しなかった場合には、これらの規定に宥恕規定が置かれていないことから、相続時精算課税の適用を受けることはできません（相基通21の9－3）。

二　暦年贈与（非課税 110 万円）の仕組み

暦年贈与に係る贈与税の概要

贈与税は、個人から贈与により財産を取得した人にかかる税金です。相続や遺贈により財産を取得した場合には、その財産について相続税が課税されます。しかし、被相続人が生前に、配偶者や子などに贈与によって財産の移転をすると、相続税がかからなくなったり又はかかっても僅かな相続税負担で済むといった場合もでてきます。そうなると、生前に贈与した人と、贈与しなかった人との間に税負担の著しい不公平が生じます。

このようなことから、暦年贈与に係る贈与税（以下この**二**において単に「贈与税」といいます。）は生前贈与に対して課税措置を講じ、相続税で課税されない部分を補完する目的を持っています。

相続税は、人の死亡によって開始する相続又は遺贈により取得した財産に担税力を認めて課するものですが、生前贈与を非課税としたのでは、容易に相続税回避が可能となり、租税負担の不公平が生じます。贈与税の課税根拠は、これを阻止し、相続税を補完することにあるとされています。

【贈与税額の計算式】

贈与財産の価額　−　基礎控除額　＝　課税価格
課税価格　×　税率　−　速算表の控除額　＝　贈与税額

贈与財産の価額は、時価によって評価されます。時価とは、課税時期において「不特定多数の当事者間で自由な取引が行われる場合に通常成立すると認められる価額」をいいます。

その場合、財産評価基本通達を適用して評価することが著しく不適当と認められる特別の事情があるときを除き、財産評価基本通達に定める価額によることができます。

生前贈与対策が相続税対策において優れている点は税制改正等のリスクを回避できることにあります。

税法は毎年改正され、現在有効な相続税対策も将来税制改正や通達改正に伴いその効果が大きく減殺されることも予想されます。例えば、民法の規定に関わらず、相続税法上の法定相続人は、複数の養子がいても実子がいる場合には１人と数えるという養子縁組規制が行われたり、自社株の評価方法では、特定の評価会社に該当する場合には、会社規模に関係なく、原則として純資産価額などによって評価することとされたりしました。これらの規定は対策を実行した時期に関係なく相続発生時における現況において税法を適用することとしているため、対策実行時の相続税法では大きな節税効果が予想されたものが、その後の改正により節税効果が大きく減殺されてしまいました。しかし、贈与による対策は贈与のあった年の税法により課税され、将来の税制改正等によるリスクを回避できます。

なお、直系尊属（父母や祖父母など）からの贈与により財産を取得した受贈者（財産の贈与を受けた年の1月1日において18歳以上の者に限ります。）については、「特例税率」を適用して税額を計算します。

この特例税率の適用がある財産のことを「特例贈与財産」といい、また、特例税率の適用がない財産（「一般税率」を適用する財産）のことを「一般贈与財産」といいます。

◉ 贈与税の速算表（平成27年1月1日以後適用）

一般贈与財産			特例贈与財産		
基礎控除及び配偶者控除後の課税価格	税率(%)	控除額(万円)	基礎控除及び配偶者控除後の課税価格	税率(%)	控除額(万円)
200万円以下	10	−	200万円以下	10	−
300万円以下	15	10	400万円以下	15	10
400万円以下	20	25	600万円以下	20	30
600万円以下	30	65	1,000万円以下	30	90
1,000万円以下	40	125	1,500万円以下	40	190
1,500万円以下	45	175	3,000万円以下	45	265
3,000万円以下	50	250	4,500万円以下	50	415
3,000万円超	55	400	4,500万円超	55	640

設 例

特例贈与財産と一般贈与財産がある場合の贈与税の計算

1．受贈者　甲（35歳）

2．贈与者と贈与額　甲の父400万円・甲の叔父200万円

3．贈与税の計算

① 贈与税の課税価格　(400万円＋200万円)－110万円＝490万円

② すべて特例贈与と仮定して贈与税額求める

490万円×20%－30万円＝68万円

③ すべて一般贈与と仮定して贈与税額求める

490万円×30%－65万円＝82万円

④ 贈与税の計算

特例贈与の贈与税　68万円÷600万円×400万円＝453,333円

一般贈与の贈与税　82万円÷600万円×200万円＝273,333円

合計　726,600円（百円未満切捨て）

生前贈与加算

贈与税は相続税の補完税としての位置づけから、贈与したときだけではなく、相続開始時にも次のような特別な取扱いがあります。

これは「生前贈与加算」といわれるもので、暦年課税による生前贈与の加算対象期間は、令和６年１月１日以後に贈与により取得する財産に係る相続税について、相続又は遺贈により財産を取得した者が、その相続開始前７年以内にその相続に係る被相続人から暦年課税による贈与により財産を取得したことがある場合には、その贈与により取得した財産の価額（その財産のうち相続開始前３年以内に贈与により取得した財産以外の財産については、その財産の価額の合計額から100万円を控除した残額）を相続税の課税価格に加算することとされます。

具体的な贈与の時期等と加算対象期間は次のとおりです。

<table>
<tr><th colspan="2">贈与の時期</th><th>加算対象期間</th></tr>
<tr><td colspan="2">～令和５年12月31日</td><td>相続開始前３年間</td></tr>
<tr><td rowspan="4">令和６年
１月１日～</td><td>贈与者の相続開始日</td><td></td></tr>
<tr><td>令和６年１月１日～令和８年12月31日</td><td>相続開始前 ３ 年間</td></tr>
<tr><td>令和９年１月１日～令和12年12月31日</td><td>令和６年１月１日～相続開始日</td></tr>
<tr><td>令和13年１月１日～</td><td>相続開始前７年間</td></tr>
</table>

また、相続開始前３年（令和６年１月１日以後の贈与は７年。以下同じ。）以内に贈与を受けていても、その被相続人から相続又は遺贈により財産を取得していない人については、贈与税の課税のみで完結します。

また、被相続人の死亡前３年以内に被相続人から贈与を受けた財産でも、贈与税の配偶者控除の適用を受けた金額に相当する部分又は相続のあった年に贈与を受けた財産（贈与税の配偶者控除の対象となる財産に限ります。）で贈与税の課税価格に算入する旨を相続税の申告書に記載したものについては、相続税の課税価格に加算する必要はありません。

生前贈与加算の具体的な課税方法について、以下の設例で確認してみます。

設例

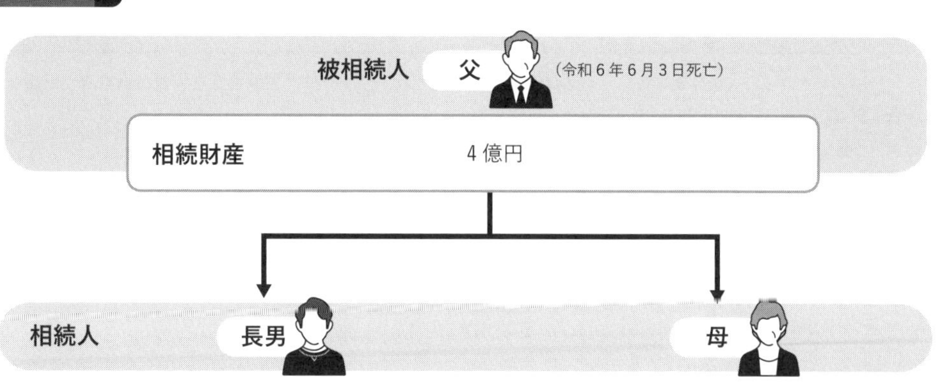

1．**被相続人**　父（令和６年６月３日死亡）

2．**相続人**　母・長男

3．**相続財産**　４億円

4．**遺産分割**　法定相続分どおり分割する

5．**長男への贈与**

（単位：万円）

	贈与財産財産の種類	父から長男への贈与		母から長男への贈与		贈与税
		贈与時の価額	相続時の価額	贈与時の価額	相続時の価額	
令和３年５月10日	現金	100	100	－	－	14
令和３年６月３日	上場株式	150	200	－	－	
令和４年３月10日	現金	200	200	80	80	17
令和５年５月25日	住宅取得等資金（※）	700	700	－	－	－
令和５年６月１日	現金	－	－	300	300	19
令和６年３月１日	上場株式	400	300	－	－	－

※　住宅取得等資金で非課税申告済み。

6．**相続税の計算**

（単位：万円）

	母	長男	合計
相続財産	20,000	20,000	40,000
生前贈与加算（※１）	－	750	750
課税価格	20,000	20,750	40,750
相続税の総額	11,220		11,220
各人の算出税額	5,507	5,713	11,220
贈与税額控除（※２）	－	△20.5	△20.5

配偶者の税額軽減	△5,507	−	△5,507
納付税額	0	5,692.5	5,692.5

※1　令和3年6月3日以後の贈与は、生前贈与加算の対象とされ、相続財産に加算される金額は贈与時の価額とされます（150万円＋200万円＋400万円＝750万円）。

※2　贈与税額控除の計算

① 令和3年　14万円×（150万円÷250万円）＝8.4万円

② 令和4年　17万円×（200万円÷280万円）≒12.1万円

③ 令和5年　19万円×（0円÷300万円）＝0

④ 令和6年（相続開始年）における贈与は、相続財産として課税されるので、贈与税の申告不要。

具体的対策例と効果

相続対策にかけることができる時間が10年あれば、暦年贈与だけで多くの人は相続税対策ができます。例えば、法定相続人が子2人でそれぞれの子に配偶者及び子が2人いると仮定し、子の家族全員に贈与すれば受贈者の数は合計で8名となります。一人当たり310万円贈与（贈与税20万円／人）し10年間継続して贈与すれば2億4,800万円生前贈与することができます。2人の子に対する贈与について生前贈与加算の対象となる金額は4,140万円（310万円×7年×2人−100万円×2人）となりますが、2億円を超える金額を贈与税の課税で完結させることができます。

令和4年簡易生命表によると、75歳男性でも約12年の平均余命とされています。女性の場合は80歳で11年以上の平均余命です。このことから、一般に相続税対策を真剣に考える70歳以上の年代の人でも生前贈与を活用した相続対策を行うのに決して遅くはないということです。

◉ 平均余命表（厚生労働省「令和4年簡易生命表」）　（単位：年）

年齢	男性	女性	年齢	男性	女性
0歳	81.05	87.09	50歳	32.51	38.16
5歳	76.25	82.28	55歳	27.97	33.46
10歳	71.28	77.30	60歳	23.59	28.84
15歳	66.31	72.33	65歳	19.44	24.30
20歳	61.39	67.39	70歳	15.56	19.89
25歳	56.53	62.48	75歳	12.04	15.67
30歳	51.66	57.56	80歳	8.89	11.74
35歳	46.80	52.65	85歳	6.20	8.28
40歳	41.97	47.77	90歳	4.14	5.47
45歳	37.20	42.93	95歳	2.68	3.41

令和４年度の国税庁の統計年報書によれば、課税価格が２億円以下の被相続人（課税ベース。以下同じ）の数は130,730人で相続税の申告件数（150,858人）の86.7％を占めています。そのことから、毎年少しずつ贈与していれば将来の相続税の負担はほとんど心配が要らなくなるといえます。

(1) いくら贈与するか

① 110万円以下の贈与

110万円以下の贈与であれば、贈与税の負担なく贈与することができます。この場合、贈与の事実を明確にして贈与することがポイントで、現金の手渡しによる直接の贈与は避けて、贈与者の預金から受贈者の預金へ振込みなどの方法により贈与の日と金額を明らかにしておくことが大切です。贈与税の申告義務はありませんが、贈与の事実を補強するために贈与税の申告（納税額は０円）をしておくことも選択肢の１つです。また、贈与契約書を作成し、贈与者の贈与の意思を共同相続人に対して明らかにしておくために書面として残しておくことも重要です。

② 310万円の贈与

310万円贈与する場合、贈与税の基礎控除額を控除した後の課税価格200万円に対する贈与税の税率は最低税率の10％とされていますので、20万円の贈与税が課税されます。しかし、相続税の最低税率も10％ですので、贈与税もその税率の範囲で財産の生前移転を図ることができます。

③ 470万円（特例贈与の場合520万円）の贈与

470万円（特例贈与の場合520万円）の贈与に対する贈与税は47万円（52万円）となります。贈与した金額に対して10％の贈与税の負担割合となります。この金額以上の贈与を繰り返せば相当額の資産の贈与が可能となります。

地味な対策ですが、長年に渡る暦年贈与は、贈与者の相続税の負担軽減だけでなく、その贈与者に配偶者がある場合には、第二次相続までの通算相続税の負担軽減に大きな効果を発揮します。

そのことを、以下の設例で確認します。

設 例

１．**家族構成**　父・母・長男（40歳）及び長女（38歳）
なお、長男及び長女にはそれぞれ子（贈与時において全員18歳未満）が２人いる

２．**父の財産**　以下の表のとおり（３億円・５億円・10億円である場合を想定）

３．**母固有の財産**　父から相続する財産以外に２億円とする

４．**生前贈与**　令和６年３月から10年間、長男及び長女と、長男及び長女の子４人に毎年３月に父から贈与を行う

5．**父の死亡**　令和16年2月に死亡するものと仮定。母は同年3月に死亡するものと仮定

6．**父の遺産分割**　課税価格を法定相続分どおり相続し、配偶者の税額軽減の適用を受ける

◉ 父の相続税及び贈与税

（単位：万円）

		毎年110万円を6人に贈与した場合 父の生前贈与前の相続財産の額			毎年300万円を6人に贈与した場合 父の生前贈与前の相続財産の額			毎年500万円を6人に贈与した場合 父の生前贈与前の相続財産の額		
		3億円	5億円	10億円	3億円	5億円	10億円	3億円	5億円	10億円
純資産価額		23,400	43,400	93,400	12,000	32,000	82,000	（※2）1	20,000	70,000
生前贈与加算（※1）		1,340	1,340	1,340	4,000	4,000	4,000	6,800	6,800	6,800
課税価格		24,740	44,740	94,740	16,000	36,000	86,000	6,801	26,800	76,800
相続税	相続税の総額	3,885	10,879	33,122	1,720	7,820	28,970	200	4,600	24,800
相続税	贈与税額控除	－	－	－	△266	△266	△266	△679	△679	△679
相続税	配偶者の税額軽減	△1,942	△5,439	△16,561	△860	△3,910	△14,485	△100	△2,300	△12,400
相続税	納付税額	1,943	5,440	16,561	594	3,644	14,219	0	1,621	11,721
贈与税		0	0	0	1,140	1,140	1,140	（※3）3,090	3,090	3,090
合計税額		1,943	5,440	16,561	1,734	4,784	15,359	3,090	4,711	14,811
贈与がなかった場合の相続税		2,860	6,555	17,810	2,860	6,555	17,810	2,860	6,555	17,810

※1　長男及び長女への生前贈与は、相続開始前7年以内（令和9年3月以後の贈与）の贈与は、相続財産に加算される。（110万円×7年－100万円）×2人＝1,340万円

※2　長男及び長女は相続によって少額な財産を取得したものと仮定する。

※3　長男及び長女の贈与税（特例税率）48.5万円／人、長男及び長女の子の贈与税（一般税率）53万円／人

◉ 母の相続税

（単位：万円）

	父が毎年110万円を6人に贈与した場合 父の生前贈与前の相続財産の額			父が毎年300万円を6人に贈与した場合 父の生前贈与前の相続財産の額			父か毎年500万円を6人に贈与した場合 父の生前贈与前の相続財産の額		
	3億円	5億円	10億円	3億円	5億円	10億円	3億円	5億円	10億円
母固有の財産	20,000	20,000	20,000	20,000	20,000	20,000	20,000	20,000	20,000
父からの相続財産	12,370	22,370	47,370	8,000	18,000	43,000	（※）0	13,400	38,400
課税価格	32,370	42,370	67,370	28,000	38,000	63,000	20,000	33,400	58,400
相続税	7,868	11,868	23,185	6,120	10,120	21,060	3,340	8,280	18,990

贈与がなかった場合の課税価格	35,000	45,000	70,000	35,000	45,000	70,000	35,000	45,000	70,000
贈与がなかった場合の相続税	8,920	12,960	24,500	8,920	12,960	24,500	8,920	12,960	24,500

※　父の相続における課税価格は、生前贈与加算の金額だけで本来の財産がないことから、妻は相続する財産がない。

◉ 通算相続税及び贈与税

（単位：万円）

		父が毎年110万円を6人に贈与した場合			父が毎年300万円を6人に贈与した場合			父が毎年500万円を6人に贈与した場合		
		父の生前贈与前の相続財産の額			父の生前贈与前の相続財産の額			父の生前贈与前の相続財産の額		
		3億円	5億円	10億円	3億円	5億円	10億円	3億円	5億円	10億円
贈与あり	父の相続税と贈与税	1,943	5,440	16,561	1,734	4,784	15,359	3,090	4,711	14,811
	母の相続税	7,868	11,868	23,185	6,120	10,120	21,060	3,340	8,280	18,990
	合計税額(①)	9,811	17,308	39,746	7,854	14,904	36,419	6,430	12,991	33,801
贈与なし	父の相続税	2,860	6,555	17,810	2,860	6,555	17,810	2,860	6,555	17,810
	母の相続税	8,920	12,960	24,500	8,920	12,960	24,500	8,920	12,960	24,500
	合計税額(②)	11,780	19,515	42,310	11,780	19,515	42,310	11,780	19,515	42,310
通算税額の差額(①－②)		△1,969	△2,207	△2,564	△3,926	△4,611	△5,891	△5,350	△6,524	△8,509

◉ 贈与税（暦年課税分）の課税状況：直近10年分

	人員（人）	取得財産価額（百万円）	納付税額（百万円）
平成25年分	351,010	1,224,684	153,963
平成26年分	388,806	1,551,427	263,044
平成27年分	403,683	1,495,044	218,861
平成28年分	388,106	1,395,371	195,497
平成29年分	385,283	1,368,467	178,287
平成30年分	374,118	1,489,563	255,836
令和元年分	364,978	1,413,194	220,202
令和2年分	364,214	1,423,701	222,261
令和3年分	401,007	1,692,726	289,958
令和4年分	392,301	1,652,466	277,773

（出典：国税庁統計資料）

相続税負担の軽減効果も期待できる暦年贈与による贈与税の負担割合（贈与税の納付税額÷取得財産価額）は、令和４年分においては約 16.4％ で、相続税の最低税率である 10％ を上回る程度の贈与税負担で贈与が実行されているものと推定されます。

また、将来相続税が課税される可能性が高い者が、相続時に過去の贈与財産をすべて相続財産に加算して計算を行う相続時精算課税ではなく、相続税の軽減効果の期待できる暦年課税によって贈与している事例が多くあります。

⑵　何を贈与するか

①　不動産の場合

不動産の贈与を行う場合には、持分で贈与することができますので、土地等を分筆したりする必要はありませんが、移転コストが高くなることがデメリットといえます。

不動産の贈与では、登録免許税及び不動産取得税が課税されます。その他、登記実務を行う司法書士の費用も必要です。そのため、贈与税の基礎控除額以下の贈与であっても、移転コストを考慮するとメリットは小さいと思われます。

【登録免許税の計算式】

（土地）　土地に係る固定資産税の評価額×次表の税率欄の税率
（建物）　建物に係る固定資産税の評価額×次表の税率欄の税率

◉ 主な土地の所有権の移転登記等の登録免許税の税率（措法 72）

内　容	課税標準	税　率（本則）	軽減税率
売　買	不動産の価額	1,000 分の 20	令和８年３月 31 日までの間に登記を受ける場合 1,000 分の 15
贈与・交換・収用・競売等		1,000 分の 20	－
相続・合併・共有物の分割		1,000 分の４	－
信託登記		1,000 分の４	令和８年３月 31 日までの間に登記を受ける場合 1,000 分の３

◉ 主な建物の所有権の保存又は移転登記の登録免許税の税率（措法９、72 の２～75）

内　容	課税標準	税　率（本則）	軽減税率（※）
所有権の保存	不動産の価額	1000 分の４	個人の住宅用家屋については、令和９年３月 31 日までの間に登記を受ける場合 1,000 分の 1.5
売買・贈与・交換・収用等		1,000 分の 20	個人の住宅用家屋については、令和９年３月 31 日までの間に登記を受ける場合 1,000 分の３（売買又は競落による取得に限る）

信託登記		1,000分の 4	−

※　上記の軽減税率の適用を受けるには、床面積が50 m²以上であることや、新築または取得後1年以内の登記であること等一定の要件を満たす必要があります。

◉ 不動産取得税

	平成18年4月1日以降令和9年3月31日まで
土　地	固定資産税評価額×1/2× 3 %
家屋（住宅）	固定資産税評価額× 3 %
家屋（非住宅）	固定資産税評価額× 4 %

②　現預金の場合

現預金の贈与では移転コストはかかりませんが、受贈者の金銭感覚が狂うことがないか心配です。そのため、贈与の受け皿として受贈者名義の専用通帳を作り、その通帳へ贈与資金を移転し、通帳も印鑑も贈与者が管理している事例も少なからずあります。この場合には、贈与が行われていないと判定され、贈与者の相続財産（名義預金）として課税されることになります。

また、現預金の贈与は、時価と相続税評価額との差がなく効率的な贈与とはいえません。

③　取引相場のない株式等の場合

取引相場のない株式等（以下「自社株」といいます。）を贈与する場合には、当該自社株の相続税評価額の算定が難しいことが難点です。一方、自社株は換金性に乏しいので現預金と異なり、受贈者が無駄遣いする心配がなく、また、自社株の相続税評価額を引下げてから移転を図れば最も贈与財産の選択としてはふさわしいと考えます。

なお、後継者及びその家族以外の者への自社株を贈与した場合、後継者が将来その自社株の買戻しなどで争いになる可能性も考慮しておかなければなりません。

④　上場株式の贈与

国内の証券取引所に上場されている株式を贈与するときの評価額は、次のイ～ニのうち最も低い金額によります。

イ　贈与日の終値

ロ　贈与日の属する月の毎日の終値の月中平均

ハ　贈与日の属する月の前月の毎日の終値の月中平均

ニ　贈与日の属する月の前々月の毎日の終値の月中平均

以上のことから、贈与直前に急騰した株式を贈与すれば急騰以前の価額で贈与することができます。

⑶ 夫婦の間で居住用不動産などを贈与したときの配偶者控除

婚姻期間が20年以上の夫婦間で一定の要件を満たす配偶者に対して、居住用の不動産又は居住用不動産を取得するための金銭を贈与した場合、基礎控除110万円のほかに最高2,000万円までの控除をすることができます。これは、「贈与税の配偶者控除の特例」といわれるものです。この特例の適用を受けて被相続人から贈与された居住用財産等については、相続開始前7年以内の贈与であっても「生前贈与加算」の対象に含めないこととすることができます。つまり2,000万円までの居住用財産が相続税も贈与税も課税されずに移転され、相続財産の減少を図ることができます。

留意点としては、相続発生年にこの特例贈与を実行した場合、受贈配偶者は贈与税の配偶者控除の適用を受ける旨の贈与税の申告が必要です。申告がない場合には、その贈与を受けた財産については、相続税の課税価格に加算されます。

また、贈与税の配偶者控除の適用を受けて贈与税は非課税であっても、贈与財産が居住用不動産であれば、所有権の移転登記に伴う登録免許税や不動産取得税が課されます。

（不動産取得税の納税義務者等）
地方税法第73条の2

不動産取得税は、不動産の取得に対し、当該不動産所在の道府県において、当該不動産の取得者に課する。

平成28年1月1日以後の贈与においては、登記事項証明書に代えて贈与を受けた人がその居住用不動産を取得したことを証する書類でもこの特例の適用を受けることができるとされたことから、その受贈物件に係る不動産登記を受けない場合には、登録免許税は課税されませんが、不動産取得税については、登記の有無に関わらず、不動産の取得、つまり売買であろうと、贈与であろうと不動産取得税の納税義務が生じます。

◉ 登録免許税

登記原因	税　率	備　考
相　続	0.4％	相続人への遺贈を含みます。
売買・遺贈・贈与	2.0％	土地の売買による移転登記は、令和8年3月31日までは1.5％

◉ 不動産取得税（令和9年3月31日まで）

区　分		税　率	備　考
土地		3％	自己の居住の用に供する新築住宅又は一定の既存住宅の土地の場合には、その価額の1/2が課税標準額とされます。
家屋	住宅	3％	既存住宅の場合には、自己の居住の用に供するもので、床面積が50 m^2 以上240 m^2 以下、その他一定の要件を満たす場合には、一戸につき一定額が控除されます。

【適用要件】

① 婚姻期間が20年を過ぎた後に行われた配偶者間の贈与であること

② 贈与された財産が居住用不動産又は居住用不動産を取得するための金銭であること

③ 贈与された年の翌年の3月15日までに、贈与された居住用不動産又は贈与された金銭で取得した居住用不動産に居住し、かつ、その後も引き続き居住する見込みであること

④ 同じ配偶者から過去にこの特例の適用を受けていないこと

⑤ 一定の書類を添付して贈与税の申告をすること

◉ 適用判定フローチャート

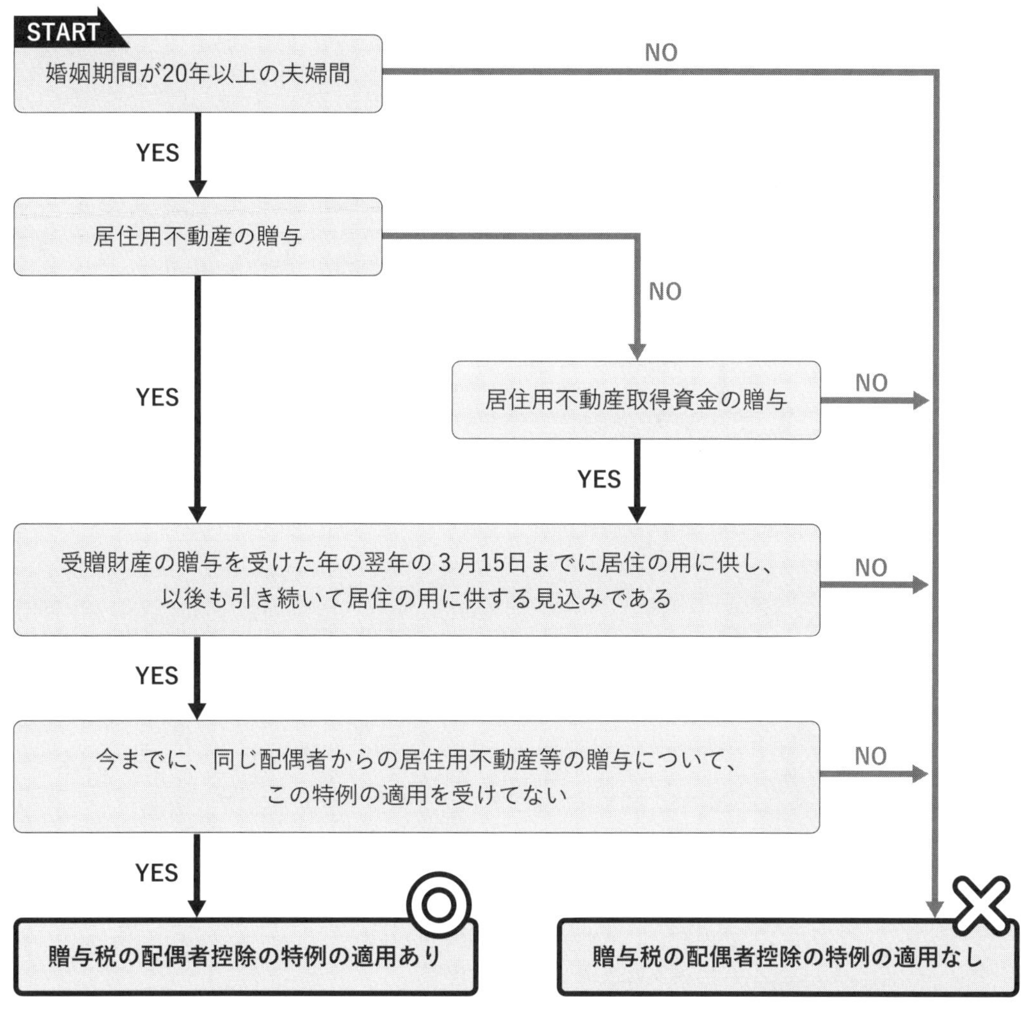

(注) 居住用不動産を居住の用に供するとは、その者の生活の本拠としてその居住用不動産に居住することをいい、その生活の本拠となるところが住所であると解され、その者の生活の本拠であるかどうかは、客観的事実によって判断するものと解されます。

なお、配偶者保護のための方策として、婚姻期間20年以上の夫婦間の居住用不動産について遺贈又は贈与があった場合に、「持戻し免除の意思表示の推定規定」によって、遺産分割においては、原則として当該居住用不動産の持戻し計算を不要としました（民法903④）（当該居住用不動産の価額を特別受益として扱わずに計算をすることができます。）。

しかし、特別受益に当たる贈与についてされた当該贈与に係る財産の価額を相続財産に算入することを要しない旨の被相続人の意思表示が遺留分減殺請求により減殺された場合、当該贈与に係る財産の価額は、上記意思表示が遺留分を侵害する限度で、遺留分権利者である相続人の相続分に加算され、当該贈与を受けた相続人の相続分から控除されます（最高裁：平成24年1月26日判決）。

設 例

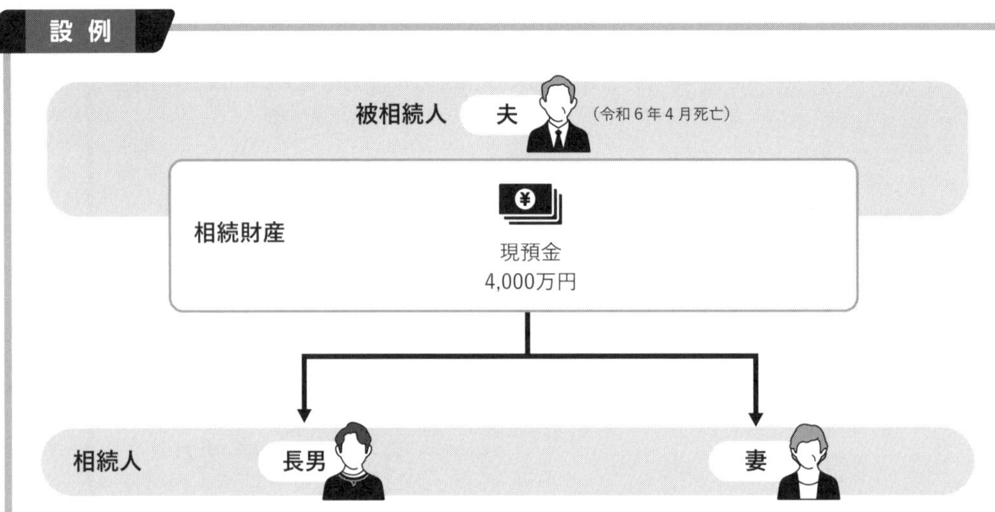

なお、妻は夫から贈与税の配偶者控除によって居住用不動産2,000万円を令和4年8月に贈与を受けている。

◉遺産分割

（単位：万円）

	妻	長男
みなし遺産価額	（※）4,000	
法定相続分で相続	2,000	2,000
特別受益額	−	−
具体的相続分	2,000	2,000
遺留分侵害額の判定	特別受益額を加味した「みなし遺産価額」を基に、遺留分の侵害額を判定しても遺留分の侵害はない (注)長男の遺留分の侵害の判定 （2,000万円＋4,000万円）×1/2（総体的遺留分割合） ×1/2（長男の法定相続分）＝1,500万円≦2,000万円 ∴遺留分の侵害はない。	

※　夫から生前贈与を受けた居住用不動産は、持戻し免除によってみなし遺産価額に含まれない。

◉ 贈与税の配偶者控除と民法の相違点

	贈与税の配偶者控除（相法 21 の 6）	民法 903④
婚姻期間	20 年以上	20 年以上
贈与財産の種類	居住用不動産又は居住用不動産を取得するための金銭	居住用不動産
取得原因	贈与	遺贈又は贈与
贈与の額	非課税贈与の上限額は 2,000 万円	持戻し免除の場合、上限額はない
持戻し免除の取扱い	居住用不動産を取得するための金銭については意思表示が必要	意思表示があったものと推定する

（注） 贈与税の配偶者控除においては、配偶者が居住用不動産を取得するための金銭もその控除の対象となりますが、民法における持戻し免除については、居住用不動産のみが対象とされます。

◉ 贈与税の配偶者控除制度の状況

	人員	金額		人員	金額
平成 23 年	14,043 人	180,697 百万円	平成 29 年	10,579 人	129,116 百万円
平成 24 年	13,538 人	172,595 百万円	平成 30 年	9,313 人	106,394 百万円
平成 25 年	15,474 人	203,075 百万円	令和元年	9,055 人	98,028 百万円
平成 26 年	16,660 人	222,282 百万円	令和 2 年	8,292 人	88,501 百万円
平成 27 年	13,959 人	178,189 百万円	令和 3 年	9,178 人	99,866 百万円
平成 28 年	11,261 人	140,172 百万円	令和 4 年	7,698 人	82,691 百万円

（出典：国税庁統計資料）

設 例

贈与税の配偶者控除を実行した場合の第一次及び第二次相続の通算相続税の軽減効果

1. **被相続人** 夫（令和 6 年 3 月死亡）
2. **相続人** 妻・長男（生計別）
3. **遺産額** 居住用土地（330 m²）4,000 万円、その他の財産 36,000 万円
4. **遺産分割** 課税価格を 1/2 ずつ相続する
5. **その他** 小規模宅地等の特例は居住用土地のみとし、配偶者の税額軽減をフル活用する。
また、妻固有の財産は 1 億円、妻は同年 7 月に死亡すると仮定。
6. **贈与税の配偶者控除の適用の有無による相続税**

（単位：万円）

	贈与税の配偶者控除による贈与あり			贈与税の配偶者控除による贈与なし		
	夫の相続		妻の相続	夫の相続		妻の相続
	妻	長男	長男	妻	長男	長男
居住用土地	2,000	−	2,000	4,000	−	4,000
小規模宅地等の特例	△1,600	−	−	△3,200	−	−

その他の財産	17,800	18,200	17,800	17,600	18,400	17,600
妻固有の財産	−	−	10,000	−	−	10,000
居住用土地生前贈与	−	−	2,000	−	−	−
課税価格	18,200	18,200	31,800	18,400	18,400	31,600
相続税の総額	9,480		9,990	9,640		9,900
各人の算出税額	4,740	4,740	9,990	4,820	4,820	9,900
配偶者の税額軽減	△4,740	−	−	△4,820	−	−
納付税額	0	4,740	9,990	0	4,820	9,900
合計税額	14,730			14,720		

この設例の場合には、居住用不動産を妻へ贈与し贈与税の配偶者控除の適用を受けても夫の相続のときの相続税は軽減されますが、夫と妻の通算相続税で判定すると不利になります。さらに、居住用不動産の贈与に伴い登録免許税は本則税率で課税され、不動産取得税も課されます。

以上のことから相続税の軽減効果は、親の世代から子の世代へ財産がすべて承継されたときの相続税で判定することが肝要です。

(4) 教育資金の一括贈与

受贈者（30歳未満の者に限る。）の教育資金に充てるためにその直系尊属が金銭等を拠出し、金融機関等に信託等をした場合には、その金銭等の額のうち受贈者1人につき1,500万円（学校等以外の者に支払われる金銭については、500万円を限度とする。）までの金額に相当する部分の価額については、平成25年4月1日から令和8年3月31日までの間に拠出されるものに限り、贈与税を課さないこととしています。外国国籍を有する者又は国内に住所を有しない者であっても、一定の要件を満たす場合には、この特例の適用を受けることができます。

なお、平成31年4月1日以後に行われる贈与について、前年の受贈者の合計所得金額が1,000万円を超える場合には適用を受けることができないこととされています。

また、非課税拠出額から教育資金支出額を控除した残額については、受贈者が30歳に達した日（受贈者が学校等に在学している場合及び受贈者が教育訓練給付金の支給対象となる教育訓練を受講している場合を除く。）に贈与があったものとして贈与税を課税（受贈者が死亡した場合には、残額については、贈与税は課されません。）することとされています。

贈与者が死亡した場合には、以下のようになります。

① 教育資金管理契約期間中に贈与者が死亡した場合

契約期間中に贈与者が死亡した場合には、贈与者の死亡日において、①受贈者が23歳未満である場合、②学校等に在学している場合や、③平成31年4月1日以後に取得した信託受益権又は金銭等がない場合など、一定の場合を除き、その死亡日における管理残額を、贈与者から相続等により取得したこととされます。

なお、相続等により取得したこととされる管理残額は、平成31年4月1日から令和3年3月31日までの間に取得したもののうち贈与者の死亡前3年以内に取得したもの、および令和3年4月1日以後に取得したものが対象となります。

また、令和5年4月1日以後に直系尊属から教育資金の一括贈与を受けた場合で、契約期間中に贈与者が死亡した際、当該贈与者に係る相続税の課税価格の合計（小規模宅地等の特例適用後の遺産総額）が5億円を超える場合には、受贈者の年齢等に関わらず、残高を相続財産に加算（措法70の2の2⑬）し、契約終了時の残高に贈与税が課される際の税率は、贈与税の一般税率で課税されます（措法70の2の2⑰二）。

②　教育資金管理契約が終了した後に贈与者が死亡した場合

受贈者が死亡したこと以外の事由により教育資金管理契約が終了し、贈与税の課税価格に算入すべき価額がある場合において、当該贈与税に係る贈与者が死亡したときは、当該贈与者の死亡に係る相続税の課税価格の計算において、当該算入すべき価額は、生前贈与加算の規定の適用により当該贈与者の死亡に係る相続税の課税価格に算入されます。

◉ 贈与を受けた時期ごとの教育資金の一括贈与を受けた場合の贈与税の非課税制度の一覧表

贈与を受けた時期		平成25年4月～	平成31年4月～	令和3年4月～	令和5年4月～
受贈者の所得要件		なし	前年の受贈者の合計所得金額が1,000万円を超える場合は、非課税制度の適用なし		
贈与者が死亡	管理残額への課税	課税なし	贈与者の死亡前3年以内の贈与は、受贈者が23歳未満など一定の者を除き、相続等により取得したものとみなす	受贈者が23歳未満など一定の者を除き、相続等により取得したものとみなす	相続税の課税価格の合計（小規模宅地等の適用後の遺産総額）が5億円を超える場合には、受贈者の年齢等に関わらず、残額は相続財産に加算される
	相続税額の2割加算	2割加算の対象外		贈与者の子以外の直系卑属が受贈者の場合、2割加算の対象	
	生前贈与加算	適用しない	管理残額以外の財産を取得しなかった受贈者については、相続開始前3年以内に贈与者からの贈与により管理残額以外の財産を取得していても、相続税の課税価格に加算しない		

教育資金口座に係る契約が終了した場合	非課税拠出額から教育資金支出額を控除した残額に贈与税（特例税率による）が課される	同左。契約終了事由について、令和元年7月1日以後、受贈者が30歳到達時に、現に学校等に在学している場合や、教育訓練給付金の支給対象となる教育訓練を受講しているときは、最長40歳まで契約が終了しないこととされた	同左 ただし、贈与税は一般税率によって課される
受贈者の死亡時の課税	死亡時の残額は、受贈者の財産として相続税の課税価格に算入		

◉ 教育資金の非課税制度の状況

	非課税拠出額		管理契約終了	
	人員	金額（※1）	人員	金額（※2）
令和4年	18,357人	1,277億円	9,965人	548.9億円
令和3年	27,937人	1,917億円	8,116人	439.3億円
令和2年	21,660人	1,443億円	6,535人	346.0億円
令和元年	34,045人	2,283億円	5,056人	260.2億円
平成30年	36,090人	2,326億円	3,523人	182.0億円
平成29年	38,196人	2,304億円	2,420人	120.9億円
平成28年	43,716人	2,505億円	1,413人	66.0億円
平成27年	85,587人	5,196億円	586人	21.0億円
平成26年	77,588人	5,157億円	169人	3.8億円
平成25年	69,231人	4,895億円	16人	0.2億円

※1　億円未満の金額については切り捨てて表示しています。
※2　千万円未満の金額については切り捨てて表示しています。

（出典：国税庁統計資料）

設例

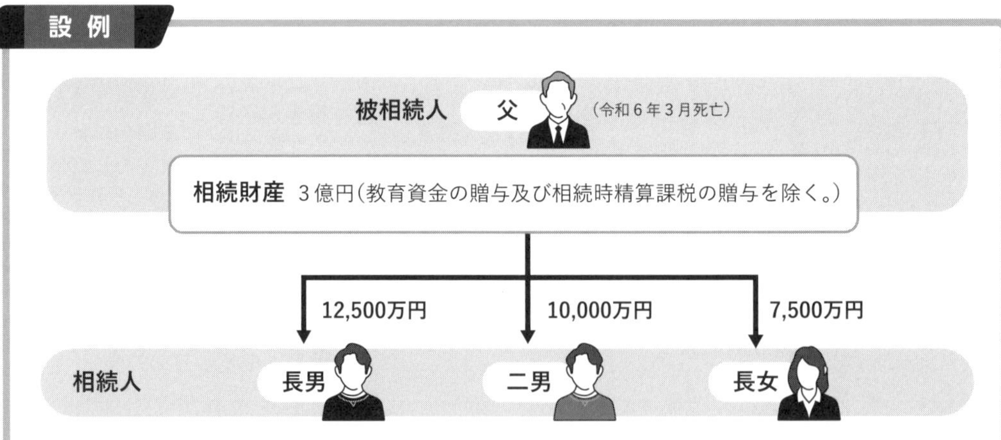

1．**相続人**　　長男（平成4年2月生）・二男（平成5年3月生）・長女（平成6年4月生）

2．**教育資金の一括生前贈与**

父は、平成30年4月に3人の子に対して1,500万円ずつ教育資金の贈与を行った。

なお、二男及び長女は、父から平成28年に相続時精算課税により、それぞれ2,500万円の贈与を受けている。

3．教育資金に対する贈与税の課税

① 長男は、30歳（令和4年2月）に達した日の使い残しの金額が1,000万円あったため、贈与税の申告（暦年贈与）と納税を行った（贈与税の納税額177万円）。

② 二男は、30歳（令和5年3月）に達した日の使い残しの金額500万円に対して、贈与税の申告（相続時精算課税）と納税を行った（贈与税の納税額100万円）。

③ 長女は、30歳（令和6年4月）に達した日の使い残しの金額300万円に対して、贈与税の申告（暦年贈与）と納税を行った（贈与税の納税額19万円）。

4．相続税の課税関係

（単位：万円）

	長男	二男	長女	合計
相続財産	12,500	10,000	7,500	30,000
相続時精算課税適用財産	－	3,000	2,500	5,500
生前贈与加算	1,000	－	－	1,000
課税価格	13,500	13,000	10,000	36,500
基礎控除	4,800			4,800
課税遺産総額	31,700			31,700
相続税の総額	7,580			7,580
各人の算出税額	2,803	2,700	2,077	7,580
贈与税額控除	△177	△100	－	△277
納付税額	2,626	2,600	2,077	7,303

（注1） 長男は、30歳に達した日における教育資金の使い残しの金額1,000万円については、令和4年に暦年贈与として贈与税が課税されます。また、その後、3年以内に贈与者である父が死亡していることから、1,000万円は生前贈与加算の対象となります。

（注2） 二男は、30歳に達した日における教育資金の使い残しの金額500万円については、相続時精算課税として贈与税が課税されます。また、その後、特定贈与者である父が死亡していることから、平成28年に受けた相続時精算課税贈与との合計額3,000万円については、相続財産に加算されることとなります。

（注3） 長女が受けた1,500万円の教育資金の贈与は、30歳に達する前に父が死亡していることから生前贈与加算の対象とはなりません。しかし、長女が30歳に達した日における教育資金の使い残しの金額300万円については、父からの贈与ではなく、「個人」からの贈与とみなすこととしていることから、令和6年に暦年贈与として贈与税（特例税率）が課税され、相続財産へ加算する必要はありません。

⑸ 結婚・子育て資金の一括贈与に係る贈与税の非課税

① 制度の概要

個人（18歳以上50歳未満の者に限ります。以下「受贈者」といいます。）の結婚・子育て資金の支払に充てるためにその直系尊属（以下「贈与者」といいます。）が金銭等を拠出し、金融機関等に信託等をした場合には、拠出された金銭等の額のうち受贈者1人につき1,000万円（結婚に際して支出する費用については300万円を限度とされます。）までの金額に相当する部分の価額については、平成27年4月1日から令和7年3月31日までの間に拠出されるものに限り、贈与税を課さないこととされています。外国国籍を有する者又は国内に住所を有しない者であっても、一定の要件を満たす場合には、この特例の適用を受けることができます。

なお、平成31年4月1日以後に行われる贈与について、前年の受贈者の合計所得金額が1,000万円を超える場合には適用を受けることができないこととされました。

なお、次に掲げる事由に該当した場合には、結婚・子育て資金管理契約は終了します。

(イ) 受贈者が50歳に達した場合

(ロ) 受贈者が死亡した場合

(ハ) 信託財産等の価額が零となった場合において終了の合意があったとき

上記(イ)又は(ハ)に掲げる事由に該当したことにより結婚・子育て資金管理契約が終了した場合において非課税拠出額から結婚・子育て資金支出額を控除した残額があるときは、これらの事由に該当した日に当該残額の贈与があったものとして受贈者に贈与税を課税することとされています。これは、結婚・出産等の資金はその資金が必要な時期及び年齢からすれば、親から子への贈与が中心になると考えられ、「相続財産の前渡し」としての性格が強いこと、また、居住費、医療費、保育費など多様な使途があるため、相続税回避に使うことが容易であることが「教育資金の一括非課税贈与」と取扱いを異にしている理由です。

しかし、(ロ)に掲げる事由に該当したことにより結婚・子育て資金管理契約が終了した場合には、非課税拠出額から結婚・子育て資金支出額を控除した残額については、贈与税を課さないこととされています。

② 期間中に贈与者が死亡した場合の取扱い

信託等があった日から結婚・子育て資金管理契約の終了の日までの間に贈与者が死亡した場合には、当該死亡の日における非課税拠出額から結婚・子育て資金支出額を控除した残額(管理残額)については、受贈者が贈与者から相続又は遺贈により取得したものとみなして、当該贈与者の死亡に係る相続税の課税価格に加算されます。この場合において、当該残額に対応する相続税額については相続税額の2割加算の対象としないこととされています。

しかし、令和3年4月1日以後に受けた結婚・子育て資金の非課税贈与について、贈与者から相続等により取得したものとみなされる管理残額について、当該贈与者の子以外の直系卑属に相続税が課される場合には、当該管理残額に対応する相続税額を、相続税額の2割加算の対象とすることとされました。

なお、相続開始前3年以内に贈与があった場合の生前贈与加算の規定については、相続又は遺贈には、結婚・子育て資金の一括贈与を受けた場合の規定によりみなされる相続又は遺贈を除くと規定しています。

そのため、相続税の課税価格の計算に当たって、贈与者から相続（遺贈）により管理残額以外の財産を取得しなかった受贈者については、相続開始前3年以内に被相続人から暦年贈与に係る贈与によって取得した財産の相続税の課税価格への加算の規定（相法

19）の適用はありません。

また、令和５年４月１日以後に支払われる結婚・子育て資金について、契約終了時の残高に贈与税が課される際の税率を贈与税の一般税率によることとされました（措法70の２の３①・⑭二）。

◉ 贈与を受けた時期ごとの結婚・子育て資金の一括贈与を受けた場合の贈与税の非課税制度の一覧表

贈与を受けた時期	平成27年４月１日～	令和３年４月１日～	令和５年４月１日～
贈与者死亡に伴う管理残額	相続財産に加算して相続税が課される		
相続税額の２割加算	管理残額に対応する部分は２割加算の対象外	配偶者及び一親等の血族以外の者には相続税額の２割加算が適用される	
生前贈与加算	管理残額のみの取得の場合、生前贈与加算の適用はない		
贈与税率	管理残額等に対して贈与税（特例税率による）が課される		管理残額等に対して贈与税（一般税率による）が課される

◉ 結婚・子育て資金の非課税制度の状況

	非課税拠出額		管理契約終了	
	人員	金額（※１）	人員	金額（※２）
令和４年	372人	16億円	249人	6.9億円
令和３年	396人	18億円	217人	5.5億円
令和２年	363人	16億円	240人	5.9億円
令和元年	630人	29億円	209人	4.8億円
平成30年	796人	33億円	171人	3.6億円
平成29年	920人	38億円	135人	2.6億円
平成28年	2,415人	63億円	84人	1.5億円
平成27年	3,374人	89億円	9人	0.2億円

※１　億円未満の金額については切り捨てて表示しています。
※２　千万円未満の金額については切り捨てて表示しています。

（出典：国税庁統計資料）

その内容を設例で確認してみます。

設例

【設例１】

１．被相続人　甲（長男の父・令和６年３月死亡）

２．相続人　長男

３．生前贈与　長男の子（25歳）

①　甲から、令和４年６月に300万円の贈与を受け、贈与税19万円納付した。

②　甲から、令和４年８月に結婚・子育て資金の一括贈与を1,000万円受けた（甲が死亡

した時点で使い残しは800万円あった。)。

4．甲の遺産　2億円（長男が相続）

【設例2】

1．被相続人　乙（長女の父・令和6年3月死亡）

2．相続人　長女

3．生前贈与　長女の子（25歳）

① 乙から、令和4年6月に300万円の贈与を受け、贈与税19万円納付した。

② 乙から、令和4年8月に結婚・子育て資金の一括贈与を1,000万円受けた（乙が死亡した時点で使い残しは700万円あった。)。

③ 乙は、長女の子へ600万円遺贈する旨の遺言書を残している。

4．乙の遺産　2億円（3の③の遺贈財産を除き、残余は長女が相続）

5．相続税の計算

（単位：万円）

	設例1			設例2		
	長男	長男の子	合計	長女	長女の子	合計
遺産の額	20,000	−	20,000	19,400	600	20,000
結婚等資金の管理残額	−	800	800	−	700	700
生前贈与加算(※1)	−	−	−	−	300	300
課税価格	20,000	800	20,800	19,400	1,600	21,000
相続税の総額	5,180		5,180	5,260		5,260
各人の算出税額	4,981	199	5,180	4,859	401	5,260
2割加算	−	−	−	−	(※2)45	45
贈与税額控除	−	−	−	−	△19	△19
納付税額	4,981	199	5,180	4,859	427	5,286

※1　設例1の場合、結婚等資金の管理残額は、生前贈与加算の規定上は、遺贈として取り扱わないこととされているため、長男の子は甲から相続又遺贈により財産を取得していないため、令和4年6月の贈与について生前贈与加算の対象とはなりません。

※2　設例2の場合、長女の子は乙から遺贈によって財産を取得していることから、令和4年6月の贈与については、生前贈与加算の対象となります。その場合、2割加算の対象外となる金額の計算は、長女の子の算出税額に、長女の子の課税価格のうち管理残額の占める割合を乗じて計算することとされています。

401万円×（700万円÷1,600万円）≒175万円

（401万円−175万円）×0.2≒45万円

⑹　特定障害者扶養信託契約による贈与税の非課税制度の活用

この制度は、障害者の生活の安定を図る目的で、その親族や篤志家などが金銭、有価証券その他の財産を、特定贈与信託業務を取り扱っている信託銀行等に信託したときは、特別障害者（重度の心身障害者）は6,000万円、特別障害者以外の特定障害者は3,000万円を限度として非課税にするというものです。

この制度を利用すれば、障害者は贈与税の心配をすることなく、親族や篤志家（個人

に限り、法人は認められません。）から生前贈与を受けることができます。

留意すべき点としては、①一度信託した財産は、中途で解約したり、信託期間や金銭を受け取る方（受益者）を変更することはできませんので、慎重に検討しておかなければなりません。また、②給付される金銭をご本人が管理できるかという問題がありますので、支障があるようであれば、後見人などの援助人が必要となるでしょう。さらに、③信託設定により、委託者の経済上の問題や相続時に遺留分の問題が生じないかを十分検討する必要があります。

また、一般社団法人信託協会が作成している「特定贈与信託」のパンフレットでは、信託できる財産には、①金銭、②有価証券、③金銭債権、④継続的に相当の対価を得て他人に使用させる不動産などとされています。しかし、多くの信託銀行では、①～③の金融資産だけを信託財産として受け入れています。そのため、不動産を信託したいと考える場合には、この非課税贈与を活用することは困難と思います。なお、委託者（信託する者）は特定障害者の親族でも第三者でも構いませんが、個人に限られます。

◉ 障害者本人が受けられる特例

特例の区分	障害者	特別障害者
所得税の障害者控除	27万円を控除	40万円を控除
相続税の障害者控除	85歳に達するまでの年数1年につき10万円を控除	85歳に達するまでの年数1年につき20万円を控除
贈与税の非課税	精神に障害がある障害者で信託受益権の価額のうち3,000万円まで→非課税	特別障害者で信託受益権の価額のうち6,000万円まで→非課税
心身障害者扶養共済制度に基づく給付金の非課税	給付金→非課税（所得税） 相続や贈与による給付金を受ける権利の取得→非課税（相続税・贈与税）	
少額貯蓄の利子等の非課税	350万円までの預貯金等の利子等→非課税（所得税）	

（出典：国税庁ホームページ「障害者と税」）

◉ 特定贈与信託の仕組み

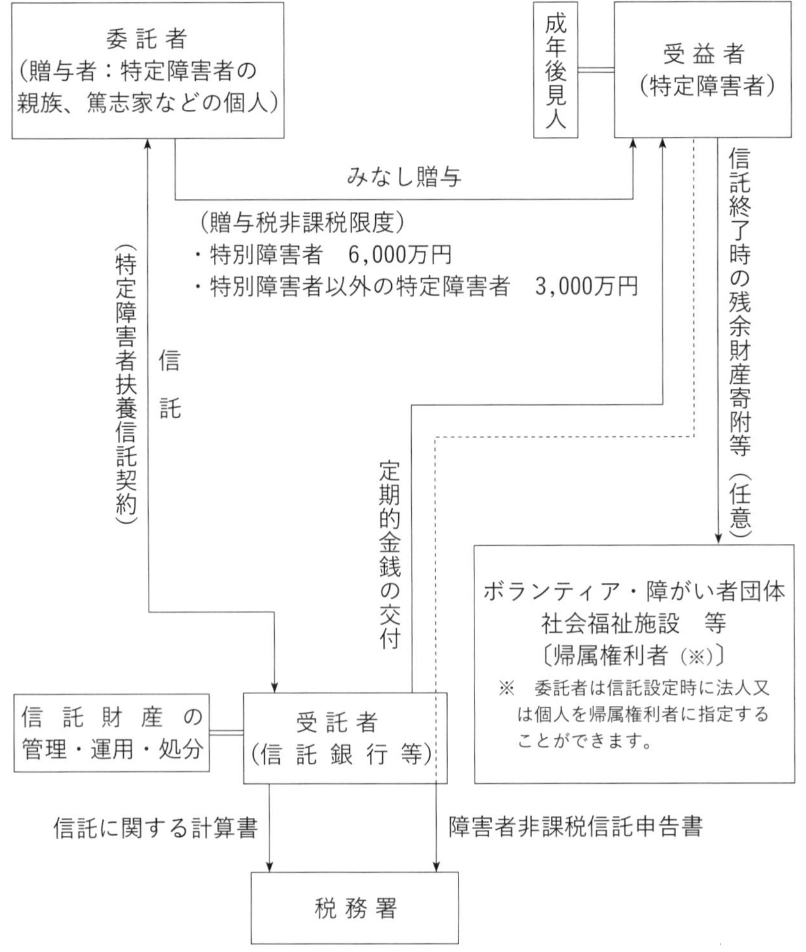

（出典：一般社団法人信託協会作成「特定贈与信託」）

（注）「特定障害者」とは、特別障害者（精神又は身体に重度の障害がある一定の者）又は特別障害者以外で精神上の障害により事理を弁識する能力を欠く常況にある者、失明者その他の精神又は身体に障害がある者で一定の者をいいます（相法 19 の 4 ②）。

◉ **特定贈与信託受託状況**

（単位：件、人、億円）

年　度　末	件　　数	受 益 者 数	残　　高
平成 26 年（2014）	1, 262	1, 178	298
平成 27 年（2015）	1, 488	1, 397	351
平成 28 年（2016）	1, 647	1, 548	389
平成 29 年（2017）	1, 844	1, 739	429
平成 30 年（2018）	2, 000	1, 885	457
令和元年（2019）	2, 159	2, 032	484
令和 2 年（2020）	2, 347	2, 216	505
令和 3 年（2021）	2, 463	2, 326	535
令和 4 年（2022）	2, 651	2, 507	577
令和 5 年（2023）	2, 799	2, 646	607

（出典：一般社団法人信託協会）

贈与税は相続税の分割前払い

フローの所得に対する所得税や法人税とは異なり、相続税は相続発生時に、遺産（ストック）に対して課税されます。そして、相続開始の日の翌日から 10 か月以内に、原則として一時に金銭で相続税を納税しなければなりません。そのため、納税資金が不足し、相続税の納税に窮している事例が少なくありません。

贈与税は相続税の補完税としての役割を担っていて、贈与税と相続税は相関関係にあります。その意味では、贈与税は相続税の前払いと考えられるので、日常の資金繰りの中で無理のない範囲で少しずつ贈与税を負担しながら生前贈与を実行することで、将来の相続税負担を着実に軽減させていくことが可能です。

生前贈与が相続税負担を大きく軽減させる原因は、生前贈与によって相続税の累進税率の上積み税率が適用される部分の財産が移転し、贈与税の累進税率の下積み税率によって計算した贈与税の負担で済むことにあります。

【負担割合のイメージ図】

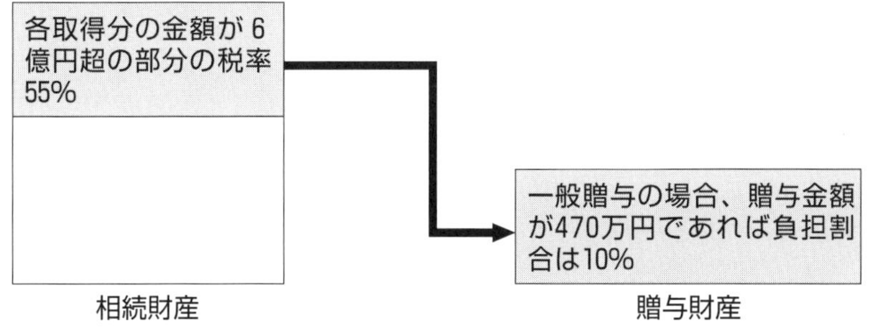

そのため、贈与税と相続税の合計額で財産の承継コストを考えるようにすることが対策を実行していく上でのポイントです。

●賢い生前贈与の進め方

1．高収益な資産を贈与すれば、果実の部分も受贈者へ移転する。
2．将来値上がりが見込まれる資産を贈与すれば、値上がり部分は贈与者の相続財産から除外できる。
3．相続税評価額を引き下げてから贈与する。
4．世代飛ばしの贈与を行う（贈与税には、相続税のように２割加算の適用はない。）。
5．贈与税以外の移転コストも含めて有利不利を判定する。

三　相続時精算課税による贈与を活用した対策

相続時精算課税の概要

相続課税を取り巻く環境（経済のストック化の進展・社会保障の充実・高齢化の進展）が大きく変わってきていることから生前贈与の円滑化のために見直され、平成15年度の税制改正で相続時精算課税による贈与が創設されました。

◉ 相続時精算課税申告・課税状況

年分	人員（人）	金額（百万円）	年分	人員（人）	金額（百万円）	年分	人員（人）	金額（百万円）
平成17年	81,641	1,221,294	平成23年	49,204	604,816	平成29年	44,921	610,255
平成18年	83,290	1,086,448	平成24年	46,207	548,944	平成30年	42,885	548,812
平成19年	89,571	1,187,807	平成25年	52,492	634,487	令和元年	42,548	587,466
平成20年	74,138	934,425	平成26年	50,006	608,930	令和2年	39,823	678,830
平成21年	66,505	834,686	平成27年	49,967	607,715	令和3年	44,167	679,937
平成22年	50,663	628,754	平成28年	45,352	609,000	令和4年	43,429	689,267

（出典：国税庁統計資料）

(1) 相続時精算課税

① 制度の概要

相続時精算課税とは、原則として60歳以上の父母又は祖父母などから、18歳以上の子又は孫などに対し、財産を贈与した場合において選択できる贈与税の制度です。

この制度を選択する場合には、贈与を受けた年の翌年の2月1日から3月15日までの間に一定の書類を添付した「相続時精算課税選択届出書」を提出する必要があります。

なお、この制度は贈与者（父母または祖父母など）ごとに選択できますが、一度選択すると、その選択に係る贈与者（「特定贈与者」といいます。）から贈与を受ける財産（「相続時精算課税適用財産」といいます。）については、その選択をした年分以降すべてこの制度が適用され、「暦年課税」へ変更することはできません。

また、特定贈与者である父母または祖父母などが亡くなった時の相続税の計算上、相続財産の価額に相続時精算課税適用財産の贈与時の価額（令和6年1月1日以後の贈与により取得した相続時精算課税適用財産については、贈与を受けた年分ごとに、その相続時精算課税適用財産の贈与時の価額の合計額から相続時精算課税に係る基礎控除額を控除した残額）を加算して相続税額を計算します。

② 適用対象者

贈与者は贈与をした年の１月１日において60歳以上の父母または祖父母など、受贈者は贈与を受けた年の１月１日において18歳以上の者のうち、贈与者の直系卑属（子や孫など）である推定相続人又は孫とされています。

なお、贈与により「非上場株式等についての贈与税の納税猶予及び免除の特例（措法70の７の５）」の適用に係る非上場株式等を取得する場合や、「個人の事業用資産についての贈与税の納税猶予及び免除（措法70の６の８）」の適用に係る事業用資産を取得する場合には、贈与者が贈与をした年の１月１日において60歳以上であれば、受贈者が贈与者の直系卑属（子や孫など）である推定相続人以外の者（贈与を受けた年の１月１日において18歳以上の者に限ります。）でも本制度を適用できます。

③ 計算方法・計算式

＜贈与税額の計算＞

相続時精算課税の適用を受けた贈与財産については、その選択をした年以後、相続時精算課税に係る贈与者以外の者からの贈与財産と区分して、１年間に贈与を受けた財産の価額の合計額を基に贈与税額を計算します。

その贈与税の額は、特定贈与者ごとに、１年間に贈与を受けた相続時精算課税適用財産の価額の合計額（課税価格）から、相続時精算課税に係る基礎控除額110万円（※１）を控除（※２）し、特別控除額（限度額2,500万円。前年以前において、既にこの特別控除額を控除している場合は、残額が限度額となります。）（※３）を控除した後の金額に、一律20％の税率を乗じて算出します。

なお、相続時精算課税を選択した受贈者が、特定贈与者以外の者から贈与を受けた財産については、その贈与財産の価額の合計額から暦年課税に係る基礎控除額110万円を控除した後の金額に、贈与税の税率を適用し、贈与税額を計算します。

※１　同一年中に、２人以上の特定贈与者からの贈与を受けた場合、相続時精算課税に係る基礎控除額110万円は、特定贈与者ごとの贈与税の課税価格であん分します。

※２　令和５年12月31日以前の贈与に係る贈与税額の計算については、相続時精算課税に係る基礎控除額の控除はありません。

※３　特別控除額は、贈与税の期限内申告書を提出した場合に限り控除することができます。

＜相続税額の計算＞

相続時精算課税を選択した者に係る相続税額は、相続時精算課税に係る贈与者が亡くなった時に、生前に贈与を受けた相続時精算課税の適用を受ける贈与財産の価額と相続・遺贈により取得した財産の価額とを合計した金額を基に計算した相続税額から、納付済みの相続時精算課税に係る贈与税相当額を控除して算出します。

相続税額から控除しきれない相続時精算課税に係る贈与税相当額については、相続税の申告をすることで還付を受けることができます。

なお、相続財産と合算する相続時精算課税適用財産の価額は、原則として贈与時の価額（令和６年１月１日以後の贈与により取得した相続時精算課税適用財産については、贈与を受けた年分ごとに、相続時精算課税適用財産の贈与時の価額の合計額から相続時精算課税に係る基礎控除額を控除した残額）とされています。

④　申告等の方法

相続時精算課税を選択しようとする受贈者（子又は孫など）は、その選択に係る最初の贈与を受けた年の翌年２月１日から３月15日までの間（贈与税の申告書の提出期間）に、納税地の所轄税務署長に対して「相続時精算課税選択届出書」を受贈者の戸籍の謄本などの一定の書類とともに贈与税の申告書に添付して提出する必要があります。

相続時精算課税は、受贈者（子又は孫など）が贈与者（父母又は祖父母など）ごとに選択することができますが、いったん選択すると、選択した年以後その贈与者が亡くなる時まで継続して適用され、暦年課税への変更はできません。

⑵　住宅取得等資金の贈与を受けた場合の相続時精算課税の特例

平成15年１月１日から令和８年12月31日までの間に、父母又は祖父母からの贈与により、自己の居住の用に供する住宅用の家屋の新築、取得又は増改築等の対価に充てるための金銭（以下「住宅取得等資金」といいます。）を取得した場合で、一定の要件を満たすときには、贈与者がその贈与の年の１月１日において60歳未満であっても相続時精算課税を選択することができます（措法70の３）。

この特例の適用を受ける場合の実務上の留意点として、特定の贈与者から住宅取得等資金の贈与を受けた場合の相続時精算課税の特例は、住宅取得等資金について贈与税の課税価格に算入すべき金額がない場合には、適用を受けることができません（措通70の３－３の２）。

そのため、以下の設例のような場合には、相続時精算課税制度の特例の適用を受けることができないことに留意しておかなければなりません。

設例

１．贈与者　父（59歳）

２．受贈者　長男（30歳）

３．贈与財産

①　現金　500万円（全額住宅取得資金に充当）

②　土地　2,500万円

４．贈与税の計算

①　現金　500万円－500万円（住宅取得等資金の非課税特例）＝０円

②　土地　2,500万円－110万円（基礎控除）＝2,390万円　⇒　8,105,000円（贈与税）

この設例の場合には、住宅取得等資金の非課税特例の適用を受けることによって贈与税の課税価格に算入すべき金額がないことになるため、父からの土地の贈与については相続時精算課税の特例の適用を受けることができません。そのため、暦年贈与として贈与税が計算されることになります。

（措置法第70条の2第1項の規定の適用後に住宅取得等資金について贈与税の課税価格に算入すべき価額がない場合の措置法第70条の3の適用関係）
措置法通達70の3－3の2

措置法第70条の3第1項の規定は、住宅資金贈与者から贈与により取得した住宅取得等資金のうち贈与税の課税価格に算入される価額について適用があることから、措置法第70条の2第1項の規定の適用を受けた結果、当該住宅取得等資金について贈与税の課税価格に算入すべき価額がない場合には、適用がないことに留意する。

贈与税・相続税の計算例

⑴ 贈与税の計算

① 課税価格

特定贈与者ごとにその年中において贈与により取得した財産の価額を合計し、それぞれの合計額をもって、贈与税の課税価格とされます（相法21の10）。

なお、令和6年1月1日以後の贈与については、課税価格から110万円(基礎控除額)が控除されます（措法70の3の2①)。その場合、同一年に2人以上の特定贈与者から贈与を受けた場合には、特定贈与者ごとの贈与税の課税価格で基礎控除額はあん分して控除されます（措令40の5の2）。

また、基礎控除により控除された額については、相続税の課税価格に加算されません（相法21の15①、21の16③)。

② 特別控除額

特定贈与者ごとの相続時精算課税に係る贈与税の課税価格からそれぞれ次に掲げる金額のうちいずれか低い金額を控除します（相法21の12①)。

⑴ 2,500万円（既にこの特別控除を適用した金額がある場合には、その金額の合計額を控除した残額）

⑵ 特定贈与者ごとの基礎控除後の贈与税の課税価格

この特別控除は、贈与税の期限内申告書に控除を受ける金額、前年以前にこの特別控除を適用し控除した金額等の記載がある場合に限り適用されます（相法21の12②、相規12)。

なお、贈与税の期限内申告書の提出がない限り特別控除の適用はなく、宥恕規定は設けられていません（相基通21の12－1）。

（注） 税務署長は、これらの記載がない期限内申告書の提出があった場合において、その記載がなかったことについてやむを得ない事情があると認めるときは、その記載をした書類の提出があった場合に限り、特別控除を適用することができます（相法21の12③）。

③ 税率

贈与税額は、特定贈与者ごとに計算した贈与税の課税価格（基礎控除額を控除した残額から特別控除額を控除した金額）にそれぞれ20％の税率を乗じて計算した金額とされます（相法21の13）。

設例

子が父から、令和６年以降３年にわたり財産の贈与（１年目に1,000万円、２年目に1,300万円、３年目に800万円）を受け、１年目から相続時精算課税制度の適用を受けた場合の各年分の贈与税に係る課税価格及び贈与税額を計算しなさい。

【答】

（１年目の計算）

1,000万円（課税価格）－110万円（基礎控除額）－890万円（特別控除額）＝０万円

（注） 特別控除額の計算 （2,500万円－０万円）＞1,000万円（課税価格）－110万円（基礎控除額） ∴890万円

（２年目の計算）

1,300万円（課税価格）－ 110万円（基礎控除額）－1,190万円（特別控除額）＝０万円

（注） 特別控除額の計算 （2,500万円－890万円（１年目の特別控除額））＞1,300万円（課税価格）－110万円（基礎控除額） ∴1,190万円

（３年目の計算）

800万円（課税価格）－110万円（基礎控除額）－420万円（特別控除額）＝270万円

270万円×20％（税率）＝54万円（贈与税額）

（注） 特別控除額の計算 （2,500万円－2,080万円（１、２年目の特別控除額の合計額））＜800万円（課税価格）－110万円（基礎控除額） ∴420万円

⑵ 相続時精算課税制度における相続税額の計算

① 課税価格

相続時精算課税適用者が、特定贈与者の相続に際し、相続又は遺贈により財産を取得した時は、相続時精算課税の適用を受けた財産については相続税の課税価格に加算します（相法21の15①）。

また、当該適用者が、特定贈与者の相続に際し、相続又は遺贈により財産を取得しなかった時は、相続時精算課税の適用を受けた財産については相続又は遺贈により取得したものとみなされます（相法21の16①）。

なお、令和６年１月１日以後に受けた贈与については、毎年110万円の基礎控除後の

金額が相続財産に加算されます（相法21の15①、21の16③）。

② 贈与税額控除

相続時精算課税の適用を受ける財産につき課せられた贈与税相当額は、相続税額から控除します（相法21の15③）。この場合の贈与税相当額は、更正・決定の除斥期間を徒過したものを除き、課税漏れ財産があった場合には、速やかに贈与税の課税手続をとることを前提に相続時精算課税の適用を受ける財産に対して課されるべき贈与税に相当する額も含まれます（相基通21の15－３）。また、贈与税相当額の控除は、贈与税額控除（相法19①）、配偶者に対する相続税額の軽減（相法19の２）、未成年者控除（相法19の３）、障害者控除（相法19の４）、相次相続控除（相法20）及び在外財産に対する相続税額の控除（相法20の２）をした後の残額（控除しきれない場合は０円）から控除することとされています（相基通21の15－４）。

なお、相続税額から控除しきれない贈与税相当額については、還付を受けることができます（相法27③、33の２）。

この場合の申告書は、特定贈与者の相続開始の日の翌日から起算して５年を経過する日まで提出することができます（通法74①）。

相続時精算課税を選択した場合のデメリット

⑴ 一度選択すると暦年贈与に戻れない

相続時精算課税の贈与を選択すると、生涯継続して適用されることとなり、特定贈与者からの贈与については、暦年贈与制度に戻ることはできません。さらに、暦年贈与のように、被相続人の相続開始前７年（令和５年12月31日以前の贈与は３年。以下同じ。）より前の贈与については生前贈与加算の対象となりませんが、相続時精算課税贈与においては贈与の時期が相続開始の７年より前であっても相続財産に加算されることになります。

なお、令和６年１月１日以後の贈与から、相続時精算課税適用者が、特定贈与者から贈与により取得した財産について、基礎控除（110万円）が創設（措法70の３の２①）され、相続時精算課税によって取得した財産から毎年110万円を控除した残額が相続財産に加算されます（相法21の12①）。その場合において、特定贈与者からの110万円以下の贈与を受けた場合には、贈与税の申告は不要とされています。

⑵ 贈与を受けた宅地等は小規模宅地等の特例の適用が受けられない

相続又は遺贈により取得した土地のうちに被相続人等の事業の用又は居住の用に供されていた宅地等で、建物又は構築物の敷地の用に供されていたもののうち、貸付事業用宅地等については200 m^2まで50% 減額、特定居住用宅地等については330 m^2まで80% 減額、特定事業用宅地等・特定同族会社事業用宅地等については400 m^2まで80% 減額がされ、特定居住用宅地等と特定事業用等宅地等とは完全併用することができます。

この小規模宅地等の特例の適用については、相続又は遺贈により取得した財産に対してのみ認められており、贈与を受けた土地が相続税の計算上相続財産に加算された場合においても、小規模宅地等の特例は適用されません。

また、不動産を贈与する場合に注意しておきたいことは、取得原因が贈与のときの登録免許税は20／1000に対して、相続のときは4／1000とされていることから税率が高くなることと、不動産取得税が課税される（相続の場合は非課税）ことです。

設例

相続時精算課税で贈与した宅地等と小規模宅地等の特例の適用

1．被相続人　父（令和6年4月死亡）

2．相続人　母・長男（45歳）・長女

3．父の財産（令和5年）

① 居住用宅地等　330 m^2　6,000万円

② 居住用家屋　800万円

③ その他の財産　30,000万円

④ 父母と長男家族は同一生計

⑤ 財産の増減は贈与以外はないものとする

4．相続時精算課税による贈与

長男へ居住用宅地等及び家屋を令和5年に贈与する（又は贈与しなかった。）。

5．その他

居住用宅地等・家屋及びその他の財産の相続税評価額は令和 5 年以後変わらないものと仮定する。

6．父の遺産分割

その他の財産30,000万円のうち、母は18,000万円、長男は3,000万円、長女は9,000万円を相続する（長男へ居住用宅地等及び家屋を贈与しなかった場合には、長男が相続する）。

7．相続税の計算　（単位：万円）

	贈与を行わなかった場合			長男へ相続時精算課税により贈与		
	母	長男	長女	母	長男	長女
居住用宅地等	−	6,000	−	−	−	−
小規模宅地等の特例	−	△4,800	−	−	0	−
居住用家屋	−	800	−	−	−	−
その他の財産	18,000	3,000	9,000	18,000	3,000	9,000
相続時精算課税適用財産	−	−	−	−	6,800	−

課税価格	18,000	5,000	9,000	18,000	9,800	9,000
基礎控除額	4,800			4,800		
課税遺産総額	27,200			32,000		
相続税の総額	6,420			8,100		
各人の算出税額	3,611	1,003	1,806	3,962	2,157	1,981
配偶者の税額軽減	△3,210	−	−	△3,962	−	−
相続時精算課税分の贈与税額控除（※）	−	−	−	−	△860	−
各人の納付税額	401	1,003	1,806	0	1,297	1,981
納付すべき相続税の合計	3,210			3,278		
税額合計	**3,210**			**4,138（3,278＋860）**		

※　（6,800万円−2,500万円）×20％＝860万円

贈与を行わなかった場合の相続税と、長男へ居住用宅地等や家屋を相続時精算課税により贈与した場合を比較すると、贈与したときの税負担が928万円（4,138万円−3,210万円＝928万円）重くなっています。

これは、小規模宅地等の特例の適用は、相続又は遺贈により取得した財産に限ることとされ、相続開始前3年以内の贈与財産及び相続時精算課税の適用を受けた財産は含まれないことから、長男が相続時精算課税の贈与により取得した居住用宅地等に対する小規模宅地等の特例の適用を受けることができないことなどがその原因です。

⑶　相続時精算課税による贈与財産は物納適格財産に該当しない

相続税の納付は現金一括納付が原則であり、一括納付が困難であればその範囲内で延納が、さらに延納によっても納付が困難な範囲内で物納が認められています。

その物納に充てることができる財産は、その相続税の課税価格計算の基礎となった財産（その財産により取得した財産を含みます。）ですが、相続時精算課税による贈与財産は適用除外となります。

したがって、相続時精算課税による贈与財産については物納ができません。

⑷　贈与財産の価額が値下がりした場合

相続時精算課税による贈与を受けた財産の価額が、相続時精算課税に係る贈与者の死亡までの間に値下がりした場合には、他の共同相続人の相続税の負担にも影響を与えます。

相続時精算課税によって贈与した財産が、相続開始時に値下がりしていても、贈与を受けた価額によって相続財産に加算されることになるため相続税の総額は高くなり、相続人全員の相続税も連動して増加します。そのため、贈与する財産の選択と贈与のタイ

ミングについては、慎重に検討しなければなりません。

設例

贈与財産が値下がりしていた場合

1．**被相続人**　父（令和６年３月死亡）

2．**相続人**　長男・長女

3．**父の相続財産**（相続時精算課税による贈与を除く）　２億円

4．**相続時精算課税による贈与**　長男へ令和２年に自社株２億円を贈与した

5．**遺産分割**　相続財産は長女が全額相続する

6．**その他**　自社株は父の死亡時には １ 億円に値下がりしている

7．**相続税の計算**

（単位：万円）

	相続時精算課税贈与が行われた場合			相続時精算課税贈与がなかった場合		
	長　男	長　女	合計	長　男	長　女	合計
相続財産	0	20,000	20,000	10,000	20,000	30,000
相続時精算課税適用財産	20,000	0	20,000	−	−	−
課税価格	20,000	20,000	40,000	10,000	20,000	30,000
基礎控除額	4,200		4,200	4,200		4,200
課税遺産総額	35,800		35,800	25,800		25,800
相続税の総額	10,920		10,920	6,920		6,920
各人の算出税額	5,460	5,460	10,920	2,307	4,613	6,920
贈与税額控除	△ 3,500	−	△3,500	−	−	−
納付すべき相続税額	1,960	5,460	7,420	2,307	4,613	6,920
合　計（相続税＋贈与税）	**5,460**	**5,460**	**10,920**	**2,307**	**4,613**	**6,920**

相続時精算課税によって贈与を受けた財産が値下がりしたことから、贈与をしなかった場合と比較してトータルで相続税は4,000万円重くなってしまいます。さらに、その内訳をみると、長男は税負担が3,153万円（5,460万円−2,307万円）重くなり、相続時精算課税によって贈与を受けていない長女の相続税も847万円重くなってしまうので、相続人間におけるトラブルが発生することが懸念されます。

そのため、共同相続人にも影響を及ぼすことから相続時精算課税の適用者以外の相続人にも、どのような影響があるのか、簡単なシミュレーションを行い、相続人全員に書面で説明しておくことが重要です。

⑸　受贈者が相続税を支払うことができない

相続時精算課税による贈与を受けた者が、相続時には遺産を取得しないこととしている場合に、先行取得した財産を相続税の納税までに消費等しているときに、相続税を納

付することができなくなる場合も予想されます。その場合には、共同相続人相互間など一定の者において、互いに連帯納付の義務があり当該相続人の相続税を納付しなければなりません。

設例

相続時精算課税適用者が相続税を納付することができない場合

1．被相続人　父（令和６年４月死亡）

2．相続財産　２億円

3．相続人　長男・長女

4．債務の肩代わり

長男がギャンブルで２億円の借金をしていたので、令和４年に父から相続時精算課税により金銭の贈与を受け、その資金で借金を弁済した。

5．その他

父は遺言書ですべての財産を長女に相続させるとしている（長男は遺留分の放棄の手続をしている）。

6．相続税の計算　（単位：万円）

	長　男	長　女
相続財産	0	20,000
相続時精算課税贈与	20,000	0
課税価格	20,000	20,000
相続税額	5,460	5,460
贈与税額控除	△3,500	−
納付すべき相続税額	1,960	5,460

上記の設例の場合、長男は生前贈与を受けた金銭が借金の返済でなくなっていて相続税を納付できないときなどには、長女は連帯納付義務（※）により長男の相続税を納付する義務が生じます。

※　相続税の納付については、次に掲げる相続税を除き、各相続人が相続等により受けた利益の価額を限度として、お互いに連帯して納付しなければならない義務があります（相法34①）。

①　本来の納税義務者の相続税の申告書の提出期限等から５年以内に、相続税法34条６項に規定する「納付通知書」を発していない場合における納付すべき相続税額に係る相続税

②　本来の納税義務者が延納の許可を受けた相続税額に係る相続税

③　本来の納税義務者が農地などの相続税の納税猶予の適用を受けた相続税額に係る相続税

(6)　相続時精算課税適用者が先に死亡した場合

特定贈与者の死亡以前にその特定贈与者に係る相続時精算課税適用者が死亡した場合には、その者の相続人（包括受遺者を含みます。）は、その者が有していたこの規定の適用を受けていたことに伴う納税に係る権利又は義務を承継します。

死亡した相続時精算課税適用者の相続人は、その後その特定贈与者の相続時に、相続時精算課税適用者を受遺者とみなし、その受贈財産を特定贈与者の遺贈財産とみなして計算した相続税額から既に支払った贈与税額を控除した税額を納付する（控除する贈与税額が多い場合には還付を受けることができます。）こととなります。

ただし、その相続人のうちに特定贈与者がある場合には、その特定贈与者はその納税に係る権利又は義務を承継しません。

そこで、相続時精算課税による贈与が行われ、相続時精算課税適用者が先に死亡した場合の相続税等の計算について、設例で解説します。

設 例

相続時精算課税適用者が先に死亡した場合

1．**父**（**令和6年4月死亡**）

2．**父の相続人**　長男の子（長男の代襲相続人）

3．**長男**（**令和4年死亡**）　長男固有の財産は父からの贈与財産を除き1億円

4．**長男の相続人**　妻・子（法定相続分どおり相続）

5．**父の財産**　3億円（そのほか、相続時精算課税による贈与財産2億円）

6．**相続時精算課税による贈与**

父から長男へ令和元年に2億円を贈与（令和4年の相続税評価額も同額と仮定）

7．**相続税・贈与税の計算**　（単位：万円）

	長男の相続税（※）		父の相続税		
	妻	子	長男の子	長男の妻	承継相続人
相続財産	13,250	13,250	30,000	−	−
相続時精算課税適用財産の価額	−	−	−	−	20,000
課税価格	13,250	13,250	30,000	−	20,000
基礎控除額	4,200		3,600		
課税遺産総額	22,300		46,400		
相続税の総額	5,520		19,000		
各人の算出税額	2,760	2,760	11,400	−	7,600
配偶者の税額軽減額	△2,760	−	−	−	−
相続時精算課税贈与分の贈与税額控除額	−	−	−	−	△3,500
小　計	0	2,760	11,400	−	4,100
承継割合（法定相続分）	−	−	1／2	1／2	−
承継納税額	−	−	2,050	2,050	−
納付すべき相続税額	0	2,760	13,450	2,050	−
長男及び父の相続税＋贈与税合計額	2,760		19,000		

合計税額	21,760

※　①長男が受けた相続時精算課税の贈与税（２億円－2,500万円）×20％＝3,500万円
　　②長男の相続税の課税価格　（２億円－3,500万円）＋１億円＝26,500万円

上記の設例で相続時精算課税による贈与が行われていない場合の相続税

◉ 相続税の計算

（単位：万円）

	長男の相続税		父の相続税
	妻	子	長男の子
課税価格	5,000	5,000	50,000
基礎控除額	4,200		3,600
課税遺産総額	5,800		46,400
相続税の総額	770		19,000
各人の算出税額	385	385	19,000
配偶者の税額軽減	△385	－	－
納付すべき税額	0	385	19,000
合計税額	19,385		

以上の設例からわかるように、相続時精算課税を利用して贈与した場合で、相続時精算課税適用者が先に死亡したときは、贈与した部分が持ち戻しされて二重課税になり、通常よりも多額の税金を支払うことになります（設例の場合には、21,760万円－19,385万円＝2,375万円負担増という結果になります。）。

相続時精算課税によって贈与すると相続税の軽減効果が期待できる財産

相続時精算課税を活用した贈与によって相続税負担を軽減させようとする場合には、贈与を受けた財産は、特定贈与者の死亡の際には、贈与を受けたときの価額で相続財産に加算して相続税が課税されることとなっていることから、以下のような財産を贈与することがポイントです。

①　贈与を受けたときから特定贈与者が死亡するまでの間に、大きく値上がりすると予想される財産

②　毎年大きな果実を生む財産

そこで、大きく値上がりする財産や、大きな果実を生む財産を、相続時精算課税で贈与する場合の相続税の軽減効果や、活用の留意点などを設例によって検証してみます。

(1) 値上がりする財産の贈与

設例

1．親族図

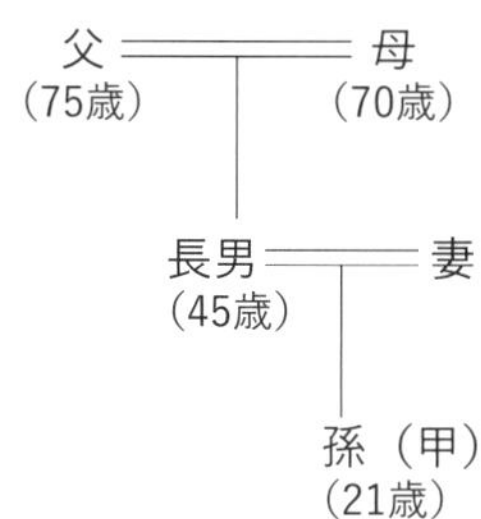

2．被相続人　父（令和10年3月に死亡するものと仮定する）

3．父の財産（令和6年3月現在）

① 自社株　1億円（令和10年の自社株は2億円に値上がりすると仮定）

② その他の財産　4億円

③ 財産の増減はないものとする

4．相続時精算課税による贈与

令和6年4月に子又は孫甲へ自社株1億円を贈与する

5．父の遺産分割

① 自社株の贈与がなかった場合には、法定相続分どおり相続する

② 自社株の贈与があった場合には、母はその他財産3億円、長男は1億円を相続する

6．相続税の計算　（単位：万円）

	贈与なし		子へ精算課税で贈与		孫甲へ精算課税で贈与		
	母	子	母	子	母	子	孫甲
自社株	10,000	10,000	−	−	−	−	−
その他の財産	20,000	20,000	30,000	10,000	30,000	10,000	−
相続時精算課税適用財産	−	−	−	9,890	−	−	9,890
課税価格	30,000	30,000	30,000	19,890	30,000	10,000	9,890
相続税の総額	19,710		15,160		15,160		
各人の算出税額	9,855	9,855	9,116	6,044	9,116	3,039	3,005
相続税額の2割加算	−	−	−	−	−	−	601
配偶者の税額軽減	△9,855	−	△7,580	−	△7,580	−	−
相続時精算課税分の贈与税額控除	−	−	−	△1,478	−	−	△1,478
納付税額	0	9,855	1,536	4,566	1,536	3,039	2,128

合　計 （相続税＋贈与税）	9,855	7,580	8,181

相続時精算課税の贈与を受けた場合の贈与税は、（10,000万円－110万円－2,500万円）×20％＝1,478万円となります。孫甲が受贈者の場合には、父の一親等の血族ではないことから相続税額の2割加算の規定の適用を受けます。

贈与を行わなかった場合の相続税と、長男へ相続時精算課税により贈与したときを比較すると、贈与したときの税負担が2,275万円（9,855万円－7,580万円）軽減されます。

また、孫甲へ相続時精算課税により贈与した場合も、同様に1,674万円軽減されます。

(2)　大きな果実を生む財産の贈与

設例

1．親族図

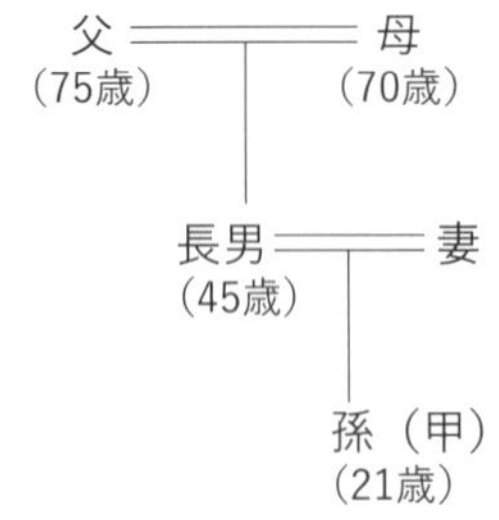

2．父の財産（令和5年12月現在）

①　賃貸不動産　1億円（年間収支差額　＋500万円）

②　その他の財産　4億円

③　財産の増減はないものとする

④　父は12年後に死亡すると仮定

3．相続時精算課税による贈与（令和6年1月に実行）

①　長男へ賃貸不動産を贈与する

②　孫甲へ賃貸不動産を贈与する

4．父の遺産分割

①　賃貸不動産の贈与がなかった場合には、法定相続分どおり相続する

②　賃貸不動産の贈与があった場合には、母はその他財産2.5億円、長男は1.5億円を相続する

5．相続税の計算 （単位：万円）

	贈与なし		子へ精算課税で贈与		孫甲へ精算課税で贈与		
	母	子	母	子	母	子	孫甲
賃貸不動産	5,000	5,000	－	－	－	－	－
同上果実	3,000	3,000	－	－	－	－	－
その他の財産	20,000	20,000	25,000	15,000	25,000	15,000	－
相続時精算課税適用財産	－	－	－	9,890	－	－	9,890
課税価格	28,000	28,000	25,000	24,890	25,000	15,000	9,890
相続税の総額	17,910		15,160		15,160		
各人の算出税額	8,955	8,955	7,597	7,563	7,597	4,558	3,005
相続税額の２割加算	－	－	－	－	－	－	601
配偶者の税額軽減	△8,955	－	△7,580	－	△7,580	－	－
相続時精算課税分の贈与税額控除	－	－	－	△1,478	－	－	△1,478
納付税額	0	8,955	17	6,085	17	4,558	2,128
合　計（相続税＋贈与税）	8,955		7,580		8,181		

贈与を行わなかった場合の相続税と、長男へ相続時精算課税により贈与したときを比較すると、贈与したときの税負担が1,375万円（8,955万円－7,580万円）軽減されています。また、孫甲へ相続時精算課税により贈与した場合も、同様に774万円軽減されます。

さらに、毎年の所得税も父よりも受贈者の所得が低ければ毎年軽減されることになります。その上、第二次相続（母の相続）でも、母が相続する財産が少なくなることから、母の固有財産がないものと仮定して計算すると母が父から相続した財産の課税価格2.8億円に対する相続税が対策前は8,280万円となるのに対して、長男へ相続時精算課税贈与を実行しておけば課税価格は2.5億円となり、相続税は6,930万円に軽減されます。

⑶ 相続時精算課税贈与が有利になる事例

設例

1. **被相続人** 母（令和 16 年に死亡すると仮定）
2. **母の相続財産**（令和 6 年） 自宅 2,200 万円、現預金 2,000 万円
3. **相続人** 長男（母と別生計で持家あり）一人
4. **生前贈与（令和 6 年から以下のいずれかの贈与を実行する）**
 ① 長男へ暦年贈与によって毎年 110 万円の暦年贈与（10 年間）を行う
 ② 長男に相続時精算課税贈与によって毎年現金 110 万円の贈与（10 年間）を行う

	暦年贈与	相続時精算課税贈与（※2）
課税価格	(2,200 万円＋900 万円)＋670 万円（※1）＝3,770 万円	2,200 万円＋(2,000 万円－1,100 万円)＝3,100 万円
相続税	(3,770 万円－3,600 万円)×10％＝17 万円	3,100 万円－3,600 万円＜0 ∴ 相続税は課されない

※1 生前贈与加算：110 万円×7 年－100 万円＝670 万円
※2 相続時精算課税贈与：年 110 万円以下の贈与については、相続財産に加算されません。

令和 6 年以後の暦年贈与によると、相続又は遺贈によって財産を取得した者が、その被相続人から相続開始前 7 年以内に贈与を受けていた場合には、生前贈与加算の期間が 7 年になります。ただし、相続開始前 3 年超 7 年以内に贈与により取得した財産については、総額 100 万円までを控除することとされました。

一方、相続時精算課税贈与の場合には、毎年 110 万円の基礎控除額以下の贈与については、贈与税の申告は不要で、かつ、相続財産への加算も必要がありません。

そのことから、相続時精算課税では 10 年間の控除額が最大 1,100 万円であるのに対して、暦年課税では相続開始前 7 年より前の贈与額（110 万円×3 年）と 100 万円の合計額 430 万円が相続財産に加算されないため、相続時精算課税贈与が有利になることがあります。

ただし、相続人でない孫への相続時精算課税贈与において、110 万円を超える贈与金額は全額相続財産に加算されますが、暦年贈与によって贈与すれば、孫が遺贈によって財産を取得しない場合には、相続財産への加算は必要なく、贈与税の課税関係だけで完結します。

そのように、有利・不利が混在しますので、相続時精算課税の選択に当たっては慎重に判断しなければなりません。

直系尊属から住宅取得等資金の贈与を受けた場合の贈与税の非課税措置

⑴ 制度の概要

令和6年1月1日から令和8年12月31日までの間に、父母や祖父母など直系尊属からの贈与により、自己の居住の用に供する住宅用の家屋の新築、取得又は増改築等（以下「新築等」といいます。）の対価に充てるための金銭を取得した場合において、受贈者は贈与を受けた年の合計所得金額が2,000万円以下であること、その年の1月1日における年齢が18歳以上であることなど一定の要件を満たすときは、次の非課税限度額までの金額について、贈与税が非課税となります。

非課税限度額は、住宅用家屋の取得等に係る契約の締結時期にかかわらず、住宅取得等資金の贈与を受けて新築等をした次に掲げる住宅用家屋の区分に応じ、それぞれ次に定める金額となります。

① 省エネ等住宅：1,000万円

② 上記以外の住宅：500万円

増改築等に係る工事費用の額が100万円以上で一定の要件を満たす場合にも非課税措置を受けることができます。

⑵ その他留意点

① 贈与を受けた時に贈与者の直系卑属（贈与者は受贈者の直系尊属）であること。

（注） 配偶者の父母（又は祖父母）は直系尊属には該当しませんが、養子縁組をしている場合は直系尊属に該当します。

② 贈与を受けた年の1月1日において、18歳以上であること。

③ 贈与を受けた年の年分の所得税に係る合計所得金額が2,000万円以下（新築等をする住宅用の家屋の床面積が40 m^{2}以上50 m^{2}未満の場合は、1,000万円以下）であること。

④ 平成21年分から令和5年分までの贈与税の申告で「住宅取得等資金の非課税」の適用を受けたことがないこと（一定の場合を除きます。）。

⑤ 自己の配偶者、親族などの一定の特別の関係がある人から住宅用の家屋の取得をしたものではないこと、又はこれらの方との請負契約等により新築若しくは増改築等をしたものではないこと。

⑥ 贈与を受けた年の翌年3月15日までに住宅取得等資金の全額を充てて住宅用の家屋の新築等をすること。

（注） 受贈者が「住宅用の家屋」を所有する（共有持分を有する場合も含まれます。）ことにならない場合は、この特例の適用を受けることはできません。

⑦ 贈与を受けた時に日本国内に住所を有していること（受贈者が一時居住者であり、

かつ、贈与者が外国人贈与者又は非居住贈与者である場合を除きます。)。

なお、贈与を受けた時に日本国内に住所を有しない人であっても、一定の場合には、この特例の適用を受けることができます。

⑧ 非課税の特例の適用を受けて、贈与税の課税価格に算入されなかった金額は、相続税の課税価格に加算する必要はありません。なお、非課税制度は、贈与税の申告期間内に贈与税の申告書及び添付書類などを提出した場合に限り、その適用を受けることができます。

⑨ 「新築」若しくは「取得」又は「増改築」には、その新築若しくは取得又は増改築と共に取得する敷地の用に供される土地等(住宅の新築等に先行して取得する土地等を含みます。)の取得も含まれます。

◉ 住宅取得等資金の非課税制度の状況

	人員	住宅取得等資金の金額	非課税の適用を受けた金額
令和4年	49,991人	3,709億円	3,404億円
令和3年	70,017人	6,718億円	6,471億円
令和2年	60,142人	6,999億円	6,797億円
令和元年	59,205人	5,839億円	5,546億円
平成30年	58,507人	4,843億円	4,483億円
平成29年	58,654人	4,999億円	4,580億円
平成28年	59,265人	5,207億円	4,788億円

(注) 億円未満の金額については切り捨てて表示しています。

(出典:国税庁統計資料)

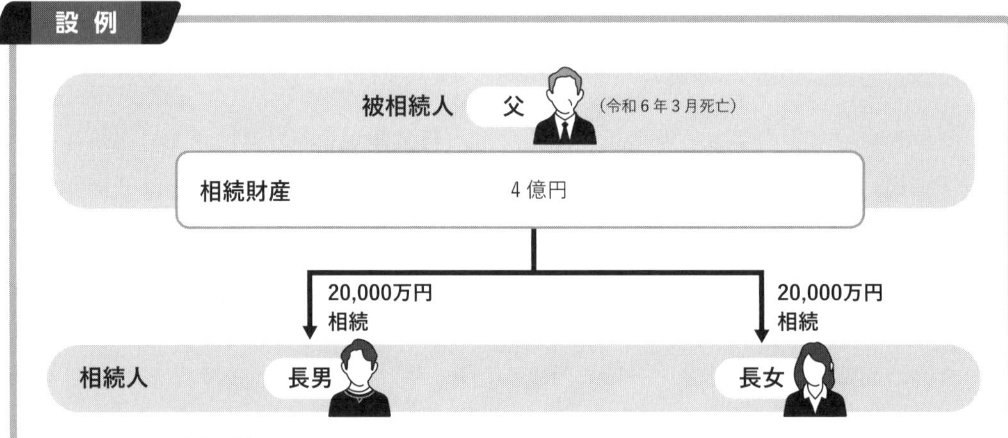

1. 長男への生前贈与

令和4年　現金300万円(贈与税19万円)

令和5年　住宅取得等資金の贈与　1,000万円(非課税限度額内)

2. 相続税の計算

長男は住宅取得等資金の贈与について、①期限内申告を行っている場合と、②無申告である場合との比較をしてみます。

（単位：万円）

	住宅取得等資金の贈与：期限内申告あり			住宅取得等資金の贈与：無申告の場合		
	長男	長女	合計	長男	長女	合計
相続財産	20,000	20,000	40,000	20,000	20,000	40,000
生前贈与加算	300	－	300	1,300	－	1,300
課税価格	20,300	20,000	40,300	21,300	20,000	41,300
相続税の総額	11,040		11,040	11,440		11,440
各人の算出税額	5,561	5,479	11,040	5,900	5,540	11,440
贈与税額控除(※)	△19	－	△19	△196	－	△196
納付税額	5,542	5,479	11,021	5,704	5,540	11,244
贈与税＋相続税	5,561	5,479	11,040	5,900	5,540	11,440

※　住宅取得等資金の贈与については、期限内申告があった場合には、非課税贈与とされていることから生前贈与加算の対象となりません。そのため、令和４年分の贈与についてのみ生前贈与加算となります。しかし、無申告である場合には非課税贈与に該当しないため、1,000万円は生前贈与加算の対象となり、贈与税177万円が課されますが、支払った贈与税は相続税から控除されます（ただし、無申告加算税は納付すべき税額に対して50万円まで15%、50万円を超える部分は20%が課税され、納付期限から納付した日までの間の延滞税も課されますが、それらの附帯税は相続税から控除されません。）。

V

生命保険徹底活用による相続税対策

一　相続税対策に活かす生命保険とは

保険加入の目的を明確に

生命保険の種類は、終身保険、養老保険、定期保険など、多岐にわたっています。また、同種類の保険でも、生命保険会社ごとに保障内容が異なります。さらに、外資系の保険会社も数多く参入し、保険商品は複雑化しています。生命保険の加入に当たっては、その加入目的を明確にして適正な保険を選択する必要があります。

相続税の納税資金対策を目的に生命保険に加入する場合には、まず、相続税がいくら課税され、現在納税資金はどれくらい用意されているのかなど現状を正しく把握する必要があります。そして、生命保険で納税資金をいくら確保できるのか、その場合の保険料はいくらかなど納税資金対策のマスタープランを作成することが大切です。その際、契約形態により課税方法が異なるため、最もふさわしい契約形態を選択することも重要です。死亡保険金は契約形態を工夫することにより、相続税法上非課税規定等の適用を受けることができ、他の金融資産に対する課税と比較して有利な取扱いを受けることができます。

さらに死亡保険金は受取人固有の財産ですので、預金のように分割協議が調うまで金融機関で凍結されるというようなこともありません。

◉ 主な生命保険の種類

死亡保障	老後・貯蓄保障	医療保障
定期保険	養老保険	医療保険
定期付終身保険	個人年金保険	がん保険
終身保険	変額個人年金保険	
変額保険	学資保険	

相続税の納税資金原資としての生命保険は終身保険で

相続税は死亡して初めて課税されるものですから、いつまでも健康で長生きすることが最善の相続税対策です。しかし、個人差はあるもののいつの日か死を迎えることとなります。ですから、相続税の納税資金原資として生命保険に加入する場合には、長生きをしても一生涯保障の続く終身保険をベースにして加入することが基本です。この場合、定期付終身保険のように、若いときには大きな保障で高齢になると保障額が小さくなるような終身保険は適しません。なぜなら、相続税負担は重くなる前提で対策を講じておくことが安全だからです。

また、保険料の支払方法の選択においても注意が必要です。

終身保険の保険料は、契約時の年齢によって制限を受ける場合もありますが、一般的に一時払い、有期払込み（5年払込み、10年払込み、65歳払込み、70歳払込みなど)、終身払込みのいずれかを選択することができます。

ちなみに、終身払込みにすると、1回当たりの保険料は安くなります。したがって、契約後比較的早く相続が発生した場合には、終身払込みの方が払込保険料の総額は少なくて済みます。しかし、いつ相続が発生するかは誰にも分かりません。終身払込みの保険料は、一定年齢を超えると一時払いや有期払込みの場合に比べ多くの保険料を支払うことになります。受け取る保険金は変わらないにもかかわらず、終身払込みでは長生きすればするほど、保険料の負担は年々増すばかりです。だからといって、相続税対策で加入する生命保険は、相続税の納税資金の確保を目的として加入するものですので、中途解約してしまっては、何の効果もありません。

したがって、相続税対策で加入する保険は、終身保険で、かつ、終身払込みは避け、期間を定めて保険料を支払うようにしておきます。そうすれば、あとは安心して長生きができます。

預金は「三角」・生命保険は「四角」

相続税の納税資金を預金で準備する方法があります。しかし、預金を積み立てていく方法の場合、長期の期間が必要であり、かつ、その預金は額面金額で評価されて、相続税が課税されてしまいます。

一方、生命保険の場合には、保険加入時から必要保障額は確保され、いつ相続が発生しても対応が可能です。また、保険請求の手続をすれば、通常の場合、1週間以内に指定受取人に対して現金で死亡保険金が支払われ、相続税法上の非課税規定の適用等を受けることにより、相続税負担は軽減されます。預金は準備期間が長くかかり徐々に積み上げていくことから「三角」、生命保険は加入したらすぐ必要な保障額が確保されるため「四角」といわれるゆえんです。

保険料は相続税の分割前払い

地主や中小企業のオーナーにとっては、「将来の相続税の納税をどうするのか？…」という問題は避けては通れない問題です。土地を処分して換金することが困難で、さらに物納にも適さない土地を所有している場合や、評価額の高い自社株を所有しているときには、相続人はたちまち納税資金に窮することとなります。

被保険者が死亡し、保険金受取人が死亡保険金を受け取った場合、その保険金を相続税の納税資金に充てることができます。そのうえ、その死亡保険金は、一定の要件のもとに、相続人が受取る生命保険金のうち、500万円に法定相続人（相続の放棄があった場合には、その放棄がなかったものとした場合の相続人）の数を乗じた金額までの保険金については相続税は非課税とされ、より多くの生命保険金を相続税の納税資金として活用することができます。

受け取った生命保険金を相続税の納税原資に充てるとすると、相続対策に活かす生命保険の保険料は、将来の相続税を保険会社を通じて分割前払いしていると考えることができます。

一時所得型の契約形態の生命保険金なら他の共同相続人に知られない

被相続人が保険料を負担していた生命保険金を相続人が受け取ると、みなし相続財産として相続税の課税対象とされ、受け取った生命保険金はその総額を相続税の申告書（第9表）に記載し申告することとなります。そのため、生命保険金は受取人固有の財産として遺産分割協議を経ることなく、受取人として指定された者が保険金を受け取ることはできますが、相続税の申告を通じて他の共同相続人に分かってしまうことになり、遺産分割協議においてそのことが障害となることも予想されます。

しかし、一時所得型の契約形態（たとえば、保険契約者（保険料負担者）甲・被保険者乙・受取人甲）による死亡保険金は受取人の所得税として課税されることから相続税の申告書に記載されることはありません。そこで、子を契約者（保険料負担者）及び保険金受取人・親を被保険者とする生命保険の保険料の支払原資に、親から贈与を受けた現金を充てれば、生前贈与による相続税対策の軽減効果も享受することができ、かつ、他の共同相続人に知られることなく生命保険金を受け取ることができます。

生命保険金などの明細書

被相続人	

第9表（令和6年1月分以降用）

1　相続や遺贈によって取得したものとみなされる保険金など

この表は、相続人やその他の人が被相続人から相続や遺贈によって取得したものとみなされる生命保険金、損害保険契約の死亡保険金及び特定の生命共済金などを受け取った場合に、その受取金額などを記入します。

保険会社等の所在地	保険会社等の名称	受取年月日	受取金額	受取人の氏名
		・・	円	
		・・		
		・・		
		・・		
		・・		

（注）1　相続人（相続の放棄をした人を除きます。以下同じです。）が受け取った保険金などのうち一定の金額は非課税となりますので、その人は、次の２の該当欄に非課税となる金額と課税される金額とを記入します。

生命保険金は受取人固有の財産で特別受益に該当しない

本来、死亡保険金は、契約者と保険会社との生命保険契約等に基づき支払われるものであることから、被相続人の遺産には該当しません。そのため、遺産分割の対象となる財産にも含まれません。よって、一定額の財産を、確実に渡しておきたいという方がいる場合には、その方を受取人とした保険契約をしておくと良いでしょう。

また、生命保険金は特段の事情がない限り、特別受益（※）の対象となりません（最高裁：平成16年10月29日判決）。

【本件判決の要旨】

（原則）

被相続人が自己を保険契約者及び被保険者とし、相続人を受取人と指定して締結した保険契約による死亡保険請求権は下記の理由から特別受益の対象にはならない。

①　死亡保険金は受取人が自らの固有の権利として取得するものであり、被相続人から承継取得するものではないためこれらの者の相続財産に属するものではない。

②　死亡保険金請求権は被相続人が死亡した時に初めて発生するものであり、保険契約者の払い込んだ保険料と等価関係にたつものではない。

③　被相続人の稼働能力に代わる給付でもない。

（例外）

保険金取得のための費用である保険料は被相続人が生前に支払ったものであり、保険契約者である被相続人の死亡により保険金受取人である相続人に死亡保険金請求権が発生することなどをかんがみると、保険金受取人である相続人とその他の共同相続人との間に生ずる不公平が民法903条の趣旨に照らし到底是認することができないほどに著しいものであると評価すべき**特段の事情**が存する場合には、同上の**類推適用**により、その死亡保険金請求権は特別受益に準じて持ち戻しの対象と解することが相当である。

特段の事情とは…？

「保険金の額」「この額の遺産の総額に対する比率」「同居の有無・被相続人の介護等に対する貢献の度合など保険金受取人である相続人及び他の共同相続人と被相続人との関係」「各相続人の生活実態等」の諸般の事情を総合考慮して判断すべきである。

※　特別受益とは…被相続人が死亡し、相続人が財産を取得する場合に、①遺言により財産を取得している、②結婚や養子縁組の際に支度金等として相当の財産を受けている、又は③生計の資本として贈与を受けているときは、相続発生時に「これらの生前に贈与等を受けた財産」を「被相続人の相続財産」に加算し、これを基本として各人の相続分に対応する財産額を計算したうえで既に取得している財産を控除して各人の相続分とする考え方で共同相続人間の衡平を図ることを目的にしています。

◉ 特段の事情が存するか否かについての裁判例

裁判所	決定日	遺産の総額	うち保険金額	持戻しの有無
東京高裁	平成17年10月27日	10,134万円	10,129万円	あり
名古屋高裁	平成18年3月27日	8,423万円	5,200万円	あり（受取人である妻との婚姻期間3年5か月）
東京地裁	平成31年2月7日判決	11,015万円	5,000万円	あり
東京地裁	令和3年9月13日判決	2,179万円	1,475万円	あり
広島高裁	令和4年2月25日判決	2,872万円	2,100万円	なし（※）

※　広島高裁の事例では、「死亡保険金の受取人である被相続人の妻は、現在54歳の借家住まいであり、本件死亡保険金により生活を保障すべき期間が相当長期間にわたることが見込まれ、これに対し、被相続人の母は、被相続人と長年別居し、生計を別にしており、被相続人の父（抗告人の夫）の遺産であった不動産に長女及び二女と共に暮らしていることなどの事情を併せ考慮すると、保険金受取人である被相続人の妻とその他の共同相続人との間に生ずる不公平が民法903条の趣旨に照らし到底是認することができないほどに著しいものであると評価すべき特段の事情が存するとは認められないこと等から、本件死亡保険金を特別受益に準じて持ち戻すべきである旨の被相続人の母の主張には理由がない。」と判示しました。

また、平成14年11月5日の最高裁の判決で、死亡保険金（保険金請求権）は相続財産を構成するものではなく、実質的に保険契約者又は被保険者の財産に属していたものとみることもできないから、（改正前）民法1031条（遺贈又は贈与の減殺の請求）に規定する遺贈又は贈与に当たるものでもなく、これに準ずるものともいえないので、遺留分減殺請求の対象にならないとしています。

生命保険金等の課税関係

相続税法上は、被相続人が負担した保険料に相当する部分の生命保険金等は、受取人が保険金相当額の経済的利益を受けていることから、その取得した生命保険金等を相続又は遺贈により取得したものとみなし、相続税を課税することとしています。

(1) 相続税の非課税規定

被相続人の死亡により各相続人(相続を放棄した人や相続権を失った人を除きます。)が取得した生命保険契約の保険金等については、次の①又は②に掲げる場合の区分に応じ、それぞれに定める金額に相当する部分は課税されません。

① 各相続人の取得した保険金の合計額が500万円に法定相続人（相続の放棄があった場合には、その放棄がなかったものとした場合の相続人。）の数（※）を乗じて算出した金額（②において「保険金の非課税限度額」といいます。）以下である場合

各相続人が実際に取得した保険金の全額＝非課税金額

② 各相続人の取得した保険金の合計額が保険金の非課税限度額を超える場合
次の算式で計算した金額

$$\text{保険金の非課税限度額} \times \frac{\text{その相続人が取得した保険金の合計額}}{\text{各相続人が取得した保険金の合計額}} = \text{その相続人の非課税金額}$$

※ 被相続人に養子がある場合には、非課税限度額の計算上、法定相続人の数に算入する養子の数は、実子がある場合…１人、実子がいない場合…２人までとされます。
(注) 死亡退職金についても同様の取扱いがあります。

設例

被相続人甲の死亡により取得した生命保険金（甲が保険料を負担していた）が以下のような場合、各人の非課税金額はいくらになるか検証してみます。

1．法定相続人　長男・二男・長女・養子Ａ・養子Ｂ

2．受け取った生命保険金額

保険金受取人	受け取った保険金の合計額	摘　　要
長男	3,000万円	
二男	2,000万円	相続を放棄している
養子Ａ	1,000万円	
養子Ｂ	1,000万円	

(注) 長女は生命保険金を受け取っていない。

3．非課税金額の計算

① 保険金の非課税限度額＝法定相続人の数（４人）×500万円＝2,000万円

（注） 法定相続人は、長男、二男、長女及び養子全員で１人と数え合計４人となります。また、二男は相続を放棄していますがその放棄がなかったものとして法定相続人の数に算入します。さらに、長女は生命保険金を取得していませんが、非課税限度額を求める際の法定相続人の数に算入します。

② 相続人全員の取得した保険金の合計額

3,000万円（長男）＋1,000万円（養子Ａ）＋1,000万円（養子Ｂ）＝5,000万円

（注） 二男は相続を放棄しているので「相続人」に該当しません。

③ 各相続人の非課税金額

・長男　2,000万円×（3,000万円÷5,000万円）＝1,200万円

・養子Ａ　2,000万円×（1,000万円÷5,000万円）＝400万円

・養子Ｂ　養子Ａに同じ

4．二男が取得した保険金の取扱い

相続を放棄していることから、生命保険金の非課税の適用を受けることができませんので2,000万円がみなし遺贈として二男が遺産を取得したものとみなされます。

⑵ 保険金を受け取った場合の課税関係

保険契約者と保険料負担者が同じと仮定すると課税関係は次のようになります。

① 満期保険金の場合

契約者	受取人	税金の種類
父	父	所得税（一時所得）・住民税
父	母又は子	贈与税

満期保険金については、被保険者が誰であるかに関わりなく契約者と受取人が同一の場合は、所得税と住民税がかかり、契約者と受取人が異なる場合には贈与税がかかるということになります。また、所得税等が課税される場合でも、いわゆる金融類似商品とされる保険期間が５年以下の一時払養老保険等については、所得税15％（※）（地方税５％）の税率による源泉分離課税制度が適用されます。

※ 平成25年分から別途復興特別所得税が所得税の額の2.1％課されます。

② 死亡保険金の場合

保険契約者（保険料負担者）	被保険者	死亡保険金受取人	課税関係	財産の区分
父	父	父	相続税	本来の財産
父	父	長男	相続税	みなし相続財産
母	父	長男	贈与税	みなし贈与（相基通３－16）
長男	父	長男	所得税	一時所得

死亡保険金の場合は、㈠契約者、㈡被保険者、㈢受取人の三者が誰であるかによって

課税関係が異なることになります。

一時所得の求め方は、{(受取保険金)－(支払保険料累計額)－(特別控除額50万円)}×1/2となります。

契約者以外の者が保険料を負担している場合には、契約者ではなく、誰が保険料を負担しているかによって課税関係が決まってくることになるので注意が必要です。その場合、贈与税課税が最も税負担が重くなることが多いので、保険金受取人の見直しが不可欠です。

コラム

リビング・ニーズ特約に基づく保険金(生前給付金)の取扱い

被保険者の余命が6か月以内と診断された場合に、主契約の死亡保険金の一部又は全部（上限3,000万円）を生前給付金として支払うリビング・ニーズ特約による生前給付金は、死亡保険金の前払的な性格を有していますが、被保険者の余命が6か月以内と判断されたことを支払事由としており、死亡を支払事由とするものではないことからすれば、重度の疾病に基因して支払われる保険金に該当するものと認められます。

疾病により重度障害の状態になったことなどに基因して支払われる保険金は、所得税法に掲げる「身体の傷害に基因して支払われる」保険金に該当するものと取り扱っており、その保険金は非課税所得となります。

なお、生前給付金の支払を受けた後にその受取人である被保険者が死亡した場合には、消費していない生前給付金（現預金等）は本来の相続財産として相続税の課税対象となります。この場合、消費していない給付金は既に生命保険金でないことから、相続税の非課税財産の規定の適用を受けることはできません。

◉ みなし相続財産と本来の財産の区分

保険金等	区　分	手　続
死亡保険金	みなし相続財産	受取人固有の財産
入院給付金	本来の財産	被保険者の死亡後に支払われた場合、遺産分割協議等による
手術給付金	本来の財産	被保険者の死亡後に支払われた場合、遺産分割協議等による
リビング・ニーズ	非課税所得	死亡時の残余金は本来の財産 ⇒ 遺産分割協議等による

(3) 生命保険契約に関する権利

契約者自身が保険料を負担している生命保険契約において、その保険事故が発生する前に契約者が死亡したことによりその契約者の地位が相続人に承継された場合には、それに伴い解約返戻金等の請求権（財産上の権利）がその相続人に承継されることになりますが、この財産上の権利は本来の相続財産に当たることになります。

これに対して、契約者以外の者が保険料を負担している場合には、保険料の支払いの都度契約者の有する財産上の権利は実質的に価額が増加していくことになりますが、相続税法は、このような保険料の支払いの都度生じる契約者の財産上の権利の価額の増加については、課税を繰り延べ、保険料負担者の死亡又はその保険契約の解約に伴う解約返戻金等の取得の際に一挙に課税して清算することにしています（相法３①三、５②）。

相続税法が、契約者以外の者が保険料の負担者である生命保険契約において、その保険事故が発生する前に保険料負担者が死亡した場合に、その契約者が保険料負担者から「生命保険に関する権利」を相続（遺贈）により取得したものとみなして相続税の課税対象としている（相法３①三）のは、このような考え方によるものです。

この生命保険契約に関する権利の相続税評価額については、その解約返戻金相当額により評価されます。

◉ 解約返戻金のある保険契約で保険料負担者（甲）が死亡した場合の課税関係

保険契約者	保険料負担者	被保険者	民法上の取扱い	相続財産	手　続
甲	甲	丙	本来の財産	解約返戻金等	契約者の相続人による法定相続又は遺産分割協議
乙	甲	丙	みなし相続財産		乙が相続（分割協議不要）

保険契約の異動に関する調書

「生命保険契約等の一時金の支払調書」は、一定金額以上の保険金等の支払いがあった場合に生命保険金等の支払者が提出しなければならないとされています。しかし、保険事故が発生していない生命保険契約等については、保険料を被相続人が支払っていても支払調書は提出されません。

そのため、相続税の課税に当たって「生命保険契約に関する権利」としての財産の課税漏れが発生していたりするようです。悪質な納税者の中には、生前中に生命保険契約等の契約者を被相続人から相続人等に変更するなどして、相続財産から除外するなどの仮装隠ぺい行為も見受けられる状況にありました。

そこで、国税庁が長年要望していた「保険契約者等の異動に関する調書」の創設と、「生命保険契約等の一時金の支払調書」及び「生命保険金・共済金受取人別支払調書」の見直しが、平成27年度の税制改正において行われました。

改正の概要は以下のとおりです。

保険会社等は、平成30年1月1日以後に、生命保険契約等について死亡による契約者変更があった場合には、死亡による契約者変更情報及び解約返戻金相当額等を記載した「保険契約者等の異動に関する調書」を、税務署長に提出しなければならないこととしました。

保険契約者等の異動に関する調書

新保険契約者等	住所(居所)又は所在地		氏名又は名称	
死亡した保険契約者等				
被保険者等				

解約返戻金相当額	既払込保険料等の総額	死亡した保険契約者等の払込保険料等
円	円	円

評価日	1 保険契約者等の死亡日 2 契約者変更の効力発生日	保険契約者等の死亡日	年　月　日	(摘要)
保険等の種類		契約者変更の効力発生日	年　月　日	(　　年　月　日提出)
保険会社等	所在地			
	名称	(電話)	法人番号	

整理欄	①	②

386

また、保険金等の支払調書については、契約の締結後にその契約に係る契約者の変更（その契約に係る契約者の死亡に伴い行われるものを除きます。）が行われた場合には、改正により記載事項として以下の項目が追加されました（相規30①）。

① 契約者の変更（その契約に係る契約者の変更が2回以上行われた場合には、最後の契約者の変更）前の契約者の氏名及び住所等

② その契約に係る現契約者が払い込んだ保険料の額

③ その契約に係る契約者の変更が行われた回数

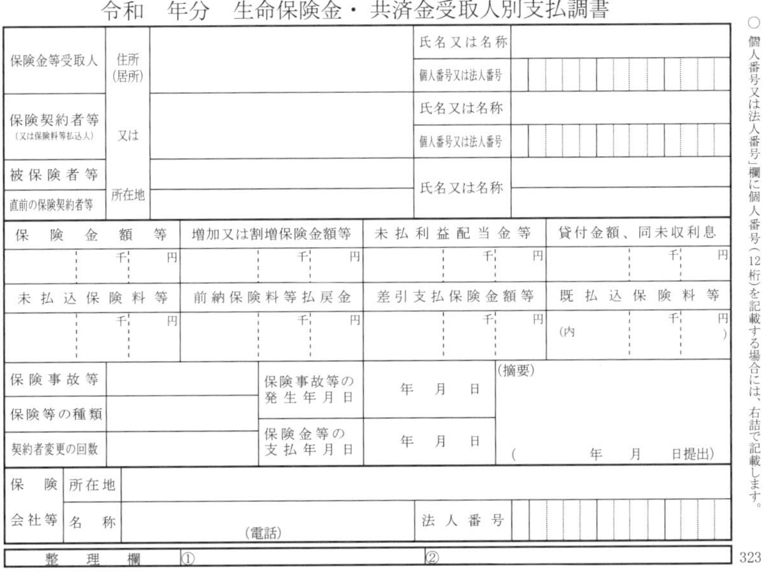

令和　年分　生命保険金・共済金受取人別支払調書

保険金等受取人	住所(居所)又は所在地		氏名又は名称	
			個人番号又は法人番号	
保険契約者等(又は保険料等払込人)			氏名又は名称	
			個人番号又は法人番号	
被保険者等			氏名又は名称	
直前の保険契約者等				

保険金額等	増加又は割増保険金額等	未払利益配当金等	貸付金額、同未収利息
千　円	千　円	千　円	千　円
未払込保険料等	前納保険料等払戻金	差引支払保険金額等	既払込保険料等
千　円	千　円	千　円	(内　千　円)

保険事故等		保険事故等の発生年月日	年　月　日	(摘要)
保険等の種類				
契約者変更の回数		保険金等の支払年月日	年　月　日	(　　年　月　日提出)
保険会社等	所在地			
	名称	(電話)	法人番号	

整理欄	①	②

○「個人番号又は法人番号」欄に個人番号（12桁）を記載する場合には、右詰で記載します。

323

なお、「生命保険金・共済金受取人別支払調書」は、保険会社は保険金を支払った日の翌月15日までにこの調書を税務署に提出することとされています（相法59）。

この場合、保険金の額が100万円以下の場合には、調書の提出は要しないとされています（相規30③）。

令和　年分 生命保険契約等の一時金の支払調書

保険金等受取人	住所（居所）又は所在地		氏名又は名称	
			個人番号又は法人番号	
保険契約者等（又は保険料等払込人）			氏名又は名称	
			個人番号又は法人番号	
被保険者等			氏名又は名称	
直前の保険契約者等				

保険金額等	増加又は割増保険金額等	未払利益配当金等	貸付金額、同未収利息
千　円	千　円	千　円	千　円
未払込保険料等	前納保険料等払戻金	差引支払保険金額等	既払込保険料等
千　円	千　円	千　円	千　円（内　）

保険事故等		保険事故等の発生年月日	年　月　日	（摘要）
保険等の種類				
契約者変更の回数		保険金等の支払年月日	年　月　日	

保険会社等	所在地			
	名称	（電話）	法人番号	

整理欄	①	②

○「個人番号又は法人番号」欄に個人番号（12桁）を記載する場合には、右詰で記載します。

310

なお、「生命保険契約等の一時金の支払調書」は、支払うべき保険金額が100万円以下の場合及び年金の支払金額が20万円以下のときは、調書の提出は要しないとされています（所法225①四、所規86③）。

⑷　給付事由が発生している年金受給権の評価

保険料負担者、被保険者、かつ、年金受取人が同一人の個人年金保険契約で、その年金支払保証期間内にその人が死亡したために、遺族が残りの期間について年金を受け取ることになった場合、死亡した人から年金受給権を相続により取得したものとみなされて相続税の対象となります。

①　給付事由が発生している定期金に関する権利の評価額は、次に掲げる金額のうちいずれか多い金額とします。

イ	解約返戻金相当額
ロ	定期金に代えて一時金の給付を受けることができる場合には、当該一時金相当額
ハ	予定利率等を基に算出した金額

②　給付事由が発生していない定期金に関する権利の評価額は、原則として、解約返戻金相当額とします。

なお、厚生年金や国民年金などを受給していた人が死亡したときに遺族に対して支給される遺族年金は、原則として所得税も相続税も課税されません。また、死亡したときに支給されていなかった年金を遺族が請求し支給を受けた場合は、その遺族の一時所得となり、相続税はかかりません。

(5) 相続を放棄した者が受け取った保険金の課税関係

相続人は自己のために相続の開始があったことを知った時から3か月以内に相続の放棄をしたい旨を家庭裁判所に申述することができます。

相続を放棄した者でも被相続人の本来の財産でない生命保険金等は遺贈という形で受け取ることができます。ただし、相続人として生命保険金等を受け取った場合には、生命保険金等の非課税規定の適用を受けることができますが、相続を放棄した者には、非課税規定の適用はありません。

配偶者の税額軽減の規定は、「配偶者が相続又は遺贈によって取得した財産」についてはこの規定の適用を受けることができる（相法19の2）としています。

配偶者が相続を放棄した場合であっても、配偶者が遺贈により取得した財産があるときは、適用があります（相基通19の2－3）。また、配偶者が相続の放棄をしても相続税額の2割加算の対象とはなりません（相基通18－1）。そのため、配偶者が受け取った生命保険金等の額が法定相続分（相続の放棄があった場合は、その放棄がなかったものとした場合の法定相続分をいいます。）相当額（最低16,000万円）以下の金額であれば、申告要件等を満たす場合に限り納付すべき相続税額はゼロとなります。

(6) 生命保険金の受取人別有利不利

① 相続人が取得した生命保険金については、相続税の非課税規定の適用を受けることができます。しかし、相続人以外の人(相続の放棄があると相続人とはなりません。)が取得した生命保険金については相続税の非課税規定の適用を受けることができません。

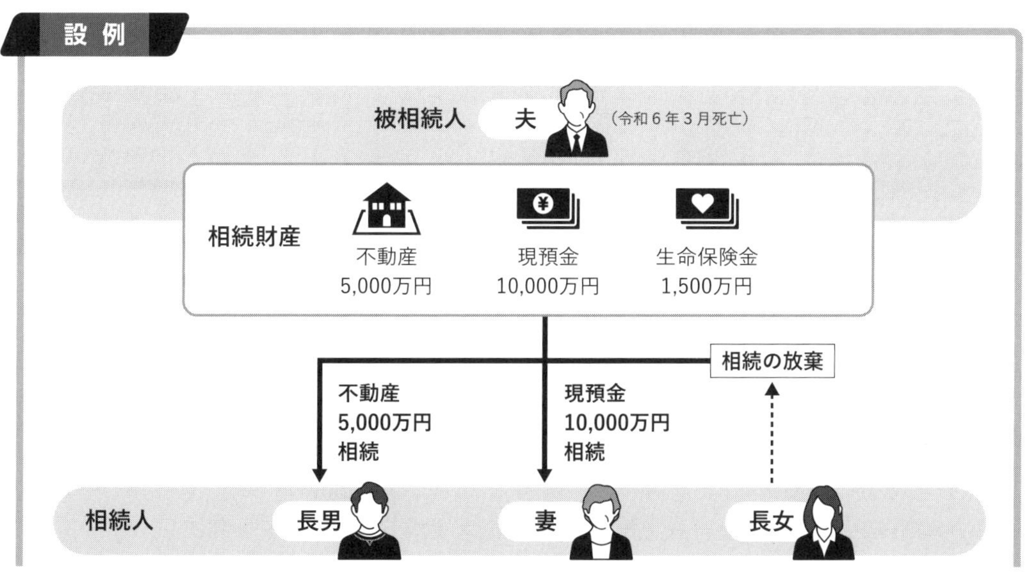

長期対策編 V 生命保険徹底活用による相続税対策

◉ **相続税の計算**

（単位：万円）

	生命保険金の受取人が長男		生命保険金の受取人が長女		
	妻	長男	妻	長男	長女
不動産	−	5,000		5,000	−
現預金	10,000	−	10,000	−	−
生命保険金	−	1,500	−	−	1,500
非課税金額	−	△1,500	−	−	(※) 0
課税価格	10,000	5,000	10,000	5,000	1,500
相続税の総額	1,495		1,833		
各人の算出税額	997	498	1,111	555	167
配偶者の税額軽減	△997	−	△1,111	−	−
納付税額	0	498	0	555	167
納付税額合計	**498**		**722**		

※　長女は相続の放棄をしていて相続人ではないことから、生命保険金の非課税規定の適用を受けることはできません。

②　配偶者が生命保険金の受取人の場合、相続税の非課税規定によって課税価格に算入されなかったとしても、受け取った生命保険金はその配偶者の相続財産となることから、その配偶者の相続の際には、相続税の負担が重くなります。

（詳細については、256ページの「(4)死亡保険金の受取人を変更する ①配偶者が受取人である場合」を参照してください。）

③　相続人でない孫が生命保険金の受取人である場合、その孫は遺贈によって財産を取得したことになることから、その被相続人から相続開始前3年以内に贈与を受けていた場合には、生前贈与加算の対象となり、相続税の負担が重くなります。

（詳細については、258ページの「(4)死亡保険金の受取人を変更する ②孫が受取人である場合」を参照してください。）

保険金受取人は誰？

契約者が、保険金受取人を指定する場合、通常は、例えば「山本太郎」というように特定の者の氏名をもって指定します。しかし、保険金受取人を「相続人」と指定し、その氏名を記載していないときは、契約者の相続人を指定したのか、被保険者の相続人を指定したのかという問題があります。この場合、保険契約者の相続人が法定相続分により保険金額を受け取ることとなります（最高裁：平成6年7月18日判決）。

次に、「相続人」とは、契約当時又は契約成立後そのような指定のなされた当時の相続人をいうのか、保険事故発生当時のそれを指すのかという問題があります。これについては議論が分かれるところですが､保険事故発生当時の相続人を指すものと解する(最高裁：昭和40年2月2日判決）のが通説のようです。

また、被保険者以外の者が保険金受取人に指定されている場合、保険金受取人が被保険者よりも先に死亡することがあります。この場合には、契約者は受取人の再指定をすることができますが、再指定をしないうちに死亡すれば、受取人の相続人が受取人となります（保険法46)。この場合に相続人が複数いるときには、各人の取得すべき金額は民法で規定する相続分の割合によらない「均等の割合」で計算した金額になります（最高裁：平成5年9月7日判決)。

なお、被保険者が保険金の受取人となっている場合には、被相続人の相続人が分割協議によって生命保険金等を受け取ることとなります。

◉ 死亡保険金受取人の取扱い

<table>
<tr><th colspan="2">指定受取人</th><th>民法上の財産</th><th>保険金受取人</th><th>受取保険金額</th><th>根拠法令等</th></tr>
<tr><td rowspan="2">特定の者（甲）</td><td>通常の場合</td><td rowspan="3">含まれない</td><td>甲</td><td>全額</td><td>保険法42</td></tr>
<tr><td>死亡している場合</td><td>甲の相続人（※1）</td><td>複数いる場合には均等</td><td>保険法46
最高裁 H5.9.7</td></tr>
<tr><td colspan="2">相続人</td><td>保険金請求権発生当時の契約者の相続人</td><td>法定相続分（※2）</td><td>最高裁 H6.7.18</td></tr>
<tr><td colspan="2">被相続人</td><td>含まれる</td><td>被相続人の相続人など（※3）</td><td>保険約款等の定めによる</td><td>相続税法3
相基通3-11</td></tr>
<tr><td colspan="2">指定なし（※4）</td><td>含まれない</td><td>被相続人の相続人</td><td>約款による</td><td>最高裁 S48.6.29</td></tr>
</table>

※1　受取人の相続人とは、指定受取人の法定相続人又はその順次の法定相続人であって被保険者の死亡時に現に生存する者をいいます（最高裁：平成5年9月7日判決)。

※2　保険事故発生時において相続人である者を保険金受取人とし、数人の相続人がいるときは、特段の事情のない限り、各保険金受取人の有する権利の割合は、相続分の割合になります（最高裁：平成6年7月18日判決)。

※3　保険契約者によって指定された受取人がいないことになり、新たな保険金受取人は、保険約款等の定めるところにより判断されます（相基通3-11)。

※4　特段の事情のない限り、被保険者死亡の時におけるその相続人たるべき者を受取人と指定した他人のための契約と解するのが相当である（最高裁：昭和48年6月29日判決）と判示しています。

生命保険契約の契約者変更に係る課税関係

生命保険契約の譲渡は、同族会社の有する生命保険契約を譲渡時の解約返戻金などの価額で個人に譲渡する事例が少なからず見受けられます。そのことから、個人間においても同様に生命保険契約を譲渡することは可能と考えます。しかし、生命保険契約の贈与は、相続税法上みなし相続財産であり、以下の理由から贈与はできないと考えます。

> 生命保険契約にかかる保険料は、原則としてその保険の契約者が負担することになっていますが、実際には契約者以外の者が保険料を負担する場合があります。この契約者以外の者が保険料を負担する行為は、形式的には第三者の債務を弁済する行為であり、相続税法上はその都度弁済による利益を受けた契約者に贈与税を課税すればよいことになります。
>
> しかし、利益を受けたはずの契約者は、保険事故発生前にその保険契約を解約し、解約返戻金を取得するならともかく、解約前に保険事故が発生した場合には、契約者と保険金受取人が違う場合はなんらの利益をも受けないまま、保険金受取人に保険金を取得されることになります。
>
> つまり、保険契約においては、契約者と保険金受取人が同一人でない限り、誰が保険料を負担しても、その負担した時点では、その保険料を負担したことによる利益の受益者は確定せず、保険事故発生の時又は保険契約の解約の時に、受益者が確定することになります。

このため、相続税法上は、保険事故発生の時又は保険契約の満期又は解約の時に、保険金受取人又は契約者が保険料を負担した人から、相続、遺贈又は贈与によってその保険料に相当する保険金又は返戻金を取得したこととし、課税延期の措置を講じています。

ところが、契約者以外の保険料負担者が、保険事故発生の時又は保険契約の満期又は解約前に死亡した場合には、上述の返戻金に対する課税ができなくなり、課税上の均衡を失することになることから、その調整措置として、第一次的に利益を受ける契約者が、その負担された保険料に対応する生命保険契約に関する権利（原則として、解約返戻金の額）を相続又は遺贈によって取得したものとして、相続税が課税されることになっています。

相続税や贈与税が課税されるのは、保険料の負担者が死亡した場合や保険金、解約金等を取得した場合に限られ、単に契約者名義を変更しただけでは贈与税等は課税されません。なぜなら、保険料を実際には負担していない契約者が保険契約を解除し、その保険契約に係る解約返戻金を取得した場合には、その取得した人は保険料を負担した人から贈与によりこの返戻金を取得したものとみなされ、贈与税が課税されることになるからです。

建物更生共済契約の契約者変更

① 契約者変更時の課税関係

建物更生共済契約の契約者は、共済組合の承諾を得て、共済契約上の一切の権利義務を他人に承継させることができます（令和２年４月１日以降契約日：建物更生共済・普通約款 47）。その場合、契約上の権利義務はすべて新しい契約者に承継されるものとされています。

建物更生共済契約は、火災、台風、地震などの自然災害による建物や動産（家財、営業用什器備品、償却固定資産）の「物の損害」を保障する共済ですので、相続税法が規定する「みなし相続（贈与）」の対象となる「人の死亡」を伴う保険事故に関して保険金を支払う損害保険契約の範囲に該当しないものと解されています。

したがって、無償で建物更生共済契約の契約者の名義変更が行われた場合には、新しい契約者がその名義変更時におけるその建物更生共済契約上の権利を取得することになり、その権利の価額を旧契約者からみなし贈与を受けたとして、贈与税の課税関係が生じることになります（相法９）。

その場合、その建物更生共済契約上の権利の価額（その利益の価額に相当する金額）は、その名義変更時における解約返戻金相当額をもって評価することとなります。

② 建物更生共済契約の掛金の課税関係

共済契約者は相続人で掛金負担者が被相続人である場合においては、共済契約者が建物更生共済契約に関する権利を相続により取得したものとみなす相続税法上の規定がありませんので、被相続人が当該掛金を支払った都度その掛金相当額は共済契約者に贈与されたこととなるものと解されます。

そのため、被相続人が負担した掛金のうち相続開始前３年（令和６年１月１日以後は７年）以内のものについては、共済契約者が相続又は遺贈により財産を取得していた場合には、相続税の課税価格に加算されることとなりますが（相法 19)、その相続開始時における解約返戻金相当額を建物更生共済契約に関する権利として相続財産に含める必要はないものと考えられます。

契約者貸付を受けていた場合

生命保険契約や小規模企業共済制度から、契約者等が契約者貸付金等を受けていた場合に、その契約者が死亡した場合の課税関係については、以下のように取り扱われます。

⑴　生命保険契約の場合

相続税法基本通達３－９において、保険契約に基づき保険金が支払われる場合において、当該保険契約の契約者に対する契約者貸付金等の額があるため、当該保険金の額から当該契約者貸付金等の額が控除されるときの生命保険金の非課税規定の適用については、次に掲げる場合の区分に応じ、それぞれ次によることとされています。

①　被相続人が保険契約者である場合

保険金受取人は、当該契約者貸付金等の額を控除した金額に相当する保険金を取得したものとし、当該控除に係る契約者貸付金等の額に相当する保険金及び当該控除に係る契約者貸付金等の額に相当する債務はいずれもなかったものとする。

②　被相続人以外の者が保険契約者である場合

保険金受取人は、当該契約者貸付金等の額を控除した金額に相当する保険金を取得したものとし、当該控除に係る契約者貸付金等の額に相当する部分については、保険契約者が当該相当する部分の保険金を取得したものとする。

上記の①の課税関係については、死亡保険金は、被保険者の死亡と同時に、当該保険契約に係る保険金受取人が、当該受取人の固有の権利として当該保険金の請求権を取得することになるため、当該契約者貸付金等に対応する生命保険金については、当該請求権は及ばないことから、契約者貸付金等の額に相当する保険金及び当該控除に係る契約者貸付金等の額に相当する債務はいずれもなかったものとされていると考えられます。

◉ 契約者貸付金等があった場合の死亡保険金の課税関係

保険契約者	被相続人	保険金受取人	死亡保険金の範囲	課税関係	債務控除
父	父	子	保険金－契約者貸付金等	相続税	契約者貸付金等の額はなかったものとする
母	父	子	保険金－契約者貸付金等	贈与税	－
		母	契約者貸付金等	－	－
子	父	子	保険金－契約者貸付金等	所得税	－
		子	契約者貸付金等	－	－

⑵　小規模企業共済制度の場合

共済契約者の死亡に伴い相続人等に支払われる小規模企業共済法に規定する一

時金については、相続等により取得したものとみなされ、退職手当金等とされます。

退職手当金等は、被相続人の死亡と同時に当該遺族が当該遺族の固有の権利として当該請求権を取得することはなく、被相続人の死亡後3年以内に支給が確定したものの支給を受けた場合に当該支給を受けた者が相続等により取得したものとみなして課税することとされています。

したがって、退職手当金等の場合は、被相続人が中小企業基盤整備機構（以下「機構」といいます。）から貸付金を受けている場合でも、小規模企業共済法16条の2では、機構は、当該共済金から貸付金を控除することができるとされていますが、当該被相続人に支給されるべきであった共済金の額が減額されることはなく、当該貸付を受けた金額は、借入金として被相続人の債務に該当し、被相続人の借入金として債務控除の対象となると考えられます。

二　相続税対策に活かす生命保険徹底活用

生命保険を相続対策に活かすための具体策を以下に解説することとします。

なお、相続が間近に迫っている状況においても生命保険を上手に活用することができます。短期対策で生命保険を活用する方法については、253ページ以下で解説していますので併せて参照してください。

生命保険金で相続税の全額を賄う

相続対策には幾多の方法がありますが、相続税の納税資金の確保を最優先とし、その他の対策はリスクとコストの小さなものに限定すれば無理なく相続対策を実行することができます。なぜなら、相続税が課される大半の人の課税価格が２億円以下であるからです。その場合に生命保険金だけで相続税のすべてを賄うための保険金額は以下のようになります。

設例

1．**被相続人**　父（令和６年４月死亡）

2．**相続人**　母・子

3．**相続財産**　２億円（下記の生命保険金を除く）

4．**生命保険金（父が被保険者で保険料負担者）**1,788万円（受取人：子）

5．**遺産分割**　各相続人の課税価格が法定相続分どおりとなるように財産を分割する。

なお、母固有の財産はないものと仮定する。

6．**相続税の計算**

（単位：万円）

	母と子の場合		【参考】母と子２人の場合	
	母	子	母	子２人
相続財産	10,394	9,606	10,000	10,000
生命保険金	−	1,788	−	1,350
非課税金額	−	△1,000	−	△1,500
課税価格（※）	10,394	10,394	10,000	10,000
相続税の総額	3,576		2,700	
各人の算出税額	1,788	1,788	1,350	1,350
配偶者の税額軽減	△1,788	−	△1,350	−
納付税額	0	1,788	0	1,350

※　２億円＋（1,788万円−1,000万円）＝20,788万円

母：20,788万円÷1/2＝10,394万円
子：20,788万円÷1/2＝10,394万円

以上の設例の場合、母と子の相続では、生命保険金1,788万円を子が受け取ると、その保険金で相続税を全額賄うことができます。

しかし、母の相続についての対策は講じられていないので、同様に生命保険金で母の相続の際の相続税を全額賄うためには、1,698万円（※）の保険金（子が2人の場合には、770万円）を確保しておけばよいことになります。

※　母の相続については、以下のとおりです（子が1人の場合）。
①　課税価格　（10,394万円＋1,698万円－500万円）＝11,592万円
②　相続税の総額　{11,592万円－（3,000万円＋600万円）}×30％－700万円＝1,698万円

相続税の納税資金をすべて生命保険金だけで賄うことは理論的に可能ですが、相続対策を真剣に考え始めるのは70歳以上になってからの人が多いと思います。その場合、2,000万円を超える生命保険金を確保するためには、毎月又は毎年の保険料の額が高額になってしまうことから、実務上は相続税の課税価格が2億円以下の場合に限られることになると思われます。

しかし、令和4年の国税庁の統計資料によれば、被相続人全体に占める相続税の課税価格が2億円以下の被相続人の割合（申告状況）は89.3％（（127,561人＋41,314人）÷189,138人）であることから、相続税の全額を賄うだけの生命保険金を確保するための保険料負担に耐えられる可能性が高く、生命保険の活用だけで大半の人の相続対策は完結させることができます。

◉ 相続税の納税資金をすべて確保するための生命保険金額

（単位：万円）

生命保険を除く相続財産	配偶者がいる場合（※）				配偶者がいない場合			
	その他の相続人				その他の相続人			
	子1人	子2人	子3人	子4人	子1人	子2人	子3人	子4人
10,000	385	315	262	225	1,528	770	629	490
15,000	920	747	665	587	4,433	2,200	1,440	1,240
20,000	1,788	1,350	1,217	1,125	8,100	4,342	2,871	2,150
25,000	2,824	2,087	1,799	1,687	12,500	7,533	5,014	3,542
30,000	4,074	3,148	2,634	2,350	17,500	10,866	7,300	5,685
35,000	5,324	4,209	3,551	3,205	22,500	14,563	10,632	7,828
40,000	6,619	5,269	4,611	4,088	27,877	18,654	13,966	10,400
45,000	8,070	6,569	5,722	5,038	33,988	23,000	17,299	13,732
50,000	9,522	7,918	6,876	6,192	40,100	28,000	21,027	17,066
60,000	12,666	10,686	9,270	8,500	52,322	38,000	29,208	23,732

※　配偶者が2分の1の財産を相続するものとして計算しています。

◉ 国税局別の被相続人数（課税状況：令和４年度税務統計）

（単位：人）

国税局	課税価格階級								
	1億円以下	1億円超	2億円超	3億円超	5億円超	7億円超	10億円超	20億円超	合計
札幌	2,510	891	207	107	36	14	17	6	3,788
仙台	4,140	1,569	399	224	64	28	19	5	6,448
関東信越	12,834	4,984	1,234	697	222	122	93	26	20,212
東京	27,808	12,841	3,533	2,217	795	495	477	192	48,358
金沢	2,252	876	188	81	24	18	8	3	3,450
名古屋	13,223	5,679	1,480	861	215	125	64	23	21,670
大阪	14,619	6,400	1,701	1,003	306	191	129	52	24,401
広島	5,081	1,932	403	198	54	36	10	5	7,719
高松	2,923	1,061	224	119	36	12	13	1	4,389
福岡	3,508	1,478	356	220	64	37	15	6	5,684
熊本	2,329	899	182	105	34	16	7	3	3,575
沖縄	502	391	123	105	23	10	7	3	1,164
合計	91,729	39,001	10,030	5,937	1,873	1,104	859	325	150,858

（出典：国税庁統計資料）

贈与により節税と納税資金を確保するための生命保険

生命保険金で相続税の納税資金を準備する場合に、親が保険料相当額の現金の贈与を子に行い、子がその現金で親を被保険者とする生命保険契約を締結すれば、相続税の軽減と納税資金対策を同時に解決できる「保険料贈与プラン」の実行ができます。

◉保険料贈与プランとは？

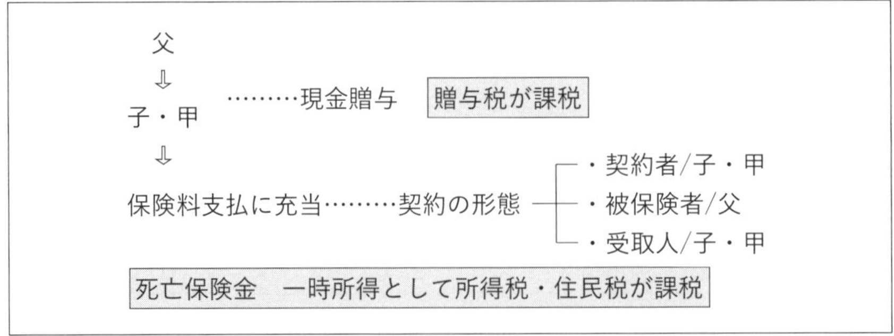

この方法によれば、保険料支払能力等のない子でも生命保険料の負担が可能となりま

す。この場合、親から保険料相当額の現金の贈与を受けた子が直ちに保険会社に保険料を支払うようにしておけば、手元に贈与資金が滞留することがなく、子の金銭感覚や生活感を狂わせることも防止できます。さらに、死亡保険金は子の一時所得として課税され、相続税は課税されません。

◉ 一時所得型と相続税の税負担の比較（限界税率一覧表）

（単位：%）

遺産総額	配偶者あり			配偶者なし		
	子１人	子２人	子３人	子１人	子２人	子３人
１億円	15	15	12.5	30	15	15
２億円	30	25	22.5	40	30	30
３億円	40	35	30	45	40	30
４億円	40	35	35	50	40	40
５億円	45	42.5	37.5	50	45	40
６億円	45	42.5	37.5	50	45	40
７億円	50	45	45	55	50	45
８億円	50	45	45	55	50	45
９億円	50	47.5	45	55	50	45
10億円	50	47.5	45	55	50	50
15億円	55	52.5	50	55	55	50
20億円	55	52.5	52.5	55	55	55

（注） 網かけした部分は、相続税の限界税率と所得税等の最高税率を比較し相続税の限界税率が低い部分を指します。

設 例

配偶者ありの場合で遺産総額３億円に対する限界税率（子２人のケース）

（３億円－4,800万円）×1/2＝12,600万円　→　40%
（３億円－4,800万円）×1/2×1/2＝6,300万円　→　30%
平均35%

設 例

＜前提条件＞

１．被相続人　父（令和６年４月死亡）

２．相続人　長男甲・長女乙

３．相続財産　20,000万円（下記の死亡保険金を除く）

４．死亡保険金

	保険会社	死亡保険金	備　考
⑴	Ａ生命保険	1,000万円	相続税課税対象
⑵	Ｂ生命保険	1,000万円	支払保険料10万円、甲が受取人

5．その他

甲は、毎年課税所得金額が4,000万円を超えている。

<検証>

⑴　B生命保険の死亡保険金が相続税課税である場合

①　課税価格

20,000万円＋2,000万円－1,000万円（生命保険金の非課税額）＝21,000万円

②　相続税額　3,640万円

⑵　B生命保険の死亡保険金が一時所得課税である場合

①　課税価格

20,000万円＋1,000万円－1,000万円（生命保険金の非課税額）＝20,000万円

②　相続税額　3,340万円

③　所得税額等（復興特別所得税は考慮対象外）

（1,000万円－10万円－50万円）×1/2×55％＝258.5万円

④　税額合計　②＋③＝3,598.5万円

上記設例の場合、相続税の限界税率は30％であるのに対し、所得税等の最高税率は27.5％（55％×1/2）であることから所得税課税パターンが有利となります。

この場合において、甲の毎年の課税所得金額が4,000万円を超えているケースを想定し、かつ、支払保険料の額が10万円と最小金額として仮定し、所得税課税パターンが最も不利となる前提で税負担を求めてあります。

相続税の限界税率と所得税等の負担（最高）税率とを比較することにより、生命保険契約の工夫次第で税負担を軽減させることができることが分かります。

また、一時所得による課税の場合には、保険金受取人は個人の所得として申告することとなり、他の共同相続人に知られることもないことから、代償分割の際の原資としての活用にも役立てやすいと考えられます。

この場合、父が新たな生命保険に加入することができないときは、既契約の生命保険で月払い又は年払いとしている保険契約者を変更することで対応が可能です。

父が保険料を保険会社に支払うのでなく、保険料相当額を子へ贈与し、子が保険料を支払うようにすれば死亡保険金の一部が一時所得として課税されることになります。

設例

1．生命保険契約の概要

父は、令和2年5月に以下のような生命保険に加入した。

①　契約者（保険料支払者）父

②　被保険者　父

③　受取人　長男

④ 保険料（10年払い）110万円／年払い

⑤ 死亡保険金　1,500万円

2．保険契約者変更

令和6年4月に保険契約者（保険料支払者）を長男に変更した。

また、父から長男に令和6年4月以降毎年110万円の金銭の贈与をする。

3．令和13年1月父死亡（相続人は長男1人）

4．死亡保険金の課税関係

① 相続財産　1,500万円×4回／10回＝600万円

② 相続税の課税金額　600万円－（500万円×1人）＝100万円

③ 長男の一時所得　1,500万円×6回／10回＝900万円

④ 一時所得の金額　{(900万円－660万円）－50万円}　×1/2＝95万円

保険料支払能力等のない子等に対する保険料相当額の贈与行為について、国税庁の取扱いは以下のように事務連絡の形で公表されています。

生命保険料の負担者の判定について

① 被相続人の死亡又は生命保険契約の満期により保険金等を取得した場合若しくは保険事故は発生していないが保険料の負担者が死亡した場合において、当該生命保険金又は当該生命保険に関する権利の課税に当たっては、それぞれ保険料の負担者からそれらを相続、遺贈又は贈与により取得したものとみなして、相続税又は贈与税を課税することとしている（相法3①一、三、5）。

（注） 生命保険金を受け取った者が保険料を負担している場合には、所得税（一時所得又は雑所得）が課税される。

② 生命保険契約の締結に当たっては、生計を維持している父親等が契約者となり、被保険者は父親等、受取人は子供等として、その保険料の支払は父親等が負担しているというのが通例である。

このような場合には、保険料の支払について、父親等と子供達との間に贈与関係は生じないとして、相続税法の規定に基づき、保険事故発生時を課税時期としてとらえ、保険金を受け取った子供等に対して相続税又は贈与税を課税することとしている。

③ ところが、最近、保険料支払能力のない子供等を契約者及び受取人とした生命保険契約を父親等が締結し、その支払保険料については、父親等が子供等に現金を贈与し、その現金を保険料の支払に充てるという事例が見受けられるようになった。

④ この場合の支払保険料の負担者の判定については、過去の保険料の支払資金は父親等から贈与を受けた現金を充てていた旨、子供等（納税者）から主

張があった場合は、事実関係を検討の上、例えば、(イ)毎年の贈与契約書、(ロ)過去の贈与税申告書、(ハ)所得税の確定申告等における生命保険料控除の状況、(ニ)その他贈与の事実が認定できるものなどから贈与事実の心証が得られたものは、これを認めることとする。

国税庁の事務連絡（昭和58年9月）

保険料支払能力のない子等の年齢については、特に何歳以上という制限は設けられていません。しかし、贈与を受ける者が幼児の場合は、贈与者である父等がその幼児名義の預金通帳に、毎年支払保険料相当額を振込み（贈与し）、その預金口座から保険料が振込まれるようにすることが無難な方法です。

なお、幼児名義の預金は贈与者でない親権者が管理処分するようにします。

また、毎年一定額の保険料相当額の現金贈与を繰返すことが、定期贈与と判定されないかとの心配をされる方もいますが、保険料充当金の贈与は、保険事故が発生すればその贈与は中止されるだろうから、「単年贈与」の積み重ねと判断するのが妥当と考えられています。つまり、贈与期間が不確定なところがこの保険契約に伴う保険料充当金の贈与ですので、定期贈与として認定を受ける心配はないと考えられます。

保険料充当金の贈与に当たっての注意点は前記の事務連絡の④にあるように、

① 毎年贈与契約書を作成する（次の贈与契約書見本を参照してください。）

② 過去の贈与税申告書の控えを保存しておく（110万円を超える贈与の場合には贈与税の申告が必要です。）

③ 贈与者が所得税の確定申告などで、この保険による生命保険料控除を受けないこと（支払者である子等の確定申告で控除します。）

④ その他贈与の事実が認定できるようにしておく

等です。

◉ 贈与契約書の見本　　父・山本太郎（贈与者）／子・山本一郎（受贈者）

贈与契約書

贈与者　山本太郎（甲）と受贈者　山本一郎（乙）との間で下記のとおり贈与契約を締結した。

第一条　甲は、その所有する下記の財産を乙に贈与するものとし、乙はこれを受諾した。

（物件の表示）

1．現金　　＊＊＊円

第二条　甲は当該財産を令和＊年＊月＊日までに乙に引き渡すこととする。

上記契約の証として本書を作成し、甲、乙各一通保有する。

令和＊年＊月＊日

甲 (住所) 大阪市＊＊区＊＊町＊丁目＊番＊号

(氏名) **山本太郎** 印

乙 (住所) 大阪市＊＊区＊＊町＊丁目＊番＊号

(氏名) **山本一郎** 印

(注1) あくまでも父が贈与するのは現金で、その現金で子が自らの意思により父に保険をかけるのであり、贈与契約書には「保険料の贈与」というような余分な言葉を記入しないこと。

(注2) 父と子が自分で署名し押印すること。

保険契約にかかる保険料の贈与について、否認された裁決（平成19年6月12日）の要旨を参考までに掲げておきます。

国税不服審判所裁決 (平成19年6月12日)

請求人らは、本件保険契約にかかる保険料は、亡Aから保険料支払の都度贈与されたものである旨主張するが、

① 贈与は契約であり、本件においても請求人らに受贈の意思が必要であるところ、請求人らは、本件相続の開始まで本件保険契約の要素ともいうべき保険料の額などを知らなかったのであるから、請求人らに受贈の意思があったと認定することは困難であること

② 保険料支払の都度贈与されたものであれば、受贈者が成人に達した後は少なくとも保険料の支払の手続を請求人らが行うのが通常であるところ、本件相続の開始までに本件保険契約に係る保険料の支払の手続を請求人らが行ったことは一度もないこと

③ 本件保険契約に係る保険料相当額の金員を贈与したかどうかが後々問題になることは明らかであるから、贈与事実があれば、贈与契約書を作成するなど贈与事実を証拠化するのが通常であるところ、請求人らと亡A間で、本件保険契約に係る保険料相当額の金員の贈与に関する贈与契約書は一度も作成されていないこと

④ 多額の贈与を受ければ贈与税の申告を行うのが通常であるところ、請求人らは、本件保険契約に係る保険料相当額の金員について、贈与税の申告を平成15年分を含め一度も行っていない

以上のことから、亡Aから請求人らに本件保険契約に係る保険料相当額の金員の贈与があったとは認められない。

そうすると、認定事実（本件保険契約に係る保険料は、亡Aの役員報酬及び配当の振込口座から引き出されるなど、亡Aの所得から賄われていた。）のとおり、請求人らが取得した本件保険金及び本件保険の権利については、亡Aが本件保険契約に係る保険料の全部を負担したものであり、相続税法第3

条の規定により相続税の課税財産となる。

生命保険契約に関する権利を活用した第二次相続対策

相続税は親の世代から次の世代へと財産が承継されるときにかかる税金です。そのため、第一次相続（例えば父）だけでなく、第二次相続（母）のときの相続税の負担も考慮した対策が必要です。

父が財産を多く所有し、母は相続税の基礎控除額以下の財産しか所有していなくても、父の相続の際に、母が一定額相続することによって母の相続の際にも相続税負担が生じます。

そこで、第二次相続対策と相続税の納税資金対策を兼ねて生命保険を活用した対策を実行しておきたいものです。

具体的には、父が契約者（保険料負担者）、母が被保険者、父が保険金受取人とする生命保険契約を締結します。契約者である父が死亡した場合には、「生命保険契約に関する権利」として解約返戻金相当額が相続財産となります。この場合の解約返戻金は支払保険料総額を下回る金額であることが大半です。そのため、その差額に相当する金額だけ相続財産が少なく計算されます。

そして、その生命保険契約に関する権利を「母」が相続し、母の相続が開始すると、相続人が受取った生命保険金のうち一定額は非課税とされます。

一方、その生命保険契約に関する権利を「子」が相続し、母に相続が開始するとその子の一時所得として課税されることになります。母の相続財産が多い場合には、相続税として課税されるよりも一時所得として課税される方が有利なときもあることから、父の相続の際に誰が生命保険契約に関する権利を相続するか慎重に検討しなければなりません。

設例

1．被相続人　父（令和６年４月死亡）

2．相続人　母・長男

3．相続財産　その他の財産４億円と５に掲げる生命保険契約

4．遺産分割　その他の財産は法定相続分どおり相続する

5．生命保険契約

母を被保険者とする契約で一時払い保険料5,000万円（死亡保険金6,000万円、解約返戻

金4,000万円）

6．母固有の財産　固有の財産はないものとし、母は令和7年5月に死亡するものと仮定

7．相続税の計算

（単位：万円）

	父の相続（母が生命保険契約を相続）		母の相続	父の相続（長男が生命保険契約を相続）		母の相続
	母	長男	長男	母	長男	長男
その他の財産	20,000	20,000	20,000	20,000	20,000	20,000
生命保険契約	4,000	－	－	－	4,000	－
死亡保険金	－	－	6,000	－	－	－
同上非課税金額	－	－	△500	－	－	－
課税価格	24,000	20,000	25,500	20,000	24,000	20,000
相続税の総額	12,520		7,155	12,520		4,860
各人の算出税額	6,829	5,691	7,155	5,691	6,829	4,860
配偶者の税額軽減額	△6,260	－	－	△5,691	－	－
相次相続控除額	－	－	(※1)△512	－	－	－
納付税額	569	5,691	6,643	0	6,829	4,860
通算相続税額	12,903			11,689		
所得税等	－			(※2)261		
合計税額	**12,903**			**11,950**		

※1　569万円×（10年－1年）／10年≒512万円

※2　長男が父から生命保険契約に関する権利を相続し、母の死亡によって受取った生命保険金に対する所得税等の額（長男のその年の課税所得金額は4,000万円超と仮定）

{(6,000万円－5,000万円）－50万円　}×1/2×55％≒261万円

以上の設例の場合には、父が一時払いの保険料を負担しその解約返戻金との差が1,000万円（5,000万円－4,000万円）あることから、父の相続税は法定相続分どおり相続すると仮定すると220万円（※）軽減されます。

さらに、死亡保険金は支払った保険料以上の保険金として相続人に支払われることから納税資金も多く確保することにつながります。生命保険契約に関する権利を相続する人を長男にすれば母が相続するよりも合計税額が少なくなります。

※　生命保険契約の有無による父の相続税

（単位：万円）

	生命保険契約あり	生命保険契約なし
課税価格	44,000	45,000
相続税	6,260	6,480

長期対策編　V　生命保険徹底活用による相続税対策

生命保険を活用した事業承継対策

(1) 会社が受取った生命保険金を死亡退職金の原資とする

国税庁の公表している相続税の課税状況の令和4年分の統計資料によると、未上場株式等を相続する場合の、未上場株式等が課税価格に占める割合は約36％と推定されます。相続人が平均的な家族構成（配偶者と子2人）であると仮定すると、後継者は自社株と会社が利用している被相続人の不動産などを相続すると相続税の納税資金は相続することが難しくなると思われます。

そのため、会社が受取った生命保険金を原資として死亡退職金として後継者が受け取れるような役員退職慰労金規程を生前に整備しておくことが肝要です。

役員の退職金の支払いは、法的な義務ではありません。労働基準法89条では、就業規則を作成する場合に、会社が退職手当の定めをする場合において、一定の事項を定めるように規定しているだけです。

役員退職慰労金規程が定められていてはじめて、役員退職金を請求する権利が発生するのであり、当然もらえるわけではありません。そのため、役員退職金規程の整備が欠かせません。

また、会社法361条で、役員の退職金について「取締役の報酬、賞与その他の職務執行の対価として株式会社から受ける財産上の利益…（略）…は、定款に当該事項を定めていないときは、株主総会の決議によって定める。」とされていることから、株主総会の決議が得られなければ、役員には具体的な退職金請求権が発生しないと考えられています。

相続税法において、被相続人の死亡後3年以内に支給が確定した死亡退職金は、みなし相続財産として相続税が課されます。この場合、相続人が受取った死亡退職金は一定の非課税金額の適用を受けることができます。

退職手当金等の判定（相基通3－19）では、被相続人の死亡により相続人等が受ける金品が退職手当金等に該当するかどうかは、退職給与規程の定めに基づいて受ける場合をいい、退職手当金等の支給を受けた者（相基通3－25）とは、退職給与規程の定めによりその支給を受けることとなる者をいうとしています。

なお、相続人が受け取った退職手当金等の額が、非課税限度額以下のときは課税されません。非課税限度額は、次の式により計算した額です。

500万円 × 法定相続人の数 ＝ 非課税限度額

なお、被相続人の死亡後3年を経過して死亡退職金の支給額が確定した場合には、遺族に対する一時所得として課税されることになります。

(2) 会社が受取った生命保険金を自社株の買取資金とする

会社が受取った生命保険金を原資として、後継者が相続した株式を、その会社へ譲渡して相続税の納税資金を確保する方法もありますので、そのことを事前に検証しておくことも必要です。

① 会社法の規定

会社が自社の発行した株式を取得することを、「自己株式の取得」といいます。会社が特定の株主から自己株式を買い取る場合、株主総会の特別決議（当該株主総会において議決権を行使することができる株主の議決権の過半数を有する株主が出席し、出席した株主の議決権の3分の2以上にわたる多数をもって行う決議）が必要になります（会社法156①、160①、309②）。

この株主総会では、原則として、会社から株式を買い取ってもらう株主は議決権を行使できません（会社法160④）。そのため、他の株主の賛成が得られないと、会社に買い取ってもらうことは困難となることがあります。

また、売主以外の他の株主は、会社に対し、自分も売主に加えることを請求することができます（会社法160②③）。しかし、株式会社が株主の相続人から相続により取得した当該株式を取得する場合には、この売主追加請求権の規定は適用されません（会社法162）。

なお、①株式会社が公開会社である場合や、②当該相続人が株主総会等で当該株式を株式会社が自己取得することに関して議決権を行使している場合には、原則どおり、売主追加請求権の規定の適用があります（会社法162ただし書）ので、注意が必要です。

自己株式を取得して対価を交付することは会社財産の払戻しであることから、原則として、財源規制が設けられていて（会社法461）、取得の際に株主に交付する金銭等は、分配可能額を超えることはできません。

財源規制の根拠となる分配可能額とは、次のように算定します（会社法461②）。

分配可能額＝①分配時点における剰余金の額（その他資本剰余金＋その他利益剰余金）－②分配時点の自己株式の帳簿価額－③最終事業年度末日後に自己株式を処分した場合の処分対価－④その他法務省令で定める額（有価証券評価差損など）として算定します。

そこで、先代経営者を被保険者とし、会社を契約者、かつ死亡保険金受取人として、生命保険契約を締結しておき、先代経営者が死亡した場合には、その死亡保険金を原資として、会社は相続人から自己株式を取得するという対策を実行している会社も少なくありません。

また、保険料が一部損金に算入される生命保険では、法人税の課税の繰延べ効果があり、かつ、自社株の相続税評価額の引下げ効果も期待できることから、このような生命保険に加入するのも検討に値するのではないかと思われます。

②　譲渡課税の特例

個人が株式をその発行会社に譲渡して、発行会社から対価として金銭その他の資産の交付を受けた場合、その交付を受けた金銭の額及び金銭以外の資産の価額の合計額がその発行会社の資本金等の額のうち、譲渡株式に対応する部分の金額を超えるときは、その超える部分の金額は配当所得とみなされて所得税が課税されます（所法25）。

しかし、相続又は遺贈により財産を取得して相続税を課税された人が、相続の開始があった日の翌日から相続税の申告書の提出期限の翌日以後３年を経過する日までの間に、相続税の課税の対象となった非上場株式をその発行会社に譲渡した場合においては、その人が株式の譲渡の対価として発行会社から交付を受けた金銭の額が、その発行会社の資本金等の額のうちその譲渡株式に対応する部分の金額を超えるときであっても、その超える部分の金額は配当所得とはみなされず、発行会社から交付を受ける金銭の全額が株式の譲渡所得に係る収入金額とされます（措法９の７）。

したがって、この場合には、発行会社から交付を受ける金銭の全額が非上場株式の譲渡所得に係る収入金額となり、その収入金額から譲渡した非上場株式の取得費及び譲渡に要した費用を控除して計算した譲渡所得金額の15.315％に相当する金額の所得税（このほか５％の住民税）が課税されます（措法37の10）。

なお、適用に当たっては、その非上場株式を発行会社に譲渡する時までに「相続財産に係る非上場株式をその発行会社に譲渡した場合のみなし配当課税の特例に関する届出書」を、発行会社を経由して、発行会社の本店又は主たる事務所の所在地の所轄税務署長に提出することが必要です（措令５の２、措規18の18）。

VI

不動産管理会社設立による相続対策

不動産オーナーの相続対策では、一般的には、土地活用を通じて相続税の負担を軽減することが行われます。この場合、推定被相続人（例えば、父）の名義で賃貸マンション等を建築する人が多いと思われます。しかし、賃貸マンション等を個人が所有し、健全に運用されている場合には、長生きすると相続税の軽減効果が徐々に減少することに多くの人は気がついていません。

賃貸マンション等を建築して相続税が軽減されるのは、建物の建築価格と相続税評価額に大きな差額があることが主因です。そのため、賃貸マンション等の新築後、早い時期に相続が開始すれば相続税は大きく軽減されます。しかし、この評価差額は、時の経過と共に徐々に縮小し、かつ、賃貸マンション等から得られる賃料が建物の所有者に帰属することになるため、長生きすれば相続税の軽減効果は減殺されることになります。

そのため、相続税の試算では、現状における財産・債務をベースに判定しますが、10年くらい先に相続が開始すると仮定した場合の相続税の試算が不可欠です。

そこで、目安として75歳以下で健康上の問題がない人においては、自らが主宰する法人で賃貸マンション等を建築する選択肢も検討しておかなければなりません（令和4年簡易生命表によれば75歳男性の平均余命年数は約12年、女性は約15年）。

個人名義で建築する場合には、賃貸マンション等が完成して賃貸が開始されたら、その建物は固定資産税評価額から借家権を控除して相続税評価額を求めることができます。

一方、法人で建築すると、賃貸マンション等の完成後3年を経過しないと、自社株の相続税評価額の計算において大きな評価差額を得ることができません。そのように、時間のリスクがありますので、年齢及び健康状態などを考慮して、誰の名義で賃貸マンション等を新築・取得するのか慎重に意思決定する必要があります。

また、既存の賃貸不動産を所有している人も、長生きすることを前提に相続対策を考える場合には、不動産管理会社へ賃貸不動産を譲渡して、毎年の収入金額を法人へ移行する方法も効果的です。

不動産オーナーの相続対策では、不動産管理会社の活用は必須の対策といえます。そこで、ここでは不動産管理会社の設立から相続対策までのポイントを解説することとします。

不動産管理会社の形態

不動産管理会社は、通常以下の3つの形態に分類されると考えられます。それぞれの特長と形態別メリット・デメリットは以下のとおりです。

⑴ 管理料徴収方式

不動産オーナーが、その所有する不動産を直接第三者に賃貸する一方、当該不動産の管理のみを不動産管理会社に委託し、その対価として管理料を支払う方式です。この方式では、不動産の所有者はそのままで、不動産管理会社は不動産オーナーの所有物件の管理（多くは賃料の集金代行など）を行います。そのため、不動産管理会社が得るのは「管理料収入」のみとなります。

その場合、税務調査において、過大管理料と判定されると個人の不動産オーナーの所得税の修正申告が求められます。

また、平成18年6月13日の裁決では、「不動産管理会社が管理委託契約に基づく業務について履行したことを客観的に認めるに足る証拠も認められないことから、本件管理料のうち、所得税法37条1項に規定する不動産所得の金額の計算上必要経費に算入すべき金額は、零円とすることが相当である」とされました。そのため、不動産管理会社が管理している実態が備わっていないと否認されることになります。

<メリット>

空室が多い賃貸物件の場合、不動産管理会社は空室家賃の保証をしていないので、不動産管理会社にとって経営リスクはほとんどない。

<デメリット>

① 不動産オーナーが貸主であることから、意思能力がなくなると法律行為ができなくなり、賃貸経営に支障がでることが予想される。

② 適正管理料の割合が高くないので、大きな所得分散効果が期待できない。

⑵ 転貸方式（サブリース方式）

不動産オーナーが、その所有する不動産を不動産管理会社に賃貸し、不動産管理会社が当該不動産を更に第三者に賃貸する方式で、サブリース方式とも呼ばれています。転貸方式による場合、不動産管理会社が得る転貸料と賃借料との差額は、管理委託方式における管理料と経済的に同視することができ、形式的には転貸方式が採られている場合であっても、適正な管理料割合に基づいて算定した管理料相当額を転貸料収入から控除して賃貸料を算定する方法によって、適正な賃貸料を算定することが可能であると考えられます。

そのため、賃料差額が大きい場合には、税務調査において適正管理料の範囲内であるか判定され、過大と判定されると管理料の過大部分について、不動産オーナーの所得の修正申告が求められます。

<メリット>

① 賃貸借契約書の変更手続が容易

不動産オーナーが死亡しても、不動産管理会社が一括借上げによって賃貸しているので、建物の転貸借人との賃貸借契約の変更手続も必要ない。この場合には、不動産オーナーの相続人と法人との間で賃貸借契約の変更だけで済む。

② 認知症対策にも効果が期待できる

不動産オーナーと不動産管理会社との貸借契約が締結された後は、不動産管理会社と貸借人との賃貸契約は、不動産管理会社が貸主となるので、不動産オーナーの意思能力がなくなっても日常の賃貸経営に支障は生じない。

<デメリット>

空室が多く発生すると、転貸賃料と借上賃料が逆ザヤとなって、不動産管理会社に空室賃料の負担が生じ、所得分散効果が薄れてしまう。

平成元年以降における適正管理料に関する主な判決・裁決事例

◉ 転貸方式

判決・裁決の年月日	申告した年分		実際の賃貸料①	転貸料収入②	適正な賃貸料③	管理料割合 1-(①÷②)	管理料割合 1-(③÷②)
福岡地裁 平成4年5月14日 福岡高裁 平成5年2月10日 最高裁 平成6年6月21日	昭和59年		2,400万円	3,453万円	3,234万円	30.5%	6.3%
	昭和60年		2,400万円	3,500万円	3,283万円	31.4%	6.2%
	昭和61年		2,400万円	3,636万円	3,408万円	34.0%	6.3%
千葉地裁 平成8年9月20日 東京高裁 平成10年6月23日 最高裁 平成11年1月29日	A建物	昭和62年	724万円	1,508万円	1,292万円	52.0%	14.3%
		昭和63年	604万円	1,557万円	1,204万円	61.2%	22.7%
		平成元年	742万円	1,639万円	1,336万円	54.7%	18.5%
	B建物	昭和62年	366万円	845万円	758万円	56.7%	10.3%
		昭和63年	326万円	811万円	723万円	59.8%	10.9%
		平成元年	380万円	837万円	748万円	54.6%	10.6%
国税不服審判所 平成12年1月31日	平成6年		6,569万円	12,341万円	11,145万円	46.8%	9.7%
	平成7年		6,569万円	12,526万円	11,301万円	47.6%	9.8%
	平成8年		6,569万円	11,926万円	10,867万円	44.9%	8.9%
東京地裁 平成13年1月30日 東京高裁 平成13年9月10日 最高裁 平成14年2月8日	平成4年		2,922万円	6,764万円	5,793万円	56.8%	14.4%
	平成5年		2,922万円	7,169万円	5,985万円	59.2%	16.5%
	平成6年		2,922万円	7,056万円	6,081万円	58.6%	13.8%
浦和地裁 平成13年2月19日 (山林・雑種地)	平成3年		1,520万円	4,289万円	3,132万円	64.6%	27.0%
	平成4年		1,520万円	4,530万円	3,263万円	66.4%	28.0%
	平成5年		1,520万円	4,530万円	3,184万円	66.4%	29.7%
大阪地裁 平成19年5月31日 (自走式立体駐車場)	平成12年		1,400万円	2,181万円	1,996万円	35.8%	8.5%
	平成13年		1,200万円	1,928万円	1,790万円	37.8%	7.2%
	平成14年		1,200万円	1,731万円	1,606万円	30.7%	7.2%

名古屋地裁 平成20年12月18日	平成14年	3,060万円	6,506万円	5,125万円	53.0%	21.2%
	平成15年	3,060万円	6,506万円	5,089万円	53.0%	21.8%
	平成16年	3,060万円	6,506万円	5,081万円	53.0%	21.9%
高松地裁 平成24年11月7日 (事業用定期借地権の地代)	平成18年	545万円	1,888万円	1,825万円	71.1%	3.3%
	平成19年	678万円	2,217万円	2,131万円	69.4%	3.9%
	平成20年	530万円	1,742万円	1,678万円	69.6%	3.7%

(注)　転貸方式の場合、建物所有者の適正賃貸料は、「転貸料－適正管理料－実際に支出した修繕費等の額」で計算される（千葉地裁：平成8年9月20日判決）とされています。

◉ 管理料徴収方式

判決・裁決の年月日	申告した年分	当初申告における管理料割合	適正管理料割合	
東京地裁 平成元年4月17日	昭和58年	50%	6.10%(建物) 6.43%(駐車場)	
国税不服審判所 平成元年7月5日	昭和59年	約50%	6.64%	
	昭和60年	約50%	6.62%	
東京地裁 平成6年1月28日	昭和62年	37.69%	4.98%	
	昭和63年	35.89%	4.89%	
	平成元年	34.35%	4.50%	
国税不服審判所 平成14年4月24日	平成9年	34.37%	3.68%	
	平成10年	33.35%	3.92%	
	平成11年	35.47%	3.79%	
札幌地裁 平成16年10月28日 札幌高裁 平成17年6月16日	平成10年	19.2%	5.28%	
	平成11年	19.8%	4.87%	
	平成12年	19.6%	4.66%	
国税不服審判所 平成18年6月13日	平成13年	10.0%	4.18%	管理実態がないため必要経費認めない
	平成14年	10.0%	2.67%	
	平成15年	10.0%	4.30%	
国税不服審判所 令和元年5月23日	平成26年	240万円/年	0円	管理実態がないため必要経費認めない
	平成27年	240万円/年	0円	
	平成28年	240万円/年	0円	

(3) 不動産所有方式

不動産管理会社が不動産オーナーから賃貸不動産を取得し、自ら管理・運営を行います。この場合、不動産管理会社が賃貸不動産を所有していますので、賃料収入は「100%」不動産管理会社に帰属します。不動産オーナーに帰属していた賃料収入が不動産管理会社の収入に置き換えられるので、収入の分散効果はこの不動産所有方式が最も大きいといえます。

この方式の場合、適正管理料についての判定は生じません。しかし、不動産オーナーが所有する賃貸不動産を譲渡する際の「時価」について、著しく低い金額による場合などにおいては不動産オーナー及び不動産管理会社ともに課税関係が生じることになることから、適正な時価によって譲渡するようにしなければなりません。

<メリット>

① 収入分散効果が大きいため、毎年の所得税等や将来の相続税の軽減効果が期待できる。

個人の不動産オーナーに帰属していた賃料収入が不動産管理会社の収入に置き換えられるので、収入の分散効果が大きいことが特長。

② 相続手続が容易

不動産管理会社が賃貸不動産を所有して賃貸していることから、個人の不動産オーナーに相続が開始してもその建物の賃借人との賃貸借契約の変更は生じない。

一方、個人の不動産オーナーが株主である場合の相続手続きでは、会社に対して株主名簿の変更を申し出るだけで登記などの手続も必要がない（取得原因が遺贈の場合で、その会社に譲渡制限が設けられているときには、承認機関の承認が必要。)。

③ 認知症対策にも効果的

建物だけが不動産管理会社の場合、建物の所有者は不動産管理会社であることから不動産オーナーが認知症を発症して意思能力がなくなっても日常の賃貸経営に支障は生じない。

④ 税務調査で適正管理料についての争いがない

管理料徴収方式や転貸方式では、税務調査で適正管理料や管理実態について課税上の問題が生じることがあるが、所有方式の場合にはそれらの問題は生じない。

⑤ 相続開始まで時間が長くある場合の相続対策の効果が大きい

相続開始まで10年以上の時間があればその対策の効果は相当大きなものになると予想される。

設 例

1．推定被相続人　父

2．相続人　母・長男・長女

3．父の財産

賃貸マンション等　7,500万円

その他の資産　15,000万円

借入金　2,500万円（毎年元本250万円返済）

4．その他　賃貸マンション等の収支差額　＋200万円／年が預金に積み上がると仮定

5．相続税の計算

（単位：万円）

	現状	5年後	10年後
財産	22,500	23,500	24,500
債務	2,500	1,250	0
課税価格	20,000	22,250	24,500
相続税（配偶者の税額軽減後）	1,350	1,631.3	1,912.5

<デメリット>

賃貸不動産を法人が取得して3年以内に相続が開始すると、個人が取得した場合と比較して、その不動産の相続税評価額が高く評価されることが多い。

不動産管理会社設立の留意点

(1) 不動産管理会社の組織形態

不動産管理会社を設立する際の法人の組織形態として活用されると思われるものは以下の3種類あり、それぞれにおいて一長一短が混在しています。

◉ 3つの会社の形態別相違点

	株式会社	合同会社	一般社団法人
設立時の登録免許税の下限	15万円	6万円	
出資者の責任	間接有限責任（※）		−
出資者の数	1名以上		いない（設立時に社員が2名以上必要）
出資者の呼称	株主	社員	−
業務執行	株主でなく取締役が業務を執行する（所有と経営が分離）	出資者（社員）が業務を執行する ただし、定款で業務執行社員を決められる（所有と経営が原則一致）	理事が業務を執行する
代表者の呼称	代表取締役	代表社員	代表理事
出資の種類	財産のみ		出資の概念がない
設立手続き	定款認証必要	定款認証不要	定款認証必要
資本金規制	出資額の1/2以上は資本金とする	資本金規制なし（出資額の全部を剰余金にすることも可能）	資本金がない
役員の任期	最長10年	制限なし	2年以内

利益・権限の配分	原則として出資額に比例	利益・権限の配分は自由	できない
決算の公告義務	あり	なし	あり
株式の公開	できる	できない	－

※　間接有限責任とは、出資を通じて間接的に責任を負うことです。

◉ 法人設立登記の件数（平成30年～令和5年）

	平成30年	令和元年	令和2年	令和3年	令和4年	令和5年
株式会社	86,993	87,871	85,688	95,222	92,371	100,669
合名会社	87	48	34	16	20	15
合資会社	52	47	41	33	30	17
合同会社	29,076	30,566	33,236	37,072	37,127	40,751
一般社団法人	6,001	6,110	5,850	5,852	5,960	6,077
一般財団法人	328	281	270	274	250	258

（出典：法務省登記統計 23－00－16 ほか）

そのうち、最も多く設立されている株式会社（株式譲渡制限会社）では、以下の6パターンの中から自由な機関設計が選択可能です。

①	取締役会＋監査役（従来の中小企業の基本パターン）
②	取締役会＋会計参与
③	取締役会＋監査役＋会計参与
④	取締役1人のみ
⑤	取締役＋監査役
⑥	取締役＋会計参与

（注1）「株式譲渡制限会社」とは、すべての株式の譲渡を制限している株式会社のことをいいます。
（注2） 取締役の員数は、取締役会を置かない場合は1人以上、置く場合は3人以上必要です。
（注3） 取締役、監査役、会計参与の任期は最長10年とすることができます。

また、株式会社の設立手続が簡素化され、「類似商号」の規制がなくなり、「発起設立」では払込金の金融機関の保管証明は必要なく、残高証明で事足りることとしました。

（注）「発起設立」とは、発起人が設立時の資本をすべて引受ける設立のことをいいます。

特定の親族間における資産の保全や節税対策が主目的に設立される不動産管理会社では、家族役員に対する給与の支給などを考慮して、上記①又は⑤の機関設計が望ましいと考えます。

⑵　設立に伴い税務上留意すべき点

株式会社等を設立する場合、資本金の額によって消費税の取扱いに注意する必要があります。消費税は原則として基準期間（法人はその事業年度の前々事業年度）の課税売上高が1,000万円以下の事業者は、納税義務が免除されます。そのため、設立当初は基準期間が存在しないので、原則として2事業年度は消費税の納税義務が免除されることとなります。しかし、設立直後で事業年度の基準期間がない法人のうち、その事業年度開始の日における資本金の額又は出資の金額が1,000万円以上である法人などについては、納税義務は免除されません。また、平成25年1月1日以後に開始する事業年度から、当課税期間の前事業年度開始の日から6か月間の課税売上高が1,000万円を超えた場合、当課税期間においては課税事業者となります（課税売上高に代えて、給与等支払額の合計額により判定することもできます。）ので、設立後の有利不利を事前に検討しておかなければなりません。

不動産管理会社の出資者は誰にすればよいか

高収益な既存賃貸不動産をその法人へ移転する場合に、建物の時価と相続税評価額の差が大きくないとき（例えば、築年数の相当経過した建物など）は、株主（出資者）を子又は孫にします。

設立当初から幼少の孫を株主にしたい場合でも、出資者になるためには印鑑証明書を提出しなければなりません。印鑑登録は、各自治体が定める条例で満15歳以上でなければ登録することができないとしています。また、孫は出資する資金もないことが大半です。

そこで、幼少の孫を株主にするには、いったん親又は祖父母などが資本金を出資し、設立後にその株式を孫へ贈与するようにします。

賃貸マンション等を新たに第三者から取得又は新築する場合には、建物の時価と相続税評価額の差額が大きく発生すると予想されることから、株主（出資者）は親（相続税対策を必要とする人）とします。

賃貸マンション等の簿価と相続税評価額の乖離によって、その株式の相続税評価額（純資産価額）が0円以下となったタイミングで子や孫へ贈与する対策が実行できます。

不動産管理会社の役員は誰が就任すればよいか

株主と役員を別にすることはできます。そのため、株主（出資者）は父、役員は子又は孫にすることもできます。役員は株主が決めることになりますので、公務員以外の人は原則として営利法人の役員になることができます。

しかし、父が代表取締役になって多額の給与を受けることにしたら、所得分散効果が減殺されます。

また、子を代表取締役にして多額に給与を取ると、法人は社会保険へ強制加入とされていて、代表取締役は非常勤として取り扱われませんから、社会保険料の負担が重くなります。

なお、後期高齢者である親を代表取締役にすれば、会社は社会保険の加入手続が必要ですが、その親は後期高齢者であるため社会保険には加入できません。また、他の家族役員が非常勤であれば同様に社会保険に加入することができません。

不動産所有方式による対策

賃貸不動産を不動産管理会社へ譲渡する際に、その敷地も併せて譲渡する場合、移転コストが高くなります。土地は昔から所有していて取得費が不明であることも珍しくありません。そのような場合には、不動産管理会社へ土地も含めて譲渡すると多額の譲渡税の負担が生じます。

不動産管理会社を通じて所得の分散を図るのであれば、建物だけの譲渡でその目的は達成できます。建物も時価で不動産管理会社へ譲渡することになりますが、建物の時価の判定では、原則として、未償却残高を時価と推定しても課税上のトラブルは生じないと思われます。

その場合、土地の所有者（個人）と建物の所有者（不動産管理会社）が異なりますので、借地権の認定課税を回避する方策の検討が欠かせません。

土地の貸借については、賃貸借とするのか、使用貸借（その土地の固定資産税等相当額以下の地代）とするかについては、それぞれの事情に応じた適切な選択が求められます。

⑴　不動産オーナーが所有する既存の賃貸不動産の譲渡

賃貸不動産を不動産管理会社へ適正な時価によって譲渡し、課税上のトラブルを防止したとしても、それ以外にも留意すべき税務上などの取扱いには、以下のようなものがあります。

①　建物のみの譲渡の場合

建物のみの譲渡の場合、譲渡税は課されない事例が多いと思われます。しかし、個人が消費税の課税事業者である場合には、事業の用に供している資産の譲渡に当たるため、消費税の課税売上とされ、消費税の納税が必要となります。

また、土地の所有者と建物の所有者が異なることになるため、借地権の認定課税を受けないように、「土地の無償返還に関する届出書」を提出するようにします。その際、その敷地が小規模宅地等の特例（貸付事業用宅地等）の適用を受けることができるように、通常の地代を支払うことが有利になると思われます。

② 土地・建物の譲渡の場合

代々所有している土地（取得費不明）と建物を譲渡する場合には、土地に対する譲渡課税が行われます。また、移転コストも高くつくため、事前の確認が欠かせません。

しかし、この方法によれば、個人が所有する不動産が一体なって法人所有となるため、自社株を上手に承継していれば、末代に渡るまでその不動産を相続から守ることも容易になります。

③ 消費税の課税

住宅家賃は消費税の非課税売上とされていますが、事業の用に供している居住用賃貸建物を譲渡すると、建物の譲渡代金は「課税売上げ」と判定されます。

一方、居住用賃貸建物を取得した不動産管理会社は、居住用賃貸建物に係る課税仕入れ等の税額については、仕入税額控除の対象とされません。

建物を譲渡する者が、免税事業者であれば消費税は課されませんが、課税事業者の場合、消費税を納付しなければなりません。また、免税事業者であっても、その建物を譲渡した年の翌々年の基準期間の課税売上高が 1,000 万円を超えて「課税事業者」となることもあります。

課税事業者となる年で、「消費税簡易課税制度」を選択する場合には、消費税の課税期間開始前（原則として譲渡した翌年中）に「消費税簡易課税制度選択届出書」を提出することを失念しないよう注意が必要です。

④ 税務以外の手続

不動産管理会社へ賃貸不動産を譲渡する場合に、税務以外にも以下のような手続が必要となります。

イ．賃料等の振込口座の変更などの通知について、事前に賃借人へ、現賃貸人と不動産管理会社との連名で賃貸人が変更になる旨の通知をします。

ロ．不動産管理会社へ売買した後に、賃借人との賃貸借契約書の巻き替えが必要となります。その場合、契約書を全部書き換えるか、賃貸人が変更になった旨の確認書などによる方法のいずれかの手続が必要です。

ハ．不動産の所有権の移転登記も欠かさず行うようにします。（登録免許税や不動産取得税が課されるため、事前に移転コストを確認しておきます。）

ニ．役員と会社の土地・建物の売買については、利益相反行為に該当しますので、原則として株主総会等での事前の承認が必要となります。

⑤ 既存の賃貸不動産を不動産所有会社へ譲渡する場合の移転コスト

既存の賃貸不動産を不動産所有会社へ譲渡する場合に必要となる登録免許税や不動産取得税などの移転コストが必要です。

◉ 賃貸不動産の取得に係る移転コスト

	登録免許税	不動産取得税
内容	登記申請時に納付する国税	不動産取得後に賦課される都道府県民税
課税標準	固定資産税評価額	固定資産税評価額 （注）宅地等の場合…固定資産税評価額×1/2
税率	2％（土地は1.5％）	4％（土地及び住宅は3％） （注）　一定の床面積要件を満たす新築住宅は課税標準から1,200万円が控除される。

⑥　譲渡税

譲渡に伴う譲渡税が課されるのか確認が必要です。建物だけの譲渡の場合、建物の取得費は賃貸不動産の所得税の確定申告の際に行っている減価償却費の計算明細書から確認することができ、建物の時価は未償却残高と同額と判定されることも多く、譲渡税は課されない事例が多いと思われます。

土地については、相当昔から所有しているものが多く、取得費が不明の場合、譲渡収入金額の5％の概算取得費によって譲渡所得金額を計算することになり、相当額の譲渡税の課税が行われることもあります。

そのため、土地・建物の譲渡益が生じ、譲渡課税が必要となる場合には、土地・建物の譲渡損失が生じる不動産があれば、それを同年中に譲渡して、内部通算によって譲渡課税を軽減するなど対策が必要です。

⑦　債務の引継ぎ

①　銀行借入金

銀行借入金の残債が残っている賃貸不動産を不動産管理会社へ譲渡する場合には、不動産管理会社はその残債を承継することが多くあります。その場合には、事前に銀行に説明と了承を得ておくようにします。

注意点としては、固定金利で借入している場合には、債務者が個人から法人へ変更になることで繰上返済に該当しペナルティ（目安は残債の1％から2％程度）が課されることがあります。

しかし、実質は個人名義の借入金が、その者又はその者の家族が主宰する不動産管理会社の名義に変わるだけなので、ペナルティの免除について銀行等と交渉する余地はあると思われます。

また、この機会に有利な条件で新たな銀行から融資を受けて、既存の借入金を一括弁済することも検討に値します。繰上返済によって発生するペナルティを負担してもなお有利な融資条件で借入できることもありますので、現在借入れしている銀行を含めて交渉してみる必要があります。

②　債務者変更

銀行借入の条件が変動金利の場合には、繰上返済に伴うペナルティは発生しません。

しかし、債務者が個人から不動産管理会社へ変更になるので債務者の変更登記が必要となります。

この場合には、個人の抵当権を抹消し、新たに法人が債務者としてその不動産に抵当権を設定する方法が基本です。新たに抵当権の設定登記を行う場合の登録免許税は債務の金額の4/1000とされます。

しかし、抵当権の対象不動産は変わらないので、債務者だけ変更する方法によれば、登録免許税が不動産1個につき1,000円で済みます。この点についても銀行に説明をして協力してもらうようにすれば移転に伴う登録免許税が軽減されます。

設例

1．甲が所有する賃貸不動産を甲の家族が主宰する不動産管理会社へ譲渡します。その不動産には銀行借入金が1億円あります。

2．登録免許税（不動産管理会社）

	債務者変更の場合	新たな借入による場合
登録免許税	不動産1個につき1,000円	1億円×4/1000＝40万円

③ 敷金の引継ぎ

敷金とは、賃貸借に基づいて賃借人が負うことになる金銭債務（賃料債務など）を担保するため、賃借人が賃貸人に交付する金銭のことです。

敷金については、「所有権移転とともに、賃貸借の賃貸人たる地位を承継するのであるから、旧賃貸人に差入れられた敷金に関する法律関係は、旧賃貸人に対する賃料の延滞のないかぎり、賃貸人たる地位の承継とともに、当然、旧賃貸人から移転すると解するのが相当である」としています（最高裁：昭和39年6月19日判決）。

⑧ 法人が取得するための資金の調達

法人が賃貸不動産を取得する場合に必要な資金の調達方法には、以下のような3つの方法が考えられます。

なお、銀行等の借入金や賃借人から預かっている敷金等は不動産管理会社が承継するようにすれば、譲渡代金とそれらの債務との差額だけの資金調達で済みます。

① 銀行借入金

不動産管理会社が取得する賃貸不動産の取得資金が不足する場合に、銀行借入によって資金を調達する方法が一般的です。

個人の借入金を不動産管理会社が承継する場合でも、その不動産の価額が下落していて債務の承継に支障が生じることもあります。その場合、追加担保や保証人の追加を求められることもあります。

また、現在所有する賃貸不動産に銀行等からの借入金が残っていて抵当権が設定されているような場合で、個人の債務を承継しようとするときには、銀行等へ事前の説明が必要です。そして、銀行等の協力が得られるなら債務者名義の変更ができれば登録免許税が節約できます。

② 少人数私募債

少人数私募債とは、会社が事業資金を調達する手段として発行する「社債」のひとつで、少人数の取引先や同族関係者などから直接資金を募るもので、不動産オーナーが有する賃貸不動産を不動産管理会社が取得する場合に必要な資金を「少人数私募債」によって調達することもできます。

少人数私募債には、①担保が必要ない、②償還期間や利率を自由に設定できる、③銀行などが設定した資格要件を満たす必要はないなどのメリットがあります。

しかし、満期一括償還の場合には、満期に元本全額を返済する必要がありますが、この時に償還原資が確保できていないときは、新たに社債を発行して実質的に元本返済を一定期間先送りすることで対応できます。

少人数私募債の発行は容易に行うことができますが、実務として最も困難なのは社債の引受人の確保です。しかし、不動産オーナーから不動産管理会社が賃貸不動産を取得するための資金の調達であれば、不動産オーナー自身に社債の引受けをしてもらうことで不動産管理会社は必要な資金を調達することができます。

社債は、銀行借入のように毎月の分割返済ではありませんので、不動産管理会社はその後その賃貸不動産から生じる賃料を社債の償還原資として一定額を積み立てておくようにします。

なお、不動産管理会社が支払う社債利息については損金の額に算入され、不動産オーナーが受取る社債利息は雑所得とされます。

③ 不動産オーナーとの金銭消費貸借

不動産オーナーと金銭消費貸借契約を締結し、不動産管理会社が賃貸不動産を取得するために必要な資金を調達する方法です。

この場合には、銀行借入と異なり、借入金の金利は実質的には社外に流出しない、担保設定を要しないというメリットがあります。

借入金の利率については、貸主が個人であれば、無利子であっても課税上弊害がないものと考えられることから課税上のトラブルは生じないものと思われます。また、無利子の借入であれば、役員と会社の利益相反行為に該当しません。

一方、利子を支払う場合には、役員と会社の利益相反行為に該当し、取引前に利益相反行為について株主総会又は取締役会で承認を受けておく必要があります。その場合の利率については、銀行借入によって調達する場合の利率又は民法の法定利率（３％）程度とすればよいでしょう。

不動産管理会社が支払う利息は損金の額に算入され、不動産オーナーが受取る金利は雑所得として取り扱われます。

(2) 不動産管理会社で賃貸建物を建築する場合

賃貸建物を不動産管理会社で建築した場合、建物の完成後３年を経過すると建物の時価と相続税評価額との評価差額が相当額発生することから、資本金等として出資した株式の相続税評価額が大きく軽減又は零になることもあります。

そのタイミングを捉えて、子又は孫などへその株式を贈与すれば、贈与税の負担を軽減又は贈与税の負担なしで贈与ができます。この場合に、土地と建物の所有者が異なるときには、借地権の認定課税を受けないようにすること、また、法人が取得した土地・建物は、取得後３年以内は通常の取引価額によって評価することに注意が必要です。

① 課税時期前３年以内に取得した貸家及び貸家建付地の評価

財産評価基本通達185括弧書は、評価会社の株式に係る１株当たりの純資産価額（相続税評価額によって計算した金額）を計算する場合において、評価会社が課税時期前３年以内に取得又は新築した土地等及び家屋等の価額は、課税時期における通常の取引価額に相当する金額によって評価するものとし、当該土地等及び建物等に係る帳簿価額が課税時期における通常の取引価額に相当すると認められる場合には、当該帳簿価額に相当する金額によって評価することができる旨定めています。

これは、評価会社の株式を純資産価額で評価するに当たり、評価会社が所有する土地等及び家屋等の「時価」を算定する場合には、個人が所有する土地等及び家屋等の相続税法上の評価を行うことを念頭においた路線価等によって評価することが唯一の方法であるとはいえず、適正な株式評価の見地からは、むしろ通常の取引価額によって評価すべきであると考えられることによるものであるとされています。

具体的には、東京国税局の資産税審理研修資料（令和３年８月作成）から、評価会社が課税時期前３年以内に取得した貸家及び貸家建付地の評価についての取扱いを紹介します。

【問】　取引相場のない株式の評価（評価会社が課税時期前３年以内に取得した貸家及び貸家建付地の評価）

甲社（評価会社）は、課税時期前３年以内に取得した家屋及びその敷地を所有しているが、当該家屋を取得後に賃貸の用に供している。

この甲社の株式の「１株当たりの純資産価額（相続税評価額によって計算した金額）」の計算上、当該貸家及び貸家建付地をどのように評価するのか。

〔答〕　甲社株式の「１株当たりの純資産価額（相続税評価額によって計算した金額）」の計算において、課税時期前３年以内に取得した家屋及びその敷地を取得後、貸家として利用した場合の価額は、当該家屋及びその敷地の貸家及び貸家建付地としての通常の取引価額に相当する金額により評価する。

本事例のように取得時の利用区分（自用の家屋、自用地）と課税時期の利用区分

（貸家、貸家建付地）が異なり、貸家及び貸家建付地としての通常の取引価額を求めることが困難な場合は、当該家屋及びその敷地が自用の家屋及び自用地であるとした場合の課税時期における通常の取引価額に評基通93《貸家の評価》及び同26《貸家建付地の評価》に定める算式を適用して評価して差し支えない。

② 設例で検証

法人で賃貸マンションを建築した場合の自社株の相続税評価額がどのように計算されるかについて、設例で検証します。

設 例

法人で賃貸マンション等を建築した場合の株式評価額

1．法人設立時

法人設立時の貸借対照表　（単位：万円）

（現金）	900	（資本金）	900

第5表　1株当たりの純資産価額（相続税評価額）の計算明細書　（単位：万円）

資産の部			負債の部		
科目	相続税評価額	帳簿価額	科目	相続税評価額	帳簿価額
現金	900	900	借入金	0	0
			（純資産価額）	900	－

その事業年度の基準期間がない法人のうち、その事業年度開始の日における資本金の額が1,000万円未満であれば、原則として設立後2期は消費税の課税事業者とはなりません。

2．資本金の増資

設立後に資本金等を1億円（建物の新築費用総額）へ増資します。

増資後の貸借対照表　（単位：万円）

（預金等）	20,000	（借入金）	10,000
		（資本金等）	10,000

第5表　1株当たりの純資産価額（相続税評価額）の計算明細書　（単位：万円）

資産の部			負債の部		
科目	相続税評価額	帳簿価額	科目	相続税評価額	帳簿価額
預金等	20,000	20,000	借入金	10,000	10,000
			（純資産価額）	10,000	－

9,100万円の増資（うち、1/2は資本準備金とします）をします。（法人設立時から資本金等が10,000万円の場合の登録免許税は70万円、900万円で設立し、増資額の1/2を資本金とする場合の登録免許税の合計額は46.85万円となります。）

賃貸マンションを建築する場合に、不足する資金は銀行から10,000万円を借り入れます。

3．賃貸マンション完成直後

賃貸マンション完成直後の貸借対照表　（単位：万円）

借方		貸方	
（預金等）	0	（借入金）	10,000
（建物等）	20,000	（資本金等）	10,000

第５表　１株当たりの純資産価額（相続税評価額）の計算明細書　（単位：万円）

資産の部			負債の部		
科目	相続税評価額	帳簿価額	科目	相続税評価額	帳簿価額
預金等	0	0	借入金	10,000	10,000
建物等	14,000	20,000	（純資産価額）	4,000	－

預金と借入金を原資に賃貸マンションを新築（20,000万円）します。

賃貸マンションは通常の取引価額（20,000万円×（１－0.3）＝14,000万円）で評価されます。（土地は「使用貸借の無償返還」とします。）

賃貸マンション完成後、賃貸の用に供された場合、建物は自用家屋から貸家に利用区分が変更になったので、借家権を控除してその建物の通常の取引価額を算定することになります。そのため、一定の評価差額が発生し自社株の相続税評価額が下がります。

4．賃貸マンション完成後３年経過後

賃貸マンション完成後３年経過後の貸借対照表　（単位：万円）

借方		貸方	
（預金等）	1,000	（借入金）	10,000
（建物等）	18,000	（資本金等）	10,000
		（剰余金）	△1,000

第５表　１株当たりの純資産価額（相続税評価額）の計算明細書　（単位：万円）

資産の部			負債の部		
科目	相続税評価額	帳簿価額	科目	相続税評価額	帳簿価額
預金等	1,000	1,000	借入金	10,000	10,000
建物等	8,400	18,000	（純資産価額）	△600	－

建築後３年経過すると、賃貸マンションは固定資産税評価額を基に評価します。（※建物の減価償却費2,000万円、３年間のキャッシュフロー　＋1,000万円、借入金は金利のみの支払いと仮定します。）

5．賃貸マンションの評価額

（単位：万円）

取得価額	固定資産税評価額（目安）	完成直後の通常の取引価額	３年経過後の相続税評価額
20,000	12,000	14,000	8,400

・固定資産税評価額……………取得価額 20,000 万円×60%（目安）＝12,000 万円

・完成直後の通常の取引価額…取得価額 20,000 万円×（1－30%×100%）＝14,000 万円

・3年経過後の相続税評価額…12,000 万円×（1－30%×100%）＝8,400 万円

・賃貸割合は 100% と仮定します。

賃貸マンションが完成して3年経過すると、建物は固定資産税評価額から借家権を控除して建物の価額を求めることになります。この設例の場合、1億円出資した株式の価額が0円と判定されるので、このタイミングで子や孫へ株式を贈与しても贈与税が課されないことになります。

◉ 賃貸建物を新築する場合の個人対法人の比較

	イベント	個人で新築	法人で新築
①	**建築中に死亡**	その家屋の費用現価の額×70% で評価される	その家屋の費用現価の額×70% で評価される
②	**完成直後（賃貸開始前）に死亡**	・家屋…固定資産税評価額×1.0 固定資産税評価額が付されていない場合、(再建築価額－償却費)×0.7 で評価される ・敷地…自用地として評価される	・家屋…通常の取引価額で評価される ・敷地…自用地として評価される
③	**賃貸開始直後に死亡**	・家屋…その家屋の固定資産税評価額×（1－0.3×賃貸割合）で評価される ・敷地…貸家建付地として評価される ・小規模宅地等の特例…特例の適用を受けることができない（3年を超えて引き続き特定貸付事業を行っていた被相続人の場合を除く）	・家屋…その家屋の通常の取引価額×（1－0.3×賃貸割合）で評価される ・敷地…貸宅地として自用地評価額×（1－0.2）で評価される ・小規模宅地等の特例…特例の適用を受けることができない（3年を超えて引き続き特定貸付事業を行っていた被相続人の場合を除く）
④	**完成後3年経過後に死亡**	・家屋…同上 ・敷地…同上 ・小規模宅地等の特例…貸付事業用宅地等として特例の適用を選択できる	・家屋…その家屋の固定資産税評価額×（1－0.3×賃貸割合）で評価される ・敷地…同上 ・小規模宅地等の特例…貸付事業用宅地等として特例の適用を選択できる

（注） 法人で新築する場合には、その敷地は個人のままで、賃貸借型の土地の無償返還方式によって賃貸するものとします。

不動産管理会社を上手に活用すれば解決できること

不動産管理会社を上手に活用すれば、毎年の所得税等と、将来の相続税の負担の軽減が期待できるだけでなく、以下のような問題の解決に役立ちます。

(1) 小規模企業共済制度へ加入することができる

小規模企業共済制度は、小規模企業の個人事業主又は会社等の役員が廃業や退職した場合、その後の生活の安定あるいは事業の再建などのための資金を、あらかじめ準備しておく共済制度で、いわば「事業主の退職金制度」といえるものです。

共済掛金が全額所得控除されるということは、課税される所得金額が1,800万円超の人（所得税40%・住民税10%の場合）で共済掛金が年額84万円とすると減税額は42万円（復興特別所得税は考慮していません。）となり、実質負担42万円で84万円以上（一定の共済事由に該当する場合）の退職金の確保をすることができ、大変有利な制度であるといえます。

加入資格は、建設業、製造業、運輸業、不動産業、農業などを営む場合は、常時使用する従業員の数が20人以下の個人事業主（不動産賃貸業を営む個人事業者の場合、原則として事業的規模で賃貸業を行っている人に限られます。）又は会社の役員とされています。

しかし、給与所得者（中小会社の役員などを除きます。）が、副業的にアパート・マンションなどを経営している場合などでは、加入することができません。

そこで、不動産賃貸業を営む小規模な事業者でも、不動産管理会社を設立して、その役員に就任することで、この共済制度に加入することが可能となります。

払い込んだ掛金は税法上、全額を「小規模企業共済等掛金控除」として、課税対象となる所得から控除できます。また、1年以内の掛金の前払い分も同様に控除できます。

なお、死亡により小規模企業共済金を受け取った場合には、相続税法上死亡退職金として取り扱われ、法定相続人1人当たり500万円の非課税の適用を受けることができます。

また、任意解約等により受け取った共済金は、原則として一時所得として課税されることとなります。

(2) 経営セーフティ共済（中小企業倒産防止共済制度）へ加入できる

引き続き1年以上事業を行っている中小企業者で、次表の各業種において、「資本金の額又は出資の総額」、「常時使用する従業員数」のいずれかに該当する会社又は個人の中小企業者は、倒産防止共済に加入することができます。

業　種	資本金の額又は出資の総額	常時使用する従業員数
製造業、建設業、運輸業その他の業種	3億円以下	300人以下
卸売業	1億円以下	100人以下
サービス業	5,000万円以下	100人以下
小売業	5,000万円以下	50人以下
ゴム製品製造業（自動車又は航空機用タイヤ及びチューブ製造業並びに工業用ベルト製造業を除く。）	3億円以下	900人以下
ソフトウェア業又は情報処理サービス業	3億円以下	300人以下
旅館業	5,000万円以下	200人以下

掛金月額は、5,000円から20万円までの範囲（5,000円単位）で自由に選択でき、掛金総額が800万円になるまで積立てができます。

払い込んだ掛金は税法上、法人の場合は損金、個人の場合は必要経費に算入できます。しかし、個人で不動産賃貸業を営む者は、この掛金は必要経費としての算入が認められません。そのため、不動産管理会社を設立することで、この共済制度に加入することができます。

この共済制度は、任意に解約することができ、40か月以上の掛金を掛けた後に解約すれば100%解約手当金として還付されます。解約手当金は、法人の場合には「益金」に算入されます。しかし、不動産所有方式の会社で建物が定期的に大規模修繕を必要とする場合には、事前にこの制度に加入しておいて、大規模修繕を行う年に、任意解約すれば修繕費を確保でき、解約に伴う益金と修繕費の損金とが両建てになり、法人の所得を平準化することに役立ちます。

なお、本制度は、取引先事業者の倒産等により生じる回収困難な売掛金債権等に対しての貸付制度であることから、一般消費者を取引先とする事業者、金融業者及び不動産業者などの業種は、取引先事業者に対する売掛金債権等が生じず、共済金の貸付けの対象となりません。

(3) 株式等による資産の生前贈与が可能となる

個人が所有する高収益な賃貸不動産を不動産管理会社へ「時価」で譲渡し、譲渡代金を全額資本金に充当すれば、その個人が所有する財産は「賃貸不動産」から「取引相場のない株式等」に財産の種類が変わります。その段階で、個人には譲渡税（建物だけの場合に、未償却残高＝時価であれば譲渡益は生じません。）が、不動産管理会社には登録免許税や不動産取得税が課されます。

しかし、その後、個人が所有する株式等を生前贈与する場合、株式等を分割して贈与税の負担が少ない範囲で毎年贈与が可能で、かつ、贈与税以外の移転コストは不要です。

家族に分散して贈与する場合には、種類株式を活用し、議決権を有する株式等と無議決権の株式等に区分しておけば、所有と支配権を分離することができますので、株式等が家族に分散されても不動産管理会社の経営への障害を極力少なくするなどの工夫も可能です。

⑷　値上がりが予想される不動産を間接所有することによる相続税負担の軽減

値上がりが予想される不動産の場合、その不動産を値上がり前に不動産管理会社へ「時価」で譲渡し、譲渡代金の全額を資本金に充当すれば、財産の種類が取引相場のない株式等に組み替えられていることから、相続税評価額を抑えることができます。

以下の設例でその効果を確認してみます。

設例

甲が所有するA不動産の対策

1．A不動産の相続税評価額

①　平成30年　5,000万円（時価6,000万円）

②　令和5年（予想）　8,000万円

2．不動産管理会社へ譲渡

平成30年に6,000万円で譲渡する（譲渡税及び移転コストは考慮しないものとする。）。

不動産管理会社の資本金6,000万円（甲が全額出資）

3．令和5年のA不動産の相続税評価額

①　譲渡がなかった場合　8,000万円

②　平成30年に譲渡していた場合

純資産価額で評価した場合（資産はA不動産のみとし、債務はないものと仮定）

8,000万円－(8,000万円－6,000万円)×37%＝7,260万円

（注）　類似業種比準価額との併用方式によって相続税評価額を求めることができれば、株式等の相続税評価額はもっと下落することが予想されます。

支配すれども所有せず

内閣総理大臣・田中角栄との関係が「刎頸（ふんけい）の友」と言われるなど有力な政商として知られた小佐野賢治（国際興業グループ創業者）の総資産は、一時８兆円を超えるとも言われていて、小佐野賢治は生前、自分の財産がいくらあるのか知っているのは税務署ぐらいだと豪語していました。しかし、結果的に、小佐野賢治の相続財産の総額は160億円（相続税額は約57億円）ほどでした。なぜこれほど相続財産が少なかったのでしょうか。それは、資産の大部分を国際興業グループ70社が分散して所有する形を取り、小佐野賢治個人としては資産をほとんど持っていなかったからと言われています。

このことから分かるように、個人で直接資産を保有することなく、間接的に保有する方法で支配すれば相続税は驚くほど軽減することができます。

小佐野賢治ほどの資産がなくても、その手法をお手本に相続税対策ができます。具体的には、不動産管理会社を設立して、高収益な賃貸不動産を個人の直接所有から同族法人を通じた間接所有にします。そして、その同族法人の株式を子や孫へ生前に贈与しておきます。その場合のポイントは、株式の大半を子や孫へ贈与しても、議決権は確保する仕組みを作っておくことです。

株式会社であれば、株式譲渡制限会社（株式を譲渡する場合には、会社の定めた承認機関で譲渡承認を必要とする）では、定款の定めによって１株＝１個の議決権でなくてもよいとすることができます。そのため、例えば、父が所有する株式には、１株につき100個の議決権を与えると定款に定めておけば、父は「支配すれども所有せず」を実現することが可能です。

また、種類株式を活用して子や孫へ贈与する株式は無議決権株式とする方法や、父は株主総会で決議すべきすべての議案について、拒否権を有する「黄金株」を保有するなどの方法もあります。

設例

１．A社の株主（発行済み株式総数100株）

父　１株、母　１株、長男　98株

２．属人的定め

父及び母には、１株につき100個の議決権を付与する。

３．父の相続

父が死亡したら、長男がA社株式を相続する。

株主	現状		父死亡後、株式は長男が相続	
	株式数	議決権数	現状	議決権数
父	1株	100個	−	−
母	1株	100個	1株	100個
長男	98株	98個	99株	99個
合計	100株	298個	100株	199個

以上の設例の場合、長男は所有する株式1株には1個の議決権しかないことから、父が死亡してその株式を長男が相続することになっても、長男の議決権は合計で99個となります。そのため、母の議決権は100個で、長男の議決権を上回りますので、母は単独で、通常の会社経営に必要な意思決定を株主総会において行うことができます。

このように、種類株式を発行せず、この属人的定めによる方法の一番のメリットは、登記事項証明書にその旨が記載されないことです。

◉ 3つの株式についての議決権等の比較一覧

	属人的株式	拒否権付株式(黄金株)	無議決株式
会社法の根拠条文	109条②	108条①八	108条①三
会社の制限	非公開会社に限る	公開会社も可	公開会社も可
権利の内容	剰余金の配当、残余財産の分配、株主総会における議決権について異なる取扱いを行うことができる	株主総会において決議すべき事項のうち、種類株主総会の決議があることを必要とする事項を定めることができる	株主総会において議決権を行使することができる事項を制限できる
権利の帰属	株主に帰属	株式に帰属	株式に帰属
登記の有無	不要	要	要
定款の定め	要	要	要
定款の変更（※）	株主総会で特殊決議	株主総会で特別決議	株主総会で特別決議
相続税評価	普通株式と同じ	普通株式と同じ	原則、普通株式と同じ。（ただし、5％を控除した「調整計算」の選択も可）

※ 「特別決議」は、議決権の過半数を有する株主が出席し、出席した株主の議決権の3分の2以上の賛成を必要とする決議（会社法309②）が、「特殊決議」は、総株主の半数以上（頭数要件）、総株主の議決権の4分の3以上に当たる多数の決議（会社法309④）が必要。

⑸ 土地の評価単位が変わる

1つの敷地に複数のアパートや貸家が建っている場合、その敷地の評価単位は、原則としてその建物の敷地ごととされます。そのため、土地の評価単位としての敷地の面積が小さくなるので、地積規模の大きな宅地（三大都市圏においては500 m^2 以上の地積の宅地、三大都市圏以外の地域においては1,000 m²以上の地積）に該当しないこともあり得ます。しかし、それらの建物を不動産管理会社が買い取り、その敷地を一括して賃借（土地の無償返還に関する届出方式）することとすると、その敷地は1つの評価単位となり、地積規模の大きな宅地に該当すれば相続税評価額が下がります。

設 例

1．A土地（三大都市圏以外の地域） 1,000 m²（路線価10万円/m²・借地権割合50%）

2．A土地上の建物 BアパートとCアパートが建っている（賃貸割合100%）。

3．A土地の相続税評価額

⑴ 現行のまま

A土地は2つの土地として評価されることから、地積規模の大きな宅地に該当しない。そのため、各種補正がない土地と仮定すると、1,000 m²×10万円×（1－0.5×0.3×100%）＝8,500万円となります。

⑵ 自らが主宰する不動産管理会社へBアパート及びCアパートを譲渡

不動産管理会社は、アパートの敷地を賃借し、借地権の認定課税を回避するために「土地の無償返還に関する届出書」を提出することとします。

その場合、A土地は貸宅地（自用地評価額×（1－0.2））として評価することとなります。さらに、A土地の評価単位は1つとなることから、地積規模の大きな宅地に該当し、以下のような評価額になります。

1,000 m²×10万円×（1－0.2）×0.8(規模格差補正率※)＝6,400万円

※ (1,000 m²×0.90＋100)÷1,000 m²×0.8＝0.8

規模格差補正率

規模格差補正率は、次の算式により計算します（小数点以下第2位未満は切り捨てます。）。

$$規模格差補正率 = \frac{Ⓐ×Ⓑ+Ⓒ}{地積規模の大きな宅地の地積（Ⓐ）}×0.8$$

上記算式中の「Ⓑ」及び「Ⓒ」は、所在する地域に応じて、それぞれ次に掲げる表のとおりです。

⑴ 三大都市圏に所在する宅地

地積	普通商業・併用住宅地区、普通住宅地区	
	Ⓑ	Ⓒ
500 m²以上1,000 m²未満	0.95	25
1,000 m²以上3,000 m²未満	0.90	75
3,000 m²以上5,000 m²未満	0.85	225
5,000 m²以上	0.80	475

⑵ 三大都市圏以外の地域に所在する宅地

地積	普通商業・併用住宅地区、普通住宅地区	
	Ⓑ	Ⓒ
1,000 m²以上3,000 m²未満	0.90	100
3,000 m²以上5,000 m²未満	0.85	250
5,000 m²以上	0.80	500

⑹　相続に伴う賃貸人の変更手続が簡単になる

不動産管理会社による一括借上方式の場合、賃貸不動産の所有者に相続が発生しても賃借人は不動産管理会社であることから、転貸借人との賃貸借契約の巻き直しの必要はありません。

不動産管理会社と相続人との間だけの賃貸借契約書の巻き直しと、不動産管理会社に対して賃料の振込先の変更通知のみで完了することから、相続手続は簡単に済みます。

短期対策編

相続発生が１年以内に
予想される場合

本来、相続対策は、現状把握を行い、対策を立案し、十分にその内容を吟味してから計画的に実行に移す事が基本です。そのため、不動産や金融資産などの調査や資料収集にかなりの時間を要し、具体的な対策立案、実行可能なものの検討、実行の順序の決定など対策に着手するまでの期間は最短でも３か月は必要です。更に、対策に着手してからその効果が期待できるまでには２～３年以上の年月が必要な対策が多いのが現実です。

相続対策の必要性を認識しながら、日頃の忙しさにかまけて、何ら有効な手が打てないままに、相続が間近になってから慌てられる人も少なくありません。また、相続発生の直前では、もう何らの対策を講ずることもできないとあきらめている人もいます。

しかし、相続発生直前でも財産所有者の意思能力があれば、即効果の期待できる対策が数多くあります。

しかし、これらの対策は、相続税の軽減効果などが期待できる反面、①緊急避難的なもので長期的な展望を欠いていたり、②必ずしも財産の有効な活用に適した対策でなかったり、③税金対策に片寄りすぎているものなどいくつかのデメリットをはらんでいます。これらを総合的に検討して対策を実行に移す必要があります。

また、相続が間近になって行う相続対策は、財産所有者の意思能力（行為の結果を判断できる精神的能力）や、行為能力（単独で有効な取引ができる能力）について特段の注意が必要になります。例えば、意識不明の常況にある人は物事の判断ができないので、遺言をしたり、資産の売買を行うことはできません。また、意識がある場合でも、面会謝絶の状態で重篤の状況にある人が、何らかの行為を行う場合も、本人の意思に基づくものか否か後日、税務調査において問題になると予想されます。

そこで、本編では、１年以内に相続の発生が予想される場合で、本人の意思能力が認められるときに、金融資産、不動産及び自社株やその他の財産の種類別に、即実行可能なもので相続税等の軽減効果が期待できるものについて解説することとします。

I

被相続人の意思能力について

意思能力

相続対策を実行するためには、意思能力のあることが求められます。意思能力は、自らの法律行為の法的結果を認識し理解できる能力をいいます。

厚生労働省老健局総務課の「認知症施策の動向について」（令和元年９月６日）によると「一万人コホート年齢階級別の認知症有病率」は、以下のように報告されています。

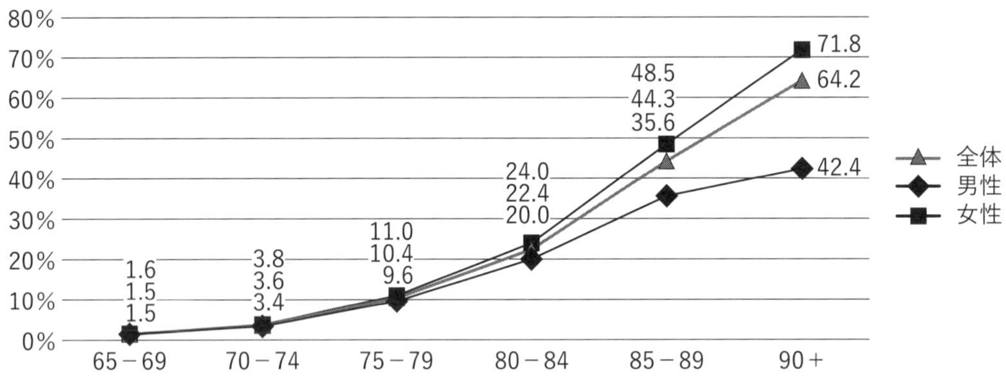

この報告書によると、80 歳を超えると認知症を発症する割合が急速に高まることが分かります。認知症イコール意思無能力者ではありませんが、認知症が原因で意思無能力者になる人が少なくありません。意思能力の有無の判断において、公的介護保険制度の導入後は、要介護認定の過程で主治医意見書において本人の意思能力に関する記載がなされるようになっています。

介護保険法では、被保険者から要介護認定の申請を受けた市町村は、当該被保険者の「身体上又は精神上の障害（生活機能低下）の原因である疾病又は負傷の状況等」について、申請者に主治医がいる場合には、主治医から意見を求めることとされています。

また、家庭裁判所が後見開始の審判を行うに当たっては、医師に診断書の提出を求めていて、家庭裁判所が作成している「成年後見制度における診断書作成の手引」には、以下のような記述があります。

> 家庭裁判所は、補助及び任意後見の利用開始に当たっては、医師の意見を聴かなければならないとされておりますので、申立人に対して、申立書とともに、本人の精神の状態について記載された医師の診断書の提出をお願いしています。
>
> 後見及び保佐については、原則として医師等の鑑定を必要とするとされていますが、診断書の記載等から明らかに必要がないと認められる場合には鑑定は不要とされていますので、鑑定の要否を検討するためにも、まずは、補助・任意後見の場合と同様、医師の診断書の提出をお願いしています。（中略）
>
> 成年後見制度は精神上の障害によって判断能力が低下している者を対象としており、家庭裁判所は、医師の作成した診断書等を参考に、本人について、精神上の障

害の有無や判断能力の低下の有無・程度について判断することになります。

家庭裁判所の審理に必要な情報は、「診断書（成年後見制度用）」の書式を利用して診断書を作成していただくことによって記載することができます。本人や親族等から依頼があった場合には、本書式を利用して診断書を作成いただきますようお願いします。

意思無能力者については、「法律行為の当事者が意思表示をした時に意思能力を有しなかったときは、その法律行為は、無効とする。」（民法 3 の 2）と規定されています。

そのため、相続対策を実行に移す時期については、意思能力が失われる前に、できるだけ早く着手することが賢明です。

意思無能力者による行為

意思無能力者による行為について、以下のような裁決例があります。

国税不服審判所裁決（平成20年11月5日）

意思能力のない甲の不動産売却のための便法として甲の妻に形式的に贈与されたものであって、このような事情の下では、甲から甲の妻に対して本件土地等の贈与があったとは認められないとともに、本件土地等の売却により収益を享受すべき者は、甲の妻ではなく、本件土地の真の所有者であった甲とみるべきである。

国税不服審判所裁決（平成23年7月1日）**（非公開）**

被相続人が相続人に対し、本件マンションの購入に関する委任をした事実は認められず、本件委任状が作成されているとしても、本件被相続人は意思無能力者であったから、当該委任契約は無効であるとして課税庁が重加算税を賦課したことについて審判所は、「被相続人は意思無能力者であったから、当該委任契約は無効である。そうすると、請求人が被相続人の代理人として行った本件売買契約は無権代理行為となる。しかしながら、請求人は、被相続人の唯一の相続人であるところ、無権代理人である請求人は、本人である被相続人の資格において無権代理行為の追認拒絶権を行使することは信義則上認められないから、無権代理行為は当然有効となり、本人である被相続人が自ら本件売買契約をしたのと同様の法律上の地位を生じることとなる。相続税の申告において、請求人の納付すべき税額が過少となったのは、本件マンションの評価基本通達に基づく評価額とその実勢価額に開差があることにより生じたものであり、請求人の上記行為によって直ちに生じたものではない。

したがって、上記請求人の行為をもって課税標準等又は税額等の計算の基礎となるべき事実を隠ぺい又は仮装したとまで評価することはできず、請求人に対する重加算税賦課決定処分は、違法であるといわざるを得ない。」として取消しをしています。

また、遺言者の遺言能力について、「有効な遺言をするには、遺言者に遺言能力、すなわち遺言事項を具体的に決定し、その法律効果を弁識するのに必要な判断能力たる意思能力がなければならない」（東京高裁判決：平成 25 年 3 月 6 日）とするなど意思能力の有無が争点になる事例が少なくありません。

高齢者の財産管理

高齢で財産管理が不安な場合や認知症になってしまったときには、本人に代わって財産を管理できる制度があります。主な制度は以下のとおりです。

制　度	種　類	本人の意思能力	手　続
成年後見制度	法定後見	不　要	家庭裁判所に申請し、後見人が選任される。
	任意後見	必　要	本人が後見人を指名し公正証書で契約。裁判所から任意後見監督人が選任され支援開始。
（家族）信託	－	必　要	信託契約は公正証書によることが望ましい。
財産管理等委任契約	－	必　要	契約当事者間の合意により自由に設定することができる。

(1)　成年後見制度の概要

認知症などにより判断能力が不十分になると様々な取引ができなくなり「資産凍結」の状態になってしまいます。凍結された財産は、たとえ家族であっても利用することができないため、資産凍結は本人を介護する家族の家計に大きな影響を及ぼします。

厚生労働省老健局の資料（令和元年 6 月 20 日）によると、令和 7 年には認知症の人の推計は 675 万人～730 万人になるとしています。認知症＝意思無能力者ではありませんが、かなりの確率で意思無能力者になるといわれています。

成年後見制度とは、認知症、知的障害、精神障害などによって判断能力が十分ではない方を保護するための制度です。成年後見制度には、次のようなタイプがあります。

区分	対象となる方	援助者	
補助	判断能力が不十分な方	補助人	監督人を選任することがあります。
保佐	判断能力が著しく不十分な方	保佐人	
後見	判断能力が欠けているのが通常の状態の方	成年後見人	
任意後見	本人の判断能力が不十分になったときに、本人があらかじめ結んでおいた任意後見契約にしたがって任意後見人が本人を援助する制度です。家庭裁判所が任意後見監督人を選任したときから、その契約の効力が生じます。		

（出典：裁判所　裁判手続家事事件Q＆A）

後見開始の審判の請求は、家庭裁判所は、配偶者、四親等内の親族などの請求により、後見開始の審判をすることができるとしています（民法7）。

民法7条（後見開始の審判）

精神上の障害により事理を弁識する能力を欠く常況にある者については、家庭裁判所は、本人、配偶者、四親等内の親族、未成年後見人、未成年後見監督人、保佐人、保佐監督人、補助人、補助監督人又は検察官の請求により、後見開始の審判をすることができる。

判断能力が不十分な方の財産を守る制度として「成年後見制度」がありますが、コストや自由度の面で活用が進んでいません。成年後見制度は財産の維持管理を主たる目的としているため、成年後見人等による財産の管理や処分には一定の制限がかかります。

また、後見人は家庭裁判所が選任しますので、必ずしも家族が後見人となれるとは限りません。

成年後見人等の報酬額の目安については、東京家庭裁判所立川支部作成（平成25年1月1日）の「成年後見人等の報酬額のめやす」（筆者要約）によると以下のようになっています。

成年後見人が、通常の後見事務を行った場合の報酬（これを「基本報酬」と呼びます。）の目安となる額は、月額2万円です。

ただし、管理財産額（預貯金及び有価証券等の流動資産の合計額）が1,000万円を超え5,000万円以下の場合には基本報酬額を月額3万円～4万円、管理財産額が5,000万円を超える場合には基本報酬額を月額5万円～6万円とします。

なお、保佐人、補助人も同様です。

◉ 後見人等の選任の新受件数（直近 10 年間）

	成年後見人	成年後見監督人	保佐人	補助人
令和４年	4, 316	1, 520	988	315
令和３年	4, 457	1, 438	1, 052	261
令和２年	4, 310	1, 406	863	250
令和元年	4, 628	1, 484	835	233
平成 30 年	5, 299	1, 506	740	182
平成 29 年	6, 657	1, 894	766	228
平成 28 年	9, 374	2, 422	778	228
平成 27 年	11, 616	3, 679	730	199
平成 26 年	8, 467	2, 813	625	194
平成 25 年	4, 780	2, 535	590	153

（出典：最高裁判所事務総局「司法統計年報（家事編）第３表」）

◉ 後見制度の比較

<table>
<tr><th></th><th>法定後見</th><th>任意後見</th><th>保佐</th><th>補助</th></tr>
<tr><td>根拠法</td><td>民法</td><td>任意後見契約に関する法律</td><td colspan="2">民法</td></tr>
<tr><td>対象者</td><td colspan="2">精神上の障害によって判断能力が欠けているのが通常の方</td><td>判断能力が著しく不十分な方</td><td>判断能力が不十分な方</td></tr>
<tr><td>申立者</td><td>本人、配偶者、四親等内の親族や検察官、市区町村長など</td><td>本人、配偶者、四親等内の親族、検察官、市区町村長又は任意後見受任者</td><td colspan="2">本人、配偶者、四親等内の親族や検察官、市区町村長など</td></tr>
<tr><td>同意の必要性</td><td colspan="3">本人の同意は不要</td><td>本人の同意が必要</td></tr>
<tr><td>被後見人の呼称</td><td colspan="2">成年被後見人（民法８）</td><td>被保佐人（民法 12）</td><td>被補助人（民法 16）</td></tr>
<tr><td>後見人の呼称</td><td>成年後見人</td><td>任意後見人</td><td>保佐人</td><td>補助人</td></tr>
<tr><td>後見監督人の選任</td><td>家庭裁判所は、必要があると認めるときは、後見監督人を選任することができる（民法 849）。</td><td>任意後見監督人が選任される（任意後見契約に関する法律４）。</td><td>家庭裁判所は、必要があると認めるときは、保佐監督人を選任することができる（民法 876 の３）。</td><td>家庭裁判所は、必要があると認めるときは、補助監督人を選任することができる（民法 876 の８）。</td></tr>
<tr><td>成年後見人等によって取消すことができる行為</td><td colspan="2">日用品の購入など日常生活に関する行為以外の行為。</td><td>重要な法律行為（借財・保証・不動産その他重要な財産の売買等）は、取り消すことができる。</td><td>民法 13 条①に規定する行為のうち重要な財産行為の一部（民法 17）</td></tr>
</table>

成年後見人等の権限	被後見人の代理人として、代理権、取消権、追認権がある。	裁判所は、特定の法律行為について、代理権を与えることができる。	裁判所は、特定の法律行為について、代理権若しくは同意権（取消権）のいずれか又は双方を与えることができる。
取締役になれるか否か(会社法331の2)	なれない		なれる

⑵　家族信託

「信託」とは、特定の者が一定の目的（専らその者の利益を図る目的を除く。）に従い財産の管理又は処分及びその他の当該目的の達成のために必要な行為をすべきものとすることをいう（信託法 2①）と規定しています。

信託では、「委託者」（財産を信託する人）、「受託者」（信託財産を管理・運用等をする人）、及び「受益者」（信託財産から生じる利益を得る人）の 3 者からの関係からなり、委託者が信託する財産を選んで受託者に信託財産を任せる制度です。

そのため、家族が受託者となる家族信託では、信託財産については、受託者が信託契約に基づき柔軟に管理運用や処分行為ができますが、それ以外の財産については、信託財産ではないので、管理運用等はできず、成年後見制度を利用する必要がでてきます。

また、信託では、受託者は身上監護を行うことはできません。信託で任せられるのは、財産の管理や処分に関することのみとなります。

信託契約は私文書でも締結することが可能ですが、後日の争いを避けるためにも公正証書によって信託契約をしておくことをお勧めします。

信託の受託者と成年後見人とでは、次の権限等が異なります。

◉ 信託と成年後見制度の相違点

	信託の受託者	成年後見人
財産の運用や処分	受託者は契約に基づいて委託者の希望どおりに財産の運用や処分ができる。	原則として、生前贈与など本人の財産を減らす行為はできない。 また、財産の積極的な運用や処分も自由にできない。
本人死亡後の事務や財産整理	信託契約に基づいて、受益権を受益者に配分することができる。 また、葬儀費用を信託しておくこともできる。	本人が死亡した時点で後見人の任務は原則として終了となる。 そのため、本人死亡後の事務処理がスムーズに行えない可能性がある。

⑶　財産管理等委任契約

財産管理等委任契約とは、判断能力はあるが、病気や事故などで身体が動かなくなり預貯金の入出金などの財産管理を行うことが自分でできなくなったときなどに、家族や親戚など信頼できる人に代理権を与え財産管理を任せるという契約です。

任意代理契約とも呼ばれ、裁判所の関与なく、代理人との間で自由に契約内容を締結することができます。

財産管理等委任契約は、判断能力が低下する前から利用することができるというメリットがあります。また、身体的な理由などにより銀行に出向くことが難しい場合に、代わりに手続をしてもらいたいと希望する場合にも活用することができます。

しかし、財産管理等委任契約に対応していない銀行や、対応していても必ず本人と会って確認をする銀行もあり、委任契約書だけでは代理人として認められない場合があります。そのため、銀行の窓口での手続を予定している場合は、あらかじめ銀行に確認したうえで、財産管理等委任契約を結ぶことをお勧めします。

また、財産管理等委任契約は、将来的に判断能力が低下する場合に備えて、任意後見契約とセットで結ぶことが望ましいと考えられています。このように、本人に判断能力があるうちは、財産管理等委任契約により財産管理等を行い、本人の判断能力が低下した後は、任意後見に移行し後見事務を行い、同じ人に継続して財産管理等をしてもらう形態のものを「移行型任意後見契約」と呼んでいます。

II

短期間のうちに相続が開始すると対策の効果が期待できないもの

相続対策を実行しても、対策後短期間のうちに相続が開始すると、その対策の効果が期待できないものには、以下のようなものがあります。

生前贈与

相続、遺贈や相続時精算課税に係る贈与によって財産を取得した人が、被相続人からその相続開始前３年以内（令和６年１月１日以後の贈与から７年以内。以下同じ。）に暦年課税に係る贈与によって取得した財産があるときには、その人の相続税の課税価格に贈与を受けた財産の贈与の時の価額を加算することとされています。

３年以内であれば贈与税がかかっていたかどうかに関係なく加算されますので、基礎控除額110万円以下の贈与財産や死亡した年に贈与されている財産の価額も加算することになります（相法19）。

また、その加算された贈与財産の価額に対応する贈与税の額は、加算された人の相続税の計算上控除されることになります（相法19）。ただし、加算税、延滞税、利子税の額は含まれません。

しかし、被相続人から生前に贈与された財産であっても、次の財産については加算する必要はありません。

① 贈与税の配偶者控除の特例を受けている又は受けようとする財産のうち、その配偶者控除額に相当する金額
② 直系尊属から贈与を受けた住宅取得等資金のうち、非課税の適用を受けた金額
③ 直系尊属から一括贈与を受けた教育資金のうち、非課税の適用を受けた金額
（上記の金額のうち、贈与者死亡時の管理残額については、相続等により取得したものとみなして、相続税の課税価格に加算される場合があります。）
④ 直系尊属から一括贈与を受けた結婚・子育て資金のうち、非課税の適用を受けた金額
（上記の金額のうち、贈与者死亡時の管理残額については、相続等により取得したものとみなして、相続税の課税価格に加算されます。）

なお、生前贈与加算の対象者は、「相続、遺贈や相続時精算課税に係る贈与によって財産を取得した人」に限定されていますので、例えば、相続人でない孫へ相続開始前３年以内に贈与していても、遺贈や相続時精算課税によって財産を取得していなければ生前贈与加算の規定の適用を受けることはありません。また、相続人への相続開始前３年以内の贈与であっても、被相続人から、相続、遺贈や相続時精算課税に係る贈与によって財産を取得していなければ生前贈与加算対象とはなりません。

小規模宅地等の特例

⑴ 新たに取得した特定事業用宅地等

相続開始の直前において被相続人等の事業（不動産貸付業、駐車場業、自転車駐車場業及び準事業を除きます。）の用に供されていた宅地等のうち、その相続の開始前３年以内に新たに事業の用に供された宅地等については、小規模宅地等の特例の適用を受けることができません（措法69の４③一）。

しかし、相続開始前３年以内に新たに事業の用に供された宅地等であっても、その宅地等の上に一定の規模以上の建物または構築物などがあれば、特定事業用宅地等として小規模宅地等の特例の適用を受けることができます（措令40の２⑧⑨）。

そのため、新たに事業の用に供された宅地等について、特定事業用宅地等として小規模宅地等の特例の適用を受けようと考える場合には、一定規模以上の建物等を建築するなどの対応が求められます。

⑵ 新たに貸付事業の用に供した貸付事業用宅地等

相続開始の直前において被相続人等の事業（不動産貸付業、駐車場業、自転車駐車場業及び準事業に限ります。）の用に供されていた宅地等のうち、「３年以内貸付宅地等」については、貸付事業用宅地等として小規模宅地等の特例の適用を受けることができません（措法69の４③四）。

しかし、相続開始前３年以内に新たに貸付事業の用に供された宅地等であっても、相続開始の日まで３年を超えて引き続き特定貸付事業を行っていた被相続人等のその特定貸付事業の用に供された宅地等については、３年以内貸付宅地等に該当しません。

また、「被相続人が相続開始前３年以内に開始した相続又はその相続に係る遺贈により貸付事業の用に供されていた宅地等を取得し、かつ、その取得の日以後当該宅地等を引き続き貸付事業の用に供していた場合における当該宅地等は、新たに貸付事業の用に供された宅地等に該当しないものとする。」（措令40の２⑳）とされています。

⑶ 「家なき子」の場合

被相続人に配偶者がいないことや、相続開始の直前において被相続人の居住の用に供されていた家屋に居住していた被相続人の相続人（相続の放棄があった場合には、その放棄がなかったものとした場合の相続人）がいないことなど一定の要件を満たす場合に、相続開始前３年以内に日本国内にある取得者、取得者の配偶者、取得者の三親等内の親族又は取得者と特別の関係がある一定の法人が所有する家屋（相続開始の直前において被相続人の居住の用に供されていた家屋を除きます。）に居住したことがないことなどの要件を満たす一定の者が、被相続人の居住の用に供されていた宅地等を相続した場合に限り、「特定居住用宅地等」として小規模宅地等の特例の適用を受けることができます。

取引相場のない株式等の相続税評価額の計算

(1) 純資産価額方式における純資産価額

取引相場のない株式の評価（課税時期３年以内に取得した土地等及び家屋等の判定期間）において、「１株当たりの純資産価額（相続税評価額によって計算した金額）」の計算に当たり、３年以内に取得又は新築した土地等及び家屋等については、相続税評価額によらず通常の取引価額により評価することとされています。

これは、課税時期の直前に取得し、「時価」が明らかになっている土地等及び家屋等について、わざわざ路線価等によって評価替えを行うことは、「時価」の算定上、適切でないと考えられることなどによるものです。

(2) 開業後３年未満の会社等の株式

「開業後３年未満の会社等の株式」の価額は、１株当たりの純資産価額（相続税評価額によって計算した金額）によって評価する（評基通189－４）としています。

開業後３年未満の会社の株式の評価に当たり、純資産価額方式に従って評価することは合理的であると認められるとする東京地裁判決(平成12年５月30日)の要旨は次ページのとおりです。

東京地裁判決（平成12年5月30日）

純資産価額方式は、そもそも株式が会社資産に対する割合的持分としての性質を有し、会社の所有する総資産価値の割合的支配権を表象したものであり、株主は、株式を保有することによって会社財産を間接的に保有するものであり、当該株式の理論的・客観的な価値は、会社の純資産の価額を発行済株式数で除したものと考えられることからして、取引相場のない株式の評価の原則的な評価方法といい得るものであること、これに対して、類似業種比準方式は、標本会社として採用されている上場会社に匹敵する評価会社について、配当、利益及び純資産価額（簿価）という３つの比準要素により、業種別の上場会社の平均株価に比準して評価会社の株価を算定する評価方法であり、このような評価方法により適正に株価を算定するためには、評価会社が、標本会社である上場会社と同等に正常な営業活動を行っていることが前提条件となるところ、開業後３年未満の評価会社は、その経営状況や財産指標が未だ安定的でなく、類似業種比準方式により適正に株価を算定することを期し難いことから、同方式によって評価することは妥当でないといえることにかんがみれば、開業後３年未満の会社の株式の評価に当たり、純資産価額方式に従って評価することは合理的であると認められる。

III 遺族年金を受給するための直前対策

配偶者の年間所得の引下げ

公的年金の中で死亡に関する保険給付としては、遺族基礎年金と遺族厚生年金があります。どちらもそれぞれに受給要件がありますが、共通した要件のうちの一つに、死亡時に死亡者によって生計を維持されている遺族であることという要件があります。この生計維持関係の有無は死亡者と生計が同一であったことと、遺族の前年の収入が850万円未満、又は所得金額が655.5万円未満であるか否かで判定します。つまり同じ世帯（原則として戸籍謄本と住民票が同一世帯に記載されている必要があります。）で、かつ、この金額未満の年収あるいは所得のどちらかの要件をクリアーすれば、死亡者によって生計を維持されていたということになります。また、この年収あるいは所得は「将来にわたって有すると認められる」のでなければ、生計維持関係ありと判断されます。具体的にいうと、現在は給与収入等が基準を上回っていても、概ね5年以内に基準未満に下がればよいという考え方です。

例えば、妻が58歳で現在は給与収入が1,000万円でも、2年後の60歳で定年退職である場合には、定年年齢を記した就業規則等を添付すれば生計維持関係が認められます。

また、前年にたまたま不動産等を売却したことにより所得があっても、一時的な所得ならば、生計維持関係が認められます。しかし、5年以内に定年でない場合や事業所得が継続してある場合などは、夫の死亡とともに会社を廃業して所得がなくなったとしても、夫の死亡時での前年所得がさきほどの基準を上回っていれば、生計維持関係は認められません。そのためにも同族会社で妻が役員になっている場合などでは、年間給与は850万円未満になるようにしておくことで遺族年金を受給することができます。

ちなみに、夫の死亡後に妻が社長に就任して役員給与が増えたり、事業主になって事業所得が増えて基準を上回ったとしても、あくまで死亡時の前年所得で判定されますので影響ありません。

（注） 所得金額の判定において、一時所得がある場合にはこれを除いて判定することとされています。

18歳未満の孫などとの養子縁組

公的年金の遺族給付には、遺族基礎年金と遺族厚生年金がありますが、受給権者となれる遺族の範囲が異なります。遺族厚生年金の受給権者となれる遺族の範囲は生計維持関係のある配偶者、子、父母、孫、祖父母です。これに対して遺族基礎年金の方は範囲が狭く、生計維持関係のある「子のある配偶者」と「子」のみです。

公的年金の遺族年金での子の概念というのは、18歳の年度末まで、あるいは20歳未満で一定の障害状態にあり、かつ、現に婚姻していない子で法律上の子（養子縁組、認知）を含むということで統一されています。また、税法上と異なり社会保険上は配偶者というのは内縁関係でも認められます。

まず、遺族基礎年金についていえば、上記のような子と生計を同じくする配偶者か、子のみしか受給権者となれません。ちなみに子のある配偶者に受給権がある場合は子に対する遺族基礎年金は支給停止になります。

遺族基礎年金は定額で子の数によって年金額が次のように異なる仕組みになっています。

◉ 遺族基礎年金の年金額（令和６年４月分から）

受給者の区分		年金の額
配偶者が受け取るとき	配偶者のみ	なし
	昭和31年４月２日以後生まれの方	816,000円＋子の加算額
	昭和31年４月１日以前生まれの方	813,700円＋子の加算額
子が受け取るとき	子　１　人	816,000円
	子　２　人	816,000円＋234,800円
	子　３　人	816,000円＋234,800円＋78,300円

（注）　子の加算は、２人までは１人につき234,800円、３人目以降は１人につき78,300円。

◉ 厚生年金に加入していた夫死亡時に妻に18歳未満の子がある場合（イメージ図）

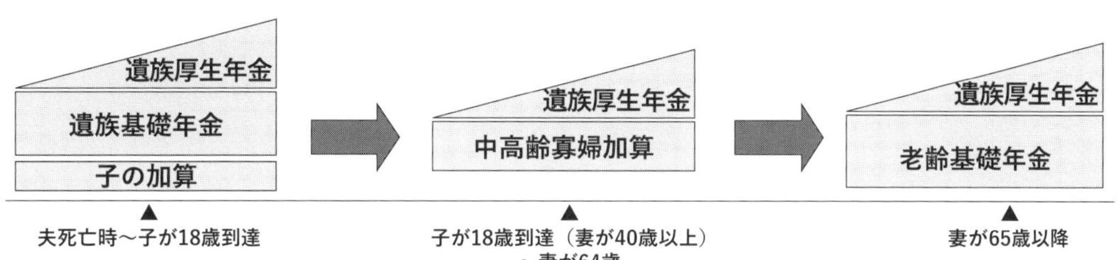

子のない配偶者は遺族基礎年金を受給できません。また、子は18歳の年度末になると失権し、末子が失権すると配偶者自身も遺族基礎年金のみ失権してしまいます。

このように、遺族基礎年金が受給できるか否かは子の存在が重要なポイントとなります。前述したように子は実子、養子を問いません。死亡時に養子縁組した18歳未満の孫がいれば子として加算の対象になりますし、子自身の受給権も発生します（ただし、生計同一及び生計維持関係が必要です。）。

これに対して遺族厚生年金を配偶者が受給する場合は、生計維持関係は必要ですが、子がいることは受給要件ではなく、受給額も死亡者の平均給料（これを平均標準報酬月額及び平均標準報酬額といいます。）によって額が変わってきます。しかし、遺族厚生年金においては、夫が遺族厚生年金を受給するには、妻が死亡時に夫が55歳以上であることが要件となっています。さらに、原則として夫が60歳までは支給停止となるため、実際に支給されるのは60歳からです。

一方、子のない妻（遺族基礎年金を受けられない妻）が受ける遺族厚生年金には、夫の死亡当時、妻が40歳以上65歳未満であれば、中高齢の寡婦加算が、年額612,000円（令和6年度）加算されます（ただし、妻が40歳以上65歳未満の間のみ）。

すなわち、「遺族基礎年金」を受給できない（夫の死亡当時「子」のない妻は40歳以上65歳未満であること）、又は「遺族基礎年金」を受給できたけれど「子」がいなくなったため要件から外れ、失権してしまったときに「遺族基礎年金」に代わって「中高齢の寡婦加算」が支給されることになります。

なお、この中高齢の加算が行われるのは、夫の在職中の死亡か、夫の厚生年金の被保険者期間が20年（中高齢の期間短縮に該当する場合は15年～19年）以上ある場合等です。

◉ 遺族基礎年金と遺族厚生年金

	遺族基礎年金	遺族厚生年金
受給要件	被保険者又は老齢基礎年金の資格期間を満たした者が死亡したとき ただし、死亡した者について、保険料納付済期間（保険料免除期間を含む）が加入期間の3分の2以上あること（遺族厚生年金も同様）	① 被保険者が死亡したとき、又は被保険者期間中の傷病がもとで初診の日から5年以内に死亡したとき ② 1級・2級の障害厚生年金を受けられる者が死亡したとき ③ 老齢厚生年金の資格期間を満たした者が死亡したとき
生計維持関係	死亡者と生計が同一であったことと、遺族の前年の給与収入が850万円未満であるか否かで判定（死亡当時に年収850万円以上であっても、おおむね5年以内に年収が850万円未満となると認められる方）	
受給権者	生計維持関係のある「子のある配偶者」又は「子」	生計維持関係のある配偶者、子、父母、孫、祖父母
子の定義	18歳未満、又は20歳未満で一定の障害状態にあり、婚姻していないこと （注） 養子、認知した子を含む。	
配偶者の範囲	内縁関係を含む。（配偶者＝夫の場合も同様）	
年金の額（令和6年4月分から）	① 配偶者と子の場合 813,700円(※)に子の数に応じて一定額が加算される。 ※ 昭和31年4月2日以後生まれの配偶者は816,000円 ② 子だけの場合 816,000円に、子が2人以上の場合、一定額が加算される。	死亡者の平均給料（これを平均標準報酬月額及び平均標準報酬額という。）によって額が変わる（遺族基礎年金の受給権者は、遺族厚生年金も併せて受けることができる。）。
子のない妻	−	妻が40歳以上65歳未満の場合、一定の要件に該当すると中高齢の寡婦加算612,000円（年額）が加算される。

IV

遺言書の作成

遺言をするには「遺言能力」が求められ（民法963）、遺言を行うには、15歳以上であることなどが必要とされています（民法961）。

遺言能力とは、自らの作成した遺言の内容を理解し、財産が相続人にどのように相続されるかを弁識するに足る意思能力をいい、遺言能力がない状態で行われた遺言は無効となります。

平田厚明治大学教授による裁判例の分析（『民事における意思能力の判断事例集―取引行為、遺言、婚姻、養子縁組等―』（新日本法規））によると、遺言者の意思能力の判定については、改訂長谷川式簡易知能評価スケール（HDS-R）やミニメンタルスケール検査（MMSE）の評点が参考とされていて、概ね以下のようになっているとしています。

① HDS-R

遺言作成時点に近い時点で15点以上の評点が与えられていれば当該遺言者のなした遺言は基本的に有効とされているようである。また、おおむね11点以下ではほとんどが無効とされている傾向がある。また、評点よりも本人の病状を重視するものも多い。

② MMSE

遺言作成時点に近い時点で20点程度の評点が与えられていれば当該遺言者のなした遺言は基本的には有効とされており、おおむね17点以下ではほとんどが無効とされている傾向がある。

なお、一定の評点を得ている場合であっても、遺言内容が相続人間で著しく不平等な内容となっており、その不平等が合理的であると推認できる事実が存在しないときには、当該遺言は利益を受ける相続人等の作為・誘導等による疑いがあるものとして無効と判断するものが多いとしています。

遺言をすることにより、相続人に対して法定相続分とは異なる割合による「相続分」や「遺産分割の方法」を指定することができます。また、法定相続人以外の者や法人に対し、特定財産を遺贈することもできます。

遺言者が死亡すると、直ちに遺言の効力が生じて、遺言の対象財産は相続又は遺贈により受遺者に帰属します。

被相続人は、遺言をすることによって、遺産の自由な処分についての権限を付与されていて、遺言により既に受遺者に帰属した財産は、相続人が遺産分割の対象とすることはできません。

しかし、遺言も万能ではありません。遺言書を作成しても撤回することができます。本人の意思による撤回だけでなく、病弱な高齢者の囲い込みによる遺言書の撤回・書き換えの危険性があります。さらに、相続人の合意によって遺言者の遺志が反故にされ、相続人らによる遺産分割協議によって遺産が配分されることもあります。

また、遺言の執行前に、他の相続人が単独で相続人全員の法定相続分の持分割合の相続登記を行い、そのうえでその者の法定持分を善意の第三者に換価処分するなどしても有効なものと扱われ当該第三者に対抗できません（民法 899 の 2 ①）。

以上のリスクを回避する方法として、「遺言代用信託」などの活用が考えられます。

一方、遺言書がない場合には、遺産分割協議によることになり、分割協議が紛糾し、家族間に修復できないほどの亀裂が生じてしまうこともあります。遺言書が絶対のものではないものの、家族が仲良く暮らすためにも、有効な遺言書を残すことの重要性は変わらないと思います。

遺言は法定行為であるため、遺言の方式については民法 960 条で「遺言は、この法律に定める方式に従わなければ、することができない」と定めています。

遺言書の種類

民法では、普通方式遺言 3 種類と、特別方式遺言 4 種類を定めています。

普通方式遺言は、自筆証書遺言、公正証書遺言、及び秘密証書遺言の 3 種類です。原則として、この普通方式遺言 3 種類の中から選択して遺言書を作成します。ただし、生命の危機が迫るような緊急時のために、特別方式遺言も規定されています。特別方式遺言は、死亡危急者遺言、船舶遭難者遺言、伝染病隔離者遺言及び在船者遺言の 4 種類です。

遺言の方式				
	普通方式	自筆証書遺言		民法 968・民法 971
		公正証書遺言		民法 969・民法 969 の 2
		秘密証書遺言		民法 970・民法 972
	特別方式	危急時遺言	死亡危急者遺言	民法 976
			船舶遭難者遺言	民法 979
		隔絶地遺言	伝染病隔離者遺言	民法 977・980
			在船者遺言	民法 978・980

なお、平成 30 年の民法改正によって「自筆証書遺言」の方式緩和が行われ、全文自書しなければならないとされていた方式から、財産については、財産目録として、別紙にパソコンでの一覧作成や、登記事項証明書の写しなどを添付する方法が認められました。また、自筆証書遺言を法務局で保管する制度も創設され、法務局で保管されている自筆証書遺言については、紛失したり、誰かに破棄・改ざんされたりするなど様々なリスクを解消することに役立ち、検認も不要とされています。

普通方式による遺言書の作成方法

「自筆証書遺言」、「公正証書遺言」、「秘密証書遺言」の３つの方式の作成方法、長所及び短所などについては、以下の表のとおりです。そのうち、相続対策で作成する遺言書については、遺言書の有効性について疑義の入る余地の少ない「公正証書遺言」によることをお勧めします。

遺言の種類	作成方法	長　所	短　所	備　考
自筆証書遺言 **（民法968）** **（民法971）**	①　本文部分は遺言者が自書し、財産目録は自書以外も可。 （注）財産目録には署名・押印をしなければなりません。 ②　証人や立会人は要りません（遺言者が単独で作成できます）。	①　いつでも、どこでも作成でき、遺言書作成に伴う証人は不要で、費用もかかりません。 ②　遺言の内容についても、遺言書の作成についても秘密が保持できます。	①　紛失や改ざんの心配があります。 ②　文字を書ける人に限られます。 ③　方式不備、内容不備による無効の可能性があります。 （注）法務局で保管されている場合には、①や③の方式不備の懸念は解消されます。	①　加除訂正の方法に十分注意する必要があります。 ②　遺言書の保管方法に注意する必要があります。 ③　死後に家庭裁判所での検認手続が必要です（法務局に保管されている場合は不要。）。
公正証書遺言 **（民法969）** **（民法969の２）**	①　２人以上の証人の立会いが必要です。 ②　遺言者が口述し、公証人が筆記します。 ③　公証人が遺言者及び証人に読み聞かせます。 ④　遺言者及び証人が筆記の正確なことを承認して、各自署名押印します。 ⑤　公証人が方式が適正であることを付記して署名押印します。	①　紛失や改ざんの心配がありません。 ②　遺言内容について争いが生じたり、遺言が無効とされたりすることが少なくなります。 ③　文字を書けない人でもできます。	①　遺言書作成に伴い証人２人以上が必要で、公証人に対する費用がかかります。 ②　手続が面倒で手間がかかります。 ③　遺言の内容は秘密にできません。	①　検認手続は必要ありません。 ②　証人欠格に注意することが必要です。 ③　遺言検索システムによる検索ができます。 （注）聴覚又は言語機能に障害がある者は手話通訳又は筆談により公正証書遺言をすることができます。

秘密証書遺言 （民法 970） （民法 972）	① 遺言者が自身で又は他者に代筆を依頼し、遺言書を作成します（署名・捺印以外はパソコン等利用可）。 ② 遺言者が遺言書に署名し、押印します。 ③ 遺言者が遺言書を封じ、同じ印章で封印をします。 ④ 遺言者が公証人及び２人以上の証人の前に封書を提出し、自分の遺言書である旨及び筆記者の氏名・住所を申し述べます。 ⑤ 公証人が日付と遺言者の申述を封書に記載し、遺言者、証人とともに署名押印します。	① 遺言の内容を秘密にし、その存在のみを明らかにできます。 ② 改ざんの心配がありません。 ③ 署名押印さえできれば、他の文字が書けない人でもできます。 ④ 公正証書遺言と比べて費用が安く、一律 11,000 円とされています。	① 遺言書作成に伴い証人２人以上が必要で、公証人に対する費用がかかります。 ② 紛失の恐れがあります。 ③ 方式、内容に不備があると無効や争いになる可能性があります。	① 加除訂正の方法に十分注意する必要があります。 ② 検認手続が必要です。 ③ 証人欠格に注意する必要があります。 （注１）言語機能に障害がある者は手話通訳により秘密証書遺言をすることができます。 （注２）遺言書に捺印した印鑑と同様の印鑑、遺言書を入れる封筒を用意します。

（注） 公正証書遺言及び秘密証書遺言を作成する場合の証人については、以下の者は証人になることはできません。
① 未成年者
② 推定相続人・受遺者並びにこれらの者の配偶者及び直系血族
③ 公証人の配偶者・４親等内の親族、書記及び使用人
なお、遺言者が証人を探すことができない場合には、公証役場で紹介してもらえます（有料）。

遺言に付言事項を記載しておく

付言事項とは、遺産の処分などの法律行為以外のことで言い残したいことなどを遺言書に書くことです。付言事項そのものに法的な効力はありませんが、遺言者の気持ちを相続人に伝えることができるので、相続人等の紛争を回避し、遺言の円滑な実現を図るうえで意義があり有益といわれています。

例えば、法定相続分と大幅に異なる（遺留分侵害のおそれのある）遺言をするに至った動機（例えば、寄与度、扶助・扶養の努力、生前贈与等）をできるだけ具体的に記載して、遺留分権利者の納得を得られるようにし、遺留分侵害額の請求をされないようにするということです。

また、遺留分権利者への特別受益の内容を記載しておくことで、遺留分侵害額の計算が明確になり争いを未然に防ぐことが期待されます。

遺留分権利者の悪口などを付言事項に記載することは、かえってトラブルになる原因となるので控えるようにしましょう。

さらに、遺留分の放棄の許可を受けている相続人がいる場合には、許可通知書は、遺留分の放棄をした者にだけ通知されますので、他の相続人が確認できるように家庭裁判所からの遺留分許可通知書の年月日や事件番号を記載しておくことが肝要です。

遺言書に代わる死因贈与

死因贈与とは、生前に贈与する契約をしますが、贈与者が死亡することによって初めて効力が生じる贈与をいいます。死因贈与も、形としては、生前贈与と同様に当事者間の合意によって成立します。しかし、贈与者が死亡することにより効果が生じる贈与であり、ほぼ、遺贈についての規定が適用されます。

⑴　メリット

死因贈与契約の優位性は、遺贈と異なり贈与者と受贈者間において生前に贈与の意思の合意が行われますので、推定被相続人の意向に添った形で財産を移転させることができます。

また、受贈者においては、贈与財産が不動産等の場合、贈与者の承諾を得て所有権移転の仮登記を行うことができます。さらに、贈与の執行者を定めておくことにより、贈与者の相続開始後は相続人等の承諾や印鑑を受領することなく執行者の権限で仮登記から本登記へ手続を行うことができ、所有権が確実に移転することなどが挙げられます。

⑵　死因贈与の税務上の取扱い

死因贈与や遺贈といった停止条件付法律行為は条件成就の時よりその効力を生じ、その効力の発生した時点が財産取得の時期となります。したがって、死因贈与については、その効力の発生は相続時点であるため、贈与税ではなく相続税の課税対象となります。

死因贈与については、不動産取得税の非課税規定はなく、贈与を原因とする財産の取得として、不動産取得税が課税されるとする判決があります（仙台高裁：平成２年12月25日判決）。また、登録免許税の適用税率も固定資産税評価額の２％となります。

◉ 死因贈与契約書の見本　　夫・田中一郎（贈与者）／妻・田中花子（受贈者）

死因贈与契約書（見本）

贈与者　田中一郎（以下、「甲」という。）と受贈者　田中花子（甲の妻。以下、「乙」という。）は、次のとおり死因贈与契約を締結する。

第１条　甲は、乙に対し、甲の所有する別紙物件目録記載の土地（以下、「本件不動産」という。）を贈与することを約し、乙はこれを受諾した。

第２条　本件贈与は、甲の死亡を停止条件として効力を生じ、かつ贈与物件の所有権は当然受贈者に移転する。

第３条　甲および乙は、本件不動産について、乙のために始期付所有権移転仮登記をするものとする。甲は、乙が上記仮登記申請手続をすることを承諾した。

第４条　贈与者は下記の者を死因贈与の執行者に指定する。

住　所　大阪市北区東天満○丁目○番○号

氏　名　○○　○○

生年月日　昭和○○年○月○日

以上のとおり、契約が成立したので、本契約書を２通作成し、各自署名押印の上、各１通を保有する。

令和　　年　　月　　日

住所　大阪市北区東天満○丁目○番○号

氏名（甲）　　　　　　　　　　　印

住所　大阪市北区東天満○丁目○番○号

氏名（乙）　　　　　　　　　　　印

遺言の撤回

⑴ 撤回

遺言書の撤回方法の一つとして、新たに遺言をして、その遺言書の中で前の遺言を撤回すると表明する方法があります。直接で最も明確な方法です。撤回の意思を争われる恐れもありますので、後の遺言は公正証書のような、より厳格な方法で行うことをおすすめします。

◉ 以前に作成した遺言書を撤回する場合に新たに作成する遺言書の記載例

> 第１条　遺言者は、本日以前における遺言者の遺言（公正証書遺言を含む。）のすべてを撤回し、改めて以下のとおり遺言する。
>
> 第２条　略

⑵ 法定撤回

遺言者の撤回の意思表示がなされていなくても、一定の事実があったときには、民法では遺言の撤回があったものと扱われます。これを法定撤回といいます。

①　後の遺言で前の遺言と異なる遺言を行う（民法1023①）

民法1023条１項では、前の遺言が後の遺言と抵触するときは、その抵触する部分については、後の遺言で前の遺言を撤回したものとみなすと定めています。

そのため、前の遺言で「A土地を妻へ相続させる」とだけ遺言し、後の遺言で「A土地を長男へ相続させる」としている場合には、A土地は長男が相続することになります。

一方、前の遺言で「土地を妻へ相続させる」とだけ遺言してあって、後の遺言で「有価証券を長男へ相続させる」としてあれば、二つの遺言はそれぞれ有効になります。

②　生前処分などを行う（民法1023②）

遺言と抵触する生前処分がされた場合とは、例えば、「甲建物は長男に相続させる」という遺言書を父が残していたとします。その場合、遺言書が有効であれば、甲建物は長男が取得することになります。

しかし、その遺言書が作成されてから、父が甲建物を長女の子に贈与してしまっていた場合、長男は甲建物を取得することができません。

なぜなら、父が甲建物を長女の子に贈与するという行為は、上記遺言と抵触していますから、この遺言は撤回されたことになるからです。

遺言者である父の意思としても、遺言書を作成した後に長女の子に対して贈与をしたということは、甲建物は長男ではなく長女の子に贈与したいというのが最終的な意思と思われるので、その意思を尊重することにもなります。

民法第1023条（前の遺言と後の遺言との抵触等）

1　前の遺言が後の遺言と抵触するときは、その抵触する部分については、後の遺言で前の遺言を撤回したものとみなす。

2　前項の規定は、遺言が遺言後の生前処分その他の法律行為と抵触する場合について準用する。

③　遺言書を破棄する

遺言書を撤回する方法として、遺言書を破棄することが直接的で最も簡単なものです。しかし、公正証書遺言の場合、原本が公証役場に保管されているため、手許にある公正証書遺言の謄本や正本を破棄しても遺言の撤回に当たりません。公正証書遺言は公証人法25条によって公証人の作成した証書の原本は原則として役場外へ持ち出しすることを禁じています。そのため、遺言者が公証役場に行って自らの作成した遺言公正証書の保管の撤回を求めることができません（法務局で保管してもらっている自筆証書遺言の場合には、保管の撤回をすることができます。）。

民法第1024条（遺言書又は遺贈の目的物の破棄）

遺言者が故意に遺言書を破棄したときは、その破棄した部分については、遺言を撤回したものとみなす。遺言者が故意に遺贈の目的物を破棄したときも、同様とする。

その他にも、方式不備によって無効となる場合、無効事由（認知症等による遺言能力の欠如等）・取消事由（錯誤や詐欺）が存在する場合もあります。

◉ 公正証書遺言の数の推移

	遺言公正証書件数（件）	増加率（%）		遺言公正証書件数（件）	増加率（%）		遺言公正証書件数（件）	増加率（%）
平成３年	44,652	4.2	平成14年	64,007	0.3	平成25年	96,020	8.9
平成４年	46,764	4.7	平成15年	64,376	0.6	平成26年	104,490	8.8
平成５年	47,104	0.7	平成16年	66,592	3.4	平成27年	110,778	6.0
平成６年	48,156	2.2	平成17年	69,831	4.8	平成28年	105,350	−
平成７年	46,301	−	平成18年	72,235	3.4	平成29年	110,191	4.6
平成８年	49,438	6.8	平成19年	74,160	2.7	平成30年	110,471	0.3
平成９年	52,433	6.1	平成20年	76,436	3.1	令和元年	113,137	2.4
平成10年	54,973	4.8	平成21年	77,878	1.9	令和２年	97,700	−
平成11年	57,710	5.0	平成22年	81,984	5.3	令和３年	106,028	8.5
平成12年	61,255	6.1	平成23年	78,754	−	令和４年	111,977	5.6
平成13年	63,804	4.2	平成24年	88,156	11.9	令和５年	118,981	6.3

（注）秘密証書遺言の作成件数は、令和元年100件、令和２年76件、令和３年78件、令和４年68件、令和５年86件となっています。

（出典：日本公証人連合会による統計資料）

◉ 法務局における遺言書保管制度の利用状況

（単位：件）

	遺言書の手続		相続人等の手続		
	保管申請	閲覧請求	遺言書情報証明書の交付請求	遺言書の閲覧請求	遺言書保管事実証明書の交付請求
令和２年７月～12月	12,631（12,576）	24	63	0	91
令和３年１月～12月	17,002（16,954）	44	684	8	984
令和４年１月～12月	16,802（16,764）	72	1,211	13	1,779
令和５年１月～12月	19,336（19,303）	103	1,930	15	2,643
令和６年１月	1,612（1,609）	7	164	2	276
令和６年２月	1,808（1,804）	11	218	1	259
令和６年３月	2,028（2,023）	8	248	1	324

（注）カッコ内は保管件数

（出典：法務省民事局）

◉ 公正証書遺言と自筆証書遺言（法務局で保管してもらう場合）の相違点

	公正証書遺言	自筆証書遺言
作成者と作成方法	遺言者の意思を確認して公証人が作成（遺言者が署名できない場合、公証人がその旨を証書に記載し捺印して作成することができる（公証人法39④））	本文部分は遺言者が自書し、財産目録は自書以外も可 自書できれば、1人で作成することができる
証人の有無	証人が2人以上必要	証人は不要
保管制度	公証人役場で保管	遺言者自らが法務局に出向き、法務局で保管してもらうことができる
撤回方法	公証人が作成した遺言書は公証役場から持ち出しできない（公証人法25）ため、他の遺言書で撤回の意思表示を行うなどの方法によらなければならない	法務局に預けている遺言書の返還を受け、廃棄して撤回することもできる
安全性	公証人が関与することから、無効になる可能性が低い	遺言の内容や遺言者の意思について、紛争になる可能性が公正証書遺言と比較して高い
費用	遺言書作成に当たり、公証人などに対する費用が発生する	遺言書作成費用は生じない。法務局で保管してもらうときに保管手数料（3,900円）が必要
複数の遺言書が残されている場合	公正証書はすべて公証人役場で保管されていて、遺言者の死亡後は、相続人はすべて作成された公正証書遺言の写しを入手できる。 そのため、特定の相続人等にとって不利な内容への遺言書の書換えの事実が明らかになることで、相続人間の関係が悪化する可能性がある。	遺言書が複数作成されても、遺言者によって破棄されていれば、前の遺言の内容を知られることがない。 そのため、遺言書の書換えがあっても、相続人間における関係悪化の可能性は低い。
遺言書の写しの交付の際に必要なもの	手許に正本又は謄本が残されていない場合に写しを請求するとき ① 遺言者の除籍謄本（遺言者の死亡確認のため） ② 相続人の戸籍謄本（請求者が相続人であることが分かるもの） ③ 請求者（相続人）の本人確認書類（運転免許証等）と認印、又は印鑑証明書（3か月以内）と実印	遺言者の出生から死亡時までのすべての戸籍（除籍）謄本及び相続人全員の戸籍謄本並びに相続人全員の住民票の写し（法定相続情報一覧図に相続人の住所の記載があればその一覧図のみ）を添付して交付請求する

◉ 自筆証書遺言が法務局に保管されているか否かによる相違点

	保管されている場合	保管されていない場合
検認手続き	不要	要
紛失･改ざん･隠匿の恐れ	ない	ある
費　用	保管料などの負担がかかる	かからない
保管手続き	本人が法務局に出頭して預ける	−
遺言書の様式	原則Ａ４サイズの用紙で一定の余白を残す。縦書き、横書きを問わない	自由
適合性のチェック	遺言書保管官が外形的な確認（日付・氏名・押印など）を行う	適合性のチェックを受けないため、要件の不備による無効の危険性あり
遺言書の撤回	別の遺言で撤回する旨を書く、又は法務局に出向き保管の申請の撤回をし、その遺言書を破棄する	別の遺言で撤回する旨を書く、又は手許の遺言書を破棄する
相続手続	遺言書保管官から交付を受けた「遺言書情報証明書」で手続をする	検認済み証書がついた遺言書で手続をする
遺言書の原本の返還	遺言者の生前中は遺言書の返還を受けることができる。ただし、死亡後は返還されない	−
遺言書の有無の確認	遺言者の死亡の事実を法務局が確認した場合に、あらかじめ遺言者が指定した方に対して、遺言書が保管されている旨が通知される。なお、この通知は、遺言者が希望する場合に限り実施される。 また、関係相続人等が、遺言書の閲覧や遺言書保管事実証明書の交付を受けた場合には、その他すべての関係相続人等に対して、遺言書が保管されていることが通知される。	金庫や重要書類の保管場所などを探す

遺言書が残されていても遺産分割協議によって相続することができるか

被相続人の遺産につき、例えば、特定の土地を特定の相続人一人に相続させる旨の遺言がある場合、その相続人は遺産分割協議を経ることなく単独で同土地の相続登記をすることができます。また、共同相続人も遺言に拘束され、遺言と異なる遺産分割協議をすることはできず、家庭裁判所も遺言内容と相違する審判をすることはできません。

しかし、受遺者にとっては、それがたとえ利益になっても強制されるべきではありません。

民法では、特定遺贈について、受遺者は遺言者の死亡後、いつでも遺贈の放棄をすることができると規定しています（民法986）。ただし、受遺者がいつまでも放棄をするかどうか態度を明らかにしないと、相続人等の利害関係人の立場が不安定になり、法的安定が図れないことから、遺贈義務者からの催告があった場合は一定の期間内のその意思表示をしないとき遺贈を承認したものとみなすと規定しています（民法987）。

遺贈の放棄の意思表示は遺贈義務者（相続人、包括受遺者）に対してなされるべきだとされています。放棄の方式については法令上の規定がなく、口頭や書面を問わず自由に放棄することができます。

遺贈の放棄があれば、その遺言は最初からなかったものとされますから、その遺産全部について共同相続人の全員の遺産分割協議で、その帰属者を決めることができます（遺贈の放棄をしたからといって相続の放棄をしたことにはなりませんので、受遺者は遺産分割協議に加わり遺産相続することができます。）。

民法第986条（遺贈の放棄）

1　受遺者は、遺言者の死亡後、いつでも、遺贈の放棄をすることができる。

2　遺贈の放棄は、遺言者の死亡の時にさかのぼってその効力を生ずる。

なお、国税庁の質疑応答事例において、相続人全員で遺言書の内容と異なる遺産の分割協議を行った場合の贈与税の課税関係については、「相続人全員の協議で遺言書の内容と異なる遺産の分割をしたということは（仮に放棄の手続がされていなくても）、受遺者が遺贈を事実上放棄し（この場合、受遺者は相続人としての権利・義務は有しています。）、共同相続人間で遺産分割が行われたとみて差し支えありません」としています。

以上のことから、贈与税は課税される心配はありません。

遺言書が残されていた場合に期待される主な効果

遺言書が残されていた場合に期待される主な効果には、以下のようなものが考えられます。

(1)　遺産争いの防止

遺言が残されていた場合には、遺言相続が法定相続に優先します。被相続人が遺言書で遺産の引き継ぎについて定めていない場合に、はじめて民法の法定相続の規定が登場するため、法定相続は補充的なものだと考えられます。

遺言書による相続も、法定相続も、民法が人の死亡による財産の承継について定めたルールですが、民法の原則（私的自治の原則）が強く意識されて、遺産の所有者が遺言書で自由に自分の財産を処分できるようにしています。ただし、相続には遺族の生活保障といった面から遺留分制度も設けています。

遺産争いを防止するために遺言書が特に必要と考えられるのは、以下のような事例と思われます。

① 子がなく、配偶者と兄弟姉妹が相続人となる場合（兄弟姉妹には遺留分が認められていないので、遺言書どおり相続させることができる）
② 先妻の子と後妻（子がいる場合を含む）がいる
③ 内縁の妻や認知した子がいる

有効な遺言書で、遺留分に配慮されたものであれば遺言者の遺志に従って遺産を相続させることができます。遺産争いにならないよう遺言書を残しておくべきと考えます。

	遺言書がない場合	遺言書がある場合
権利義務の承継	一切の権利義務を包括的に相続人が承継	被相続人の遺志が優先され、遺産分割協議を経ることなく、指定された者が指定された財産を取得する
相続財産	共同相続人全員の共有財産	
相続財産の取得者	遺産分割協議によって決める	遺留分の侵害がある場合、遺留分権利者から遺留分侵害額の請求を受けることがある
その他	分割協議が調うまでの間は、①財産自体を処分・換金等できないが、相続分に応じた権利は譲渡できる、②賃料収入などは、相続人が相続分に応じて取得する、ことになる	

⑵ スムーズな事業承継に役立つ

① 会社経営者の場合

非上場株式等について、遺産分割協議が調わない場合には、未分割遺産である株式は準共有状態にあるため、会社法106条により、株式についての権利を行使するためには、権利を行使する者を一人定め、その氏名をその会社に通知することが必要で、これをしなければ、その会社がその権利を行使することに同意した場合を除き、その株式の権利を行使することができません。

そのため、A社（発行済株式総数1,000株）の株式を被相続人である父が600株、後継予定者である長男が400株をそれぞれ所有し、相続人は子が3人（長男・二男及び長女）である場合、父が考える後継者以外の者が経営権を握ることになるかもしれません。

これは、準共有状態にある株式600株の議決権の行使について、相続人の3人がそれぞれ1/3ずつ持分を有していることから、準共有状態にあるA社株式600株についてこの３人のうち２人が合意すれば、過半数をもって議決権を行使する者を選任することができます（平成９年１月28日、平成27年２月19日最高裁判決）。そのため、二男及び長女が合意してＡ社株式の議決権を行使する者を二男と定め、Ａ社に通知すれば、二男が600株の議決権を行使することができます。その結果、長男が有する議決権数を上回ることになり、二男又は長女が会社の経営権を握ることができます。

以上のことから、父が長男へ事業を承継させたいと考える場合には、生前贈与によってＡ社株式の過半数を贈与しておくか、遺言書によって長男がＡ社株式を相続することができるようにしておけばスムーズな事業承継に役立ちます。

また、遺言書が残されていれば、遺留分の請求が行われたとしても、令和元年７月１日以後に開始した相続から、遺留分減殺請求権を、遺留分侵害額請求権に変更することとされたことから、株式等が準共有状態に戻ることはありません。

最高裁判決（平成９年１月28日）

【要旨】

持分の準共有者間において権利行使者を定めるに当たっては、持分の価格に従いその過半数をもってこれを決することができるものと解するのが相当である。けだし、準共有者の全員が一致しなければ権利行使者を指定することができないとすると、準共有者のうちの一人でも反対すれば全員の社員権の行使が不可能となるのみならず、会社の運営にも支障を来すおそれがあり、会社の事務処理の便宜を考慮して設けられた規定の趣旨にも反する結果となるからである。

最高裁判決（平成27年２月19日）

【要旨】

共有に属する株式についての議決権の行使は、当該議決権の行使をもって直ちに株式を処分し、又は株式の内容を変更することになるなど特段の事情のない限り、株式の管理に関する行為として、民法252条本文により、各共有者の持分の価格に従い、その過半数で決せられるものと解するのが相当である。

会社法第106条（共有者による権利の行使）（注）下線は筆者。

株式が二以上の者の共有に属するときは、共有者は、当該株式についての権利を行使する者一人を定め、株式会社に対し、その者の氏名又は名称を通知しなければ、当該株式についての権利を行使することができない。ただし、株式会社が当該権利を行使することに同意した場合は、この限りでない。

民法第252条（共有物の管理）

1　共有物の管理に関する事項は、前条の場合を除き、各共有者の持分の価格に従い、その過半数で決する。共有物を使用する共有者があるときも、同様とする。

5　各共有者は、前各項の規定にかかわらず、保存行為をすることができる。

なお、会社法106条ただし書きについては、準共有者間において準共有株式の議決権行使について何ら協議が行われておらず、意思統一も図られていない場合には、会社の同意があっても、準共有者の1名が代理人によって準共有株式について議決権の行使をすることはできず、準共有株式による議決権の行使は不適法と解すべきである（平成24年11月28日東京高裁判決要旨）とする判決の控訴審（平成27年2月19日最高裁判決）においてもその判断が支持されています。

②　遺言書で同族株主以外の株主へ配当還元価額で移転する

親族の中にも、同族株主以外の株主に該当する人がいます。一定の議決権数以下の議決権しか有しない同族株主は、特例的評価方式によってその株式を評価することができます。

そこで、遺言書によって外孫へ一定の株式を遺贈することとしておけば、配当還元価額で株式を取得させることができることがあります。

設 例

1．被相続人　父（令和6年3月死亡）

2．相続人　長男・長女

3．相続財産

①　A社株式（発行済株式数10,000株）
10,000株（原則的評価額12,000円／株、配当還元価額　500円／株）

②　その他の財産　20,000万円

4．遺言書

A株式を長女の子（甲）及び（乙）へそれぞれ499株ずつ遺贈し、残余の株式は長男に相続させる。その他の財産は法定相続分どおり相続させる。

5．相続税の計算　（単位：万円）

	遺言書どおり相続する				【参考】遺言書がなかった場合	
	長男	長女	甲	乙	長男	長女
A社株式	10,802	−	25	25	12,000	−
その他の財産	10,000	10,000	−	−	10,000	10,000
課税価格	20,802	10,000	25	25	22,000	10,000
相続税の総額	7,261				7,720	
各人の算出税額	4,896	2,353	6	6	5,308	2,412

相続税2割加算	−	−	1	1	−	−
納付税額	4,896	2,353	7	7	5,308	2,412
合計税額	7,263				7,720	

この設例の場合、遺言書で遺贈を受ける甲及び乙は同族株主ですが、取得後の議決権割合が5％未満で、中心的な同族株主（甲から判定すると、長男が相続する株式は中心的な同族株主の判定の範囲に入らない。）に該当しないことから、特例的評価方式によってその株式を評価することができます。

なお、長女が499株相続すると、取得後の議決権割合が5％未満ですが、中心的な同族株主に該当（長男と長女が取得する株式の議決権の合計が25％以上となる）することから、原則的評価額によって評価されることになります。

③　不動産オーナーの場合

不動産オーナーにとっても、遺言書を残しておくことは必須の対策といえます。

【相続させる遺言】

遺言書に、以下のような記載があるとします。

> 第○条　遺言者は末尾記載の不動産を長男である○○に相続させる。

この場合、その不動産は相続人がその遺言書によって相続登記（※）することができます。

※　相続登記とは、不動産の所有者が亡くなった場合に、その不動産の登記名義を被相続人（亡くなった方）から相続人へ変更することをいいます。

これは、特定の遺産を特定の相続人に「相続させる」旨の遺言では、何らの行為を要せずして、被相続人の死亡の時に直ちに承継される(最高裁：平成3年4月19日判決)からです。

◉ 遺言書による不動産の相続登記

	（相続人に対して）相続させる	（相続人以外の者に）遺贈する	
		遺言執行者がいる場合	遺言執行者がいない場合
登記義務者	相続人による単独申請	遺言執行者	遺言者の相続人全員(※)
印鑑証明書	不要	遺言執行者の印鑑証明書（発行後3か月以内のもの）	相続人全員の印鑑証明書（発行後3か月以内のもの）
受遺者の住民票	要	要	要
登録免許税	固定資産税評価額×4/1000	固定資産税評価額×20/1000	固定資産税評価額×20/1000
登記済権利証又は登記識別情報	不要	要	要

※　令和３年の民法改正により、相続人に対する遺贈についても、不動産の遺贈を受ける者が単独で相続登記を行うことができるようになりました（不登63③）。この改正は、令和５年４月１日から施行されています。

最高裁判決（平成３年４月19日）

【判決要旨】

一　特定の遺産を特定の相続人に「相続させる」趣旨の遺言は、遺言書の記載から、その趣旨が遺贈であることが明らかであるか又は遺贈と解すべき特段の事情のない限り、当該遺産を当該相続人をして単独で相続させる遺産分割の方法が指定されたものと解すべきである。

二　特定の遺産を特定の相続人に「相続させる」趣旨の遺言があった場合には、当該遺言において相続による承継を当該相続人の意思表示にかからせたなどの特段の事情のない限り、何らの行為を要せずして、当該遺産は、被相続人の死亡の時に直ちに相続により承継される。

【未分割遺産から生じる賃料債権の帰属が明確になる】

個人で不動産賃貸業を営む者の場合、遺言書を残すことは必須であると考えられます。遺言書が残されていないと、遺産分割協議が調うまでの間の賃料収入は、各相続人の相続分に応じてそれぞれ帰属するとされています。

遺産分割協議が長引くと、遺産分割協議がますます難しくなってしまいます。

最高裁判決（平成17年９月８日）

未分割遺産から生じる賃料収入の帰属

【事案の概要】

亡Ａは賃貸不動産をいくつか所有していました。遺産分割協議等により各不動産の帰属が決まるまでは、相続人全員が共同して管理する共同口座に各不動産の賃料を保管し、遺産分割協議により各不動産の帰属が決まった時点で、精算を行うことで暫定的合意が成立していました。

その後、家庭裁判所の審判により各不動産の帰属が確定しました。この場合において、不動産の帰属が確定するまでの間に共同口座に貯められた賃料債権の帰属について争った事案となります。

原審では、遺産から生ずる法定果実は、それ自体は遺産ではないが、遺産の所有権が帰属する者にその果実を取得する権利も帰属するのであるから、遺産分割の効力が相続開始の時にさかのぼる以上、遺産分割によって特定の財産を取得した者は、相続開始後に当該財産から生ずる法定果実を取得することができると判断しました。そうすると、本件各不動産から生じた賃料債権は、相続開始の時にさかのぼって、本件遺産分割決定により本件各不動産を取得した各相続人にそれぞれ帰属することとなります。

しかし最高裁判所は、遺産は、相続人が複数人である場合、相続開始から遺産分割までの間、共同相続人の共有に属するものであるから、この間に遺産である賃貸不動産を使用管理した結果生ずる金銭債権たる賃料債権は、遺産とは別個の財産というべきであって、各共同相続人がその相続分に応じて分割単独債権として確定的に取得するものと解するのが相当であると判断しました。

【要旨】

遺産分割は、相続開始の時に遡ってその効力を生ずるものであるが、各共同相続人がその相続分に応じて分割単独債権として確定的に取得した賃料債権の帰属は、後にされた遺産分割の影響を受けないものというべきである。

遺産分割の効力は相続開始時点に遡って効力を生じますが、その相続財産から生じる財産は、その相続財産とは別の財産であると考えることになります。よって、遺産分割協議により確定したその相続財産と紐付きで分割されず、各相続人が法定相続分で取得することになります。

ただし、賃料も相続財産から生じる果実ですので、賃料についても遺産分割協議で配分を合意するのが一般的です。

⑶　税制上の特例の適用がスムーズにできる

相続税法上の各種特例は、原則として相続税の申告期限までに分割されていない財産は適用を受けることができません。そのため、遺言書が残されている場合を除き、相続税の申告期限までに遺産分割協議が調うことが要件とされます。

また、相続争いに発展すると、相続税や所得税の特例選択もできなくなってしまいます。

相続税の申告期限までに遺産分割協議が調わない場合は、民法に規定する相続分の割合で財産を取得したものとして相続税の申告を行い、相続人の納付すべき相続税額を求めて申告・納税しなければなりません。この場合、相続人等は遺産分割協議が調った場合に比べ、以下のような内容について、相続税法上の不利な取扱いを受けることがあります。

①　小規模宅地等の特例

個人が、相続や遺贈によって取得した財産のうち、その相続開始の直前において被相続人等の事業の用又は居住の用に供されていた宅地等のうち一定のものがある場合には、その宅地等のうち一定の面積までの部分については、相続税の課税価格に算入すべき価額の計算上、特定居住用宅地等及び特定事業用等宅地等については80%、貸付事業用宅地等については50% 減額することができる特例です。

この特例は、適用を受けようとする宅地等が、相続税の申告期限までに分割されていることが要件とされています。

ただし、相続税の申告書に「申告期限後３年以内の分割見込書」を添付した上で、申告期限までに分割されなかった財産について申告期限から３年以内に分割したときは、税額軽減の対象になります。

なお、相続税の申告期限から３年を経過する日までに分割できないやむを得ない事情があり、税務署長の承認を受けた場合で、その事情がなくなった日の翌日から４か月以内に分割されたときも、税額軽減の対象になります（②において同じ）。

しかし、特定事業用宅地等については、被相続人の事業の用に供されていた宅地等について、その宅地等の上で営まれていた被相続人の事業を相続税の申告期限までに引き継ぎ、かつ、その申告期限までその事業を営んでいることが要件とされていますので、申告期限から３年以内に分割協議が調ってもこの特例の適用を受けることができないこともあります。

②　配偶者の税額軽減

配偶者の税額の軽減とは、被相続人の配偶者が遺産分割や遺贈により実際に取得した正味の遺産額が、次の金額のどちらか多い金額までは配偶者に相続税はかからないという制度です。

（注）　この制度の対象となる財産には、仮装又は隠蔽されていた財産は含まれません。

①　１億6,000万円

②　配偶者の法定相続分相当額

この配偶者の税額軽減は、配偶者が遺産分割などで実際に取得した財産を基に計算されることになっています。

したがって、相続税の申告期限までに分割されていない財産は、原則として税額軽減の対象になりません。

③　相続税額の取得費加算の特例

この制度は、相続税の課税対象となった相続財産の譲渡が相続の直後に行われる場合には、相続税と譲渡に係る所得税が相次いで課されることによる負担の調整を図るため、譲渡をした相続財産に係る相続税額のうち一定金額をその譲渡所得の金額の計算上、取得費に加算する制度です。

したがって、相続により取得した土地、建物、株式などを、相続開始のあった日の翌日から相続税の申告期限の翌日以後３年を経過する日までに譲渡した場合に、相続税額のうち一定金額を譲渡資産の取得費に加算することができます。

そのため、相続税の申告期限の翌日以後３年を経過する日までに譲渡できなかった場合には、この特例の適用を受けることができなくなります。

④　被相続人の居住用財産（空き家）に係る譲渡所得の特別控除の特例

相続又は遺贈により取得した被相続人居住用家屋又は被相続人居住用家屋の敷地等を、平成28年4月1日から令和9年12月31日までの間に売って、一定の要件に当てはまるときは、譲渡所得の金額から最高3,000万円まで控除することができます。

(注)　被相続人居住用家屋とは、相続の開始の直前において被相続人の居住の用に供されていた家屋で、次の3つの要件すべてに当てはまるものをいいます。
・昭和56年5月31日以前に建築されたこと。
・区分所有建物登記がされている建物でないこと。
・相続の開始の直前において被相続人以外に居住をしていた人がいなかったこと。

この特例の適用を受けるためには、売却代金が1億円以下であること（譲渡益が3,000万円を超える場合には、複数の相続人が相続すれば1人当たり3,000万円の特別控除の適用を受けることができます(※))、相続の開始があった日から3年を経過する日の属する年の12月31日までに譲渡することなどの要件があります。

そのため、相続の開始があった日から3年を経過する日の属する年の12月31日までに譲渡することができなかった場合には、この特例の適用を受けることができなくなります。

※　令和6年1月1日以後に行う譲渡から、被相続人居住用家屋及びその敷地等の取得をした相続人が3人以上の場合は特別控除額が1人当たり2,000万円とされます。

⑤　非上場株式等についての相続税の納税猶予制度の適用

非上場株式等についての相続税の納税猶予を受けようとする場合には、都道府県知事に対して相続開始の日の翌日から8か月以内に認定申請書を提出しなければならないとされています。認定申請書には、その株式等を誰が相続するのか決まっている、すなわち、遺産分割協議書又は遺言書の添付が必要とされています。

そのため、相続人間での遺産分割協議が8か月以内に調わなかった場合には、非上場株式等についての相続税の納税の適用を受けることができなくなります。

⑥　相続した株式の金庫株化

後継者が相続した株式を、その会社へ譲渡して相続税の納税資金を確保する方法もありますので、そのことを事前に検証しておくことも必要です。

相続又は遺贈により財産を取得して相続税を課税された人が、相続の開始があった日の翌日から相続税の申告書の提出期限の翌日以後3年を経過する日までの間に、相続税の課税の対象となった非上場株式をその発行会社に譲渡した場合においては、その人が株式の譲渡の対価として発行会社から交付を受けた金銭の額が、その発行会社の資本金等の額のうちその譲渡株式に対応する部分の金額を超えるときであっても、その超える部分の金額は配当所得とはみなされず、発行会社から交付を受ける金銭の全額が株式の譲渡所得に係る収入金額とされます（措法9の7）。

したがって、この場合には、発行会社から交付を受ける金銭の全額が非上場株式の譲渡所得に係る収入金額となり、その収入金額から譲渡した非上場株式の取得費及び譲渡に要した費用を控除して計算した譲渡所得金額の 15.315% に相当する金額の所得税（このほか 5 % の住民税）が課税されます（措法 37 の 10）。

⑦　農地等についての相続税の納税猶予

農業を営んでいた被相続人から一定の相続人が一定の農地等を相続や遺贈によって取得し、農業を営む場合には、一定の要件の下にその取得した農地等の価額のうち農業投資価格による価額を超える部分に対応する相続税額は、その取得した農地等について相続人が農業を継続している場合に限り、その納税が猶予されます。

この農地等についての相続税の納税猶予の適用を受けるためには、相続税の申告書に所定の事項を記載し期限内に提出するとともに、農地等納税猶予税額および利子税の額に見合う担保を提供することが必要です。申告書には農業委員会が発行する「相続税納税猶予適格者証明」など一定の書類を添付することが必要です。

そのため、遺言書で農業後継者に農地がスムーズに相続することができるようにしておかなければなりません。

◉ 納税猶予額のイメージ

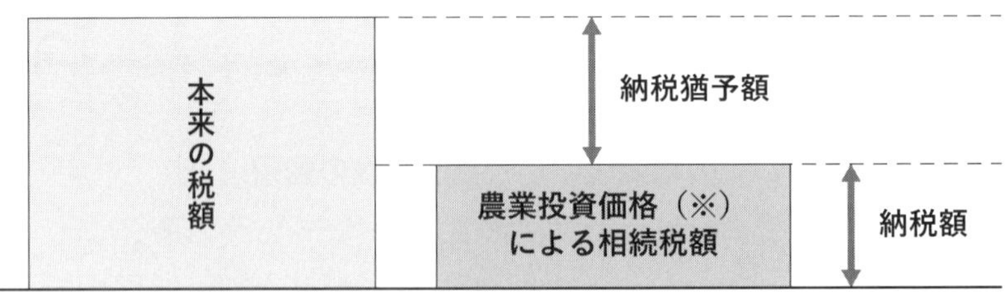

※　農業投資価格：農地等が恒久的に農業の用に供される土地として自由な取引がされるとした場合に通常成立すると認められる価格として所轄国税局長が決定した価格（20万円～90万円程度／10a）。

（出典：農林水産省「相続税の納税猶予制度の概要」）

⑧　国外転出（相続）時課税

相続人のうち非居住者がいる相続も珍しくありません。この場合に、被相続人が 1 億円以上の有価証券等を所有していて、遺言書が残されていないときは、国外転出（相続）時課税の申告（被相続人の準確定申告）をする必要が生じることがあります。

たとえば、国外転出（相続）時課税の申告期限までに遺産分割協議が調っていない場合には、民法の規定による相続分の割合に従って非居住者である相続人等に有価証券等の移転があったものとみなされ、その有価証券等を被相続人が譲渡したものとみなして、その含み益に対して被相続人に所得税が課されます。

そのため、相続開始があったことを知った日の翌日から 4 か月以内に、被相続人の準確定申告及び納税をする必要があります。

なお、この譲渡所得等に係る納税猶予の適用を受けようとする場合には、国外転出（相続）時課税の申告期限までに納税管理人の届出をするなど一定の手続が必要です。

しかし、遺言書によって国内に居住する相続人等に対して、その有価証券等の全部を相続又は遺贈しておけば、国外転出（相続）時課税を回避することができます。

以上のほか、分割争いから派生する経済的・精神的損失が生じ、不動産の利用制限、預貯金・有価証券の凍結、弁護士費用などが生じたりします。

そのため、遺言書の作成は必須項目と考えられます。

⑷　遺留分制度の見直しと相続税への影響

まとまった財産を贈与する事例で多いのは、後継者へ自社株を相続時精算課税によって贈与することと思います。贈与者が死亡したら、贈与を受けた自社株は贈与を受けた時の価額で相続財産に戻して相続税が課税されることとされています。

しかし、民法改正で、相続人への贈与が原則として相続開始前10年より前に行われたものであれば、遺留分侵害額の算定基礎財産には含まれないことになります。そのため、遺言書が残されていたか否かによって各共同相続人が相続することができる財産に大きな差が生じます。そのことを設例で確認します。

設 例

相続人に対する生前贈与がある場合の遺言書の有無による取扱いの差異

1．被相続人　父（令和6年3月死亡）

2．相続人　長男・長女

3．相続財産と遺言書

遺言書において、その他の財産2億円は、長男12,000万円、長女8,000万円相続させるとしている。

4．その他　父は平成20年に長男へ自社株1億円（相続開始時の時価3億円）を相続時精算課税によって贈与している。

5．相続税の計算

（単位：万円）

	遺言書がある場合		遺言書がない場合 法定相続分により遺産分割	
	長男	長女（※1）	長男（※2）	長女
その他の財産	12,000	8,000	0	20,000
相続時 精算課税財産	10,000	−	10,000	−
課税価格	22,000	8,000	10,000	20,000
相続税の総額	6,920		6,920	
各人の算出税額	5,075	1,845	2,307	4,613

※1　遺留分の侵害額又は相続分の判定

2億円×1/2×1/2＝5,000万円≦8,000万円　侵害額なし

※2　長男の相続分

みなし遺産価額　（２億円＋３億円*）× 1／2 ＝25,000万円

25,000万円－３億円＝△5,000万円　∴０円

＊　特別受益者が取得した財産の価額は，相続開始の時の価額によることとされています（民法904）。

法定相続分によって相続することになると、長女は父から相続することができる財産額は２億円となり、長男の相続分はない（超過特別受益者は最初から相続分がないものとされます（民法903②)。）ことになります。

⑸　遺言書による生命保険金の受取人変更

平成22年４月１日から施行された保険法によって、遺言で保険金受取人を変更することが可能になりました。

保険法では、「保険契約者は保険金受取人を変更することができること」、「保険金受取人の変更の意思表示の相手方は保険会社であること」、「遺言による保険金受取人の変更も可能であること」等を規定しています。

①　保険金受取人の変更

保険契約者は、支払事由が発生するまでは、保険会社に対する意思表示をすることによって、保険金受取人を変更することができます。

保険金受取人を変更する意思表示は、その通知が保険会社に到達したときは、その通知を発した時にさかのぼってその効力を生じます。ただし、意思表示が保険会社に到達する前に、保険会社が変更前の保険金受取人に保険金を支払った場合には、その保険金の支払いは有効です。

②　遺言による保険金受取人の変更

保険金受取人の変更は、遺言によってもすることができます。

遺言による保険金受取人の変更は、保険契約者が死亡した後に、保険契約者の相続人が保険会社に通知しなければ、保険金受取人の変更があったことを保険会社に対して主張することはできません。

③　保険金受取人の変更についての被保険者の同意

死亡保険契約について保険金受取人を変更する場合には、被保険者の同意が必要となります。

保険金受取人を変更する遺言を作成する場合、以下のような問題が生じることが予想されます。

①　遺言者である保険契約者が亡くなった後、遺言による保険金受取人の変更手続をする前に、当初の契約上の保険金受取人が保険会社に保険金の請求を行った場合、保険会社は当初の契約上の保険金受取人に保険金を支払います。

　その支払い後に、遺言による保険金受取人の変更手続の申し出があっても、保険会社は再度の支払いはしてくれません。

(当初の保険金受取人と、遺言で指定された保険金受取人との間での問題となりま

す。）

② 遺言で変更されたことを知らなかった当初の保険金受取人をはじめとして、相続人の間で遺言執行や遺産分割の手続の中で感情的なしこりが生じてしまう可能性が非常に高いと考えられます。

以上のことから、保険金受取人については、生前に変更手続をしておくことが無難な選択と思われます。

V

養子縁組の活用による相続税対策

民法上の養子縁組の概要

民法上、養子縁組には、「特別養子縁組」（民法817の2）と「普通養子縁組」（民法792）があります。相続対策で行われるのは普通養子縁組が大半であることから、この章では主として普通養子縁組について解説します。

(1) 養子縁組の概要

養子縁組は、養親の老後の扶養や遺産相続の後継者確保などを目的としてなされます。民法上、養子の数に制限はありません（尊属や年長者を養子にすることはできません。）。尊属とは、親等の上で、基準となる人より先の世代の血族をいい、具体的には、父母・祖父母などの直系尊属や、おじ・おばなどの傍系尊属に分けられます。

養子縁組が有効に成立しているならば、民法上は何人でも養子を迎えることができます。そして、養子は縁組の日から養親の子となり、実の親子と同じ関係が生じてくることになります。しかも、養子縁組は、特別養子縁組の場合を除き、養子と実の親、実の親族との関係には何の影響もありません。特別養子縁組制度とは、昭和62年の民法改正で創設された制度で、一定の要件のもとに家庭裁判所の審判により養子と実方の父母及びその血族との親族関係が終了するというものです。したがって、一般的に行われる普通養子縁組による養子は養親の相続人にもなりますし、また、実の親の相続人にもなります。

未成年の者を養子縁組する場合には、養子の年齢が15歳未満の場合は、法定代理人（通常は実親）の承諾が必要ですが、15歳以上の子は単独で養子になる能力があるとされています。しかし、いずれの場合においても原則として「家庭裁判所」の許可が必要です。ただし、この裁判所の許可の規定は、子の利益にならないような養子縁組を禁止し、国が養子の利益になるよう積極的に監督しようという趣旨で設けられていますので、自分及び配偶者の子や孫の場合にはたとえ未成年であっても自分の子や孫に不利益となるような養子縁組は通常考えられず、子の福祉に反するおそれもないであろうと考えられますので、裁判所の許可は不要です。このことから、祖父母が15歳以上の未成年の孫と養子縁組を行う場合は、裁判所の許可が不要で、法定代理人の承諾も要らないことになります。

しかし、例えば、祖父母が後見している未成年者の孫を養子にする場合は、家庭裁判所に「後見人と被後見人間の養子縁組許可」の申立てをし、その許可を得る必要があります。

なお、養子縁組をした場合は、原則として養子縁組当事者の本籍地の市区町村、又は当事者の居住地の市区町村へ、一定の事項を記載した「養子縁組届」などにより届出をすることになっています。

添付書類としては、本籍地以外の市区町村に届け出る場合は、戸籍謄本、養子が孫以外の未成年者であるなど一定の場合は、裁判所の許可の審判の謄本も必要です。

◉ 養子縁組届

《記載事項》

・養子になる人の氏名、住所、本籍、実父母の氏名、入籍する戸籍、署名

・養親になる人の氏名、住所、本籍、署名

・証人の署名、住所、本籍

(注) 令和3年9月1日から戸籍届書に押印義務が廃止されています。しかし、改正以降も届出人の意向により、届書に任意に押印することは可能とされています。

◉ 添付書類

・戸籍謄本(本籍地以外の市町村に届け出る場合)

・家庭裁判所の許可の審判の謄本(養子が孫以外の未成年者の場合等)

届書への押印は、令和3年9月1日以降は届出人の任意とされていて、押印する印鑑は認め印でも問題はありませんが、養子縁組という重要事項に使用する印鑑なので、後日の紛争などの備えとして、できるだけ実印を使用される方が賢明です。

養親となる者は満20歳以上でなければならない(民法792)とされています。養子縁組をすると、その親権は養親に移動します。実務では、孫を養子にすることが多く、その養親が全員死亡すると親権者は不在となります。そのため、未成年である養子は遺産分割などにおいて「未成年後見人」の選任を家庭裁判所に申し立てる必要があります。

それは、養親が全員死亡した場合でも、実親に親権が回復しないこととされているため、利益相反にならない実親が親権者として遺産分割協議を行うことはできないことになります。

そこで、未成年後見人の選任を家庭裁判所に申し立て、未成年後見人が選任された場合は、裁判所から市区町村に連絡され未成年者の戸籍に記載されます。

未成年者に代わって未成年後見人が財産管理や法律行為を行う場合、その代理権を証明するものとして、未成年後見人が選任されたことが記載された未成年者の戸籍謄本(抄本)となります。

未成年者に代わり遺産分割協議には以下の区分に応じて参加する人が異なります。

親権者あり		親権者なし	
利益相反あり	利益相反なし	利益相反あり	利益相反なし
特別代理人	親権者	未成年後見人(※1)	未成年後見人(※2)

※1 未成年後見監督人が選任されている場合には、未成年後見監督人

※2 未成年後見監督人が選任されている場合には、未成年後見監督人の同意を得て未成年後見人

特別養子縁組と普通養子縁組

養子縁組には普通養子縁組と特別養子縁組があり、実方の親との親子関係を終了するかどうかで分けられます。

「普通養子縁組」とは、養子が実親との親子関係を存続したまま、養親との間で新たに法律上の親子関係を生じさせることをいいます。

「特別養子縁組」とは、子どもの福祉の為の制度で、原則15歳未満の養子となる子の実親（生みの親）との法的な親子関係を解消し、養親と親子関係を結ぶ制度です。

◉ 特別養子縁組と普通養子縁組の相違点

	特別養子縁組	普通養子縁組
養子縁組の効果	実父母との親子関係を終了させ（民法817の2、817の9）、養親と親子関係が生じる（民法809）	実親との親子関係を存続したまま、新たに法律上の親子関係が生じる（民法809）
養親の年齢	夫婦のうちどちらかが25歳以上で、もう一方が20歳以上であること（民法817の4）	20歳以上であること（民法792）
養子の年齢	原則15歳未満であること（民法817の5）	尊属又は年長者でないこと（民法793）
養子縁組の同意	実父母の同意があること（意思表示ができない場合や、虐待など、養子となる人の利益を著しく害する事由がある場合は、同意は不要）（民法817の6）	養親又は養子となる人が結婚している場合は、配偶者の同意が必要（民法796）
家庭裁判所の許可	特別養子縁組を成立させることがふさわしいと家庭裁判所によって認められること（民法817の7）	未成年者を養子にする場合は、家庭裁判所の許可が必要（養子が自分や配偶者の直系卑属の場合は許可不要）（民法798）
養子の氏	養親の氏を称する（民法810）	養親の氏を称する（婚姻によって氏を改めた者は婚姻による氏で可）（民法810）
養子縁組の離縁	養親による虐待など養子の利益を著しく害する事由があり、実父母が相当の監護をすることができる場合に限られる（民法817の10）	当事者間の協議により可能（民法811①）
戸籍の記載	「養子」ではなく「長男」「長女」等と記載され、身分事項欄に民法817条の2による裁判確定日が記載される（戸籍法18③、68の2）	養子と記載される（戸籍法施行規則33①、附録6号）

⑵ 養子縁組による改姓

養子縁組を行うと「養子は養親の氏を称する」と規定されています。つまり、養子縁組をして養子となった者は、養親の氏を称することになります（民法810）。そのため、嫁いだ娘の子（外孫）を養子縁組しようと思う場合には孫の氏を養親の氏に改姓しなければならなくなります。

しかし、「婚姻によって氏を改めた者については、婚姻の際に定めた氏を称すべき間は、この限りでない」（民法810）としています。これは、夫婦関係というものは、養親子関係よりも法律上も社会生活上もより強い関係を持っているため、「養親子同氏」より「夫婦同氏」の方が優先されるためです。

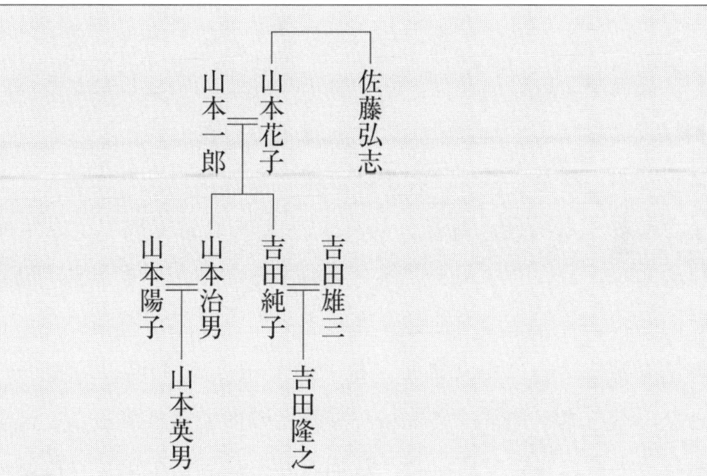

① 山本一郎と山本英男との養子縁組
縁組前：山本英男　縁組後：山本英男
養親と同じ山本姓であるため縁組後も氏は変わらず。

② 山本一郎と吉田隆之との養子縁組
縁組前：吉田隆之　縁組後：山本隆之
隆之は養親の氏（山本）に改姓しなければならない。吉田家夫婦の子の氏が山本姓となる。

③ 山本一郎と吉田雄三との養子縁組
縁組前：吉田雄三　縁組後：山本雄三
雄三の氏が山本に改姓される。その場合、妻の純子の氏も夫婦同氏の規定により山本姓となる（※）。
なお、吉田隆之の氏については、「父母の氏を称する入籍届」を提出すれば、隆之も山本姓になることができる（民法791②）。

※　養子縁組に伴い養親の氏で新しい戸籍を作成することになる。養子となるものの配偶者は、随従入籍といってその新しい戸籍に自動的に入籍することになり、配偶者も養親の氏を名乗ることになる。

④　佐藤弘志と吉田純子との養子縁組
縁組前：吉田純子　縁組後：吉田純子
夫婦同氏により縁組後も改姓しなくてよい。

養子が離縁をしないで、さらに養子となることを「転養子」といいます。民法には転縁組に関する規定がありませんが、禁止する規定もないので、することができると解されています。

例えば、養子が結婚し、配偶者の両親との間で養子縁組をする場合や、養父母が離婚し、養母の後夫の養子となるときなどが多い事例です。

転縁組(第二縁組)が普通養子縁組であるときは、その成立後も原縁組(第一縁組)が存続し、2つの縁組が併存することになります。この場合、養子は実親及び両縁組の養親に対し扶養義務を負い、また、養子が子なくして死亡したときは、実親及び両縁組の養親が相続人となります（養子の氏は転縁組の養親の氏となります。)。未成年の養子の親権者は転縁組の養親とされ、養子は転縁組の養親の氏を称することとされています。

養子と離縁する場合、養子が15歳以上であれば未成年、成年に関わりなく、当事者間で協議離縁などにより親子関係を解消することができます。協議による離縁は、協議離婚と同じで、特別な理由を必要としません。協議が不調に終わった場合には、調停などの方法を採ることになります。養子が15歳未満の時は、養子の離縁後にその法定代理人となるべき者（通常は実親）が養親との間で協議することになります。また、養子縁組を行うときに必要であった「裁判所」の許可については離縁の時は必要ありません。

養子縁組を解消した場合、原則として養子は縁組前の氏に復することとされています。しかし、養親が夫婦である場合において、その一方のみと離縁したときは復氏しないこととされています。

また、縁組が7年以上継続した後に離縁した場合には、離縁後3か月以内に届出をして養親の氏を継続使用することができます。

節税目的養子縁組の有効性

養子縁組が行われた場合に、相続税の負担を軽減させる目的で行われた場合、養子縁組が有効か否かが争われた事案の判決については、以下のようなものがあります。

東京高裁決定（平成12年7月14日）

未成年者とその祖父母との養子縁組が相続税の負担を軽減させる目的でされた無効なものであるとして、養親である祖父の死亡に伴う遺産分割につき、同祖母から申し立てられた特別代理人選任の申立てを却下した原審判に対する即時抗告において、原審判を取り消して特別代理人を選任した事例で、「養子縁組が相続税の負担を軽減する目的で行われたとしても、直ちにそのような養子縁組が無効となるものではないうえ、養子縁組が養親子関係を設定する効果意思を欠くものであるとはいい難く、本件養子縁組をもって無効であるということはできない」と判示しました。

最高裁判決（平成29年1月31日）

「相続税対策で孫と結んだ養子縁組は有効かどうか」が争われた訴訟の上告審判決で、最高裁は平成29年1月31日、「節税目的の養子縁組でも直ちに無効とはいえない」との判断を示しました。

男性は亡くなる前年、当時1歳だった長男の息子である孫と縁組をしたことで、男性の法定相続人は長男と娘2人の3人だったが、孫との縁組が有効なら4人となり、男性の死後、娘2人が「縁組は無効」と提訴した事件です。

今回の訴訟では男性に縁組の意思があったかどうかが争点となり、一審・東京家裁は、男性本人が縁組届を作成したとして有効と認定。二審・東京高裁は「税理士が勧めた相続税対策にすぎず、男性は孫との間に真実の親子関係を創設する意思はなかった」として無効と判断し孫側が上告していました。

最高裁の第3小法廷は「節税の動機と縁組の意思は併存し得る」と指摘し、縁組の意思があれば節税目的の養子縁組を認める初の判断を示したうえで、「男性に縁組の意思がないとはいえない」として孫との縁組は有効と結論づけました。

相続税法上の養子縁組規制の概要

⑴ 法定相続人に含める養子の数の制限

節税目的が明らかな養子縁組とはいえ、民法上は正規な手続を経た養子であることから、税務執行上これを相続税の課税に際し否認することは極めて困難な状況にあります。また、個々の養子縁組についてどれが税負担回避目的の養子かを判別することは事実上極めて困難であり、身分法上の制度について、税務当局が立ち入り、判断することは民法との関連から無用の議論を惹起しかねない問題もあります。

そこで、税制上の措置としては、制度の簡明化にも資するという考え方に基づき、次の措置を講ずることとされました（昭和63年12月31日以後に相続又は遺贈により取得した財産に係る相続税から適用することとしています。)。

> ① 被相続人に実子がいる場合には、被相続人の養子のうち1人のみを法定相続人の数に含める(相法15②一)。
> ② 被相続人に実子がいない場合には、被相続人の養子のうち2人までを法定相続人の数に含める(相法15②二)。
> ③ ①及び②の場合でも、税の負担を不当に減少させる目的の養子と認められる場合には、法定相続人の数に含めない(相法63)。

例えば、養子縁組の目的が専ら相続人の地位を有する者の増加だけにあると認められ、相続税の負担の軽減以外に養子縁組の目的があると認められない養子については、不当減少養子と判定され養子縁組の否認規定の対象となると考えられます。

また、縁組意思や届出意思を欠いている養子縁組は、民法上も無効と解されているので、不当減少養子と異なって相続人の地位すら有しないことになります。

相続税法上実子とみなされる者は次の者です。

① 特別養子縁組(民法817の2①)により養子となった者(相法15③一)

② 被相続人の配偶者の実子でその被相続人の養子となった者(相法15③一)

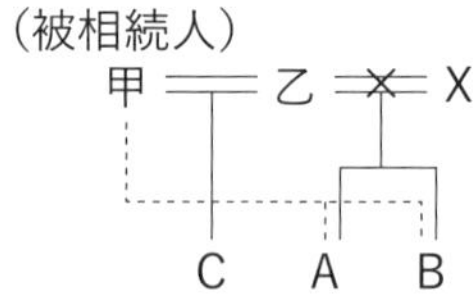

A及びBと甲が養子縁組した場合、A及びBは相続税法上実子とみなされる。

③ 被相続人とその被相続人の配偶者との婚姻前にその被相続人の配偶者の特別養子となった者で、その婚姻後にその被相続人の養子となった者(相法15③一)

④ 実子若しくは養子又はその直系卑属が相続開始以前に死亡し、又は相続権を失ったため代襲相続人となったその者の直系卑属(相法15③二)

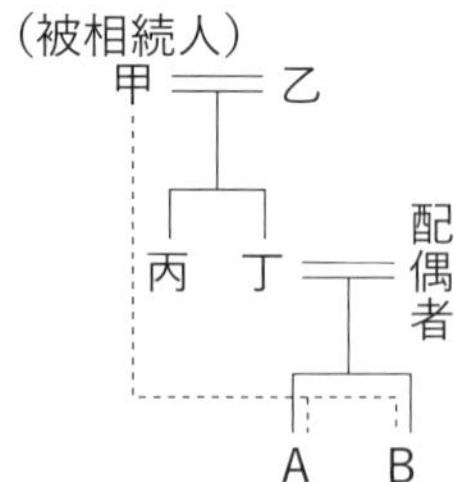

A及びBと甲が養子縁組後丁が死亡した後に甲が死亡した場合、A及びBは相続税法上実子とみなされる。

以上の相続税法の定めは、法定相続人の「数」に算入する養子の「数」についてのもので、あくまでも税額計算上の取扱いです。民法上の養子縁組そのものを制限するとか、養子の嫡出子たる身分や相続権を剥奪するなどというものでは決してありません。法定相続人の「数」についての規定は、(イ)遺産に係る基礎控除額（相法15①）、(ロ)生命保険金・退職手当金等の非課税限度額（相法12①五、六）及び(ハ)相続税の総額の計算（相法16）を行う場合に適用されるに過ぎません。

法定相続人の数の判定について、２つの設例で確認してみます。

設例１

１．被相続人　甲（令和６年３月死亡）

２．相続人　乙（妻）・長男・養子Ａ（乙の実子）・養子Ｂ（乙の実子）

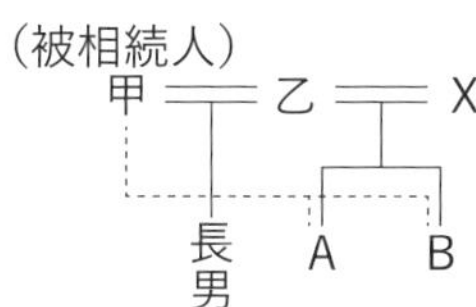

３．養子縁組　甲は、乙の実子Ａ及びＢと令和元年に養子縁組をしている

４．婚姻の届出　甲は乙と令和２年に婚姻届を提出している

５．法定相続人の数　乙・長男・養子Ａ及び養子Ｂの４人となる

６．解説

当該被相続人の配偶者の実子で当該被相続人の養子となった者を実子とみなすこととしています（相法15③一）ので、甲の法定相続人の数は、４人と判定されます。

この配偶者の実子については、相続税法基本通達15－６において、「当該配偶者との婚姻期間において被相続人の養子であった者をいうものとする。」とされています。そのため、養子縁組は甲と乙の婚姻前に行っていますが、「当該配偶者との婚姻期間において被相続人の養子であった者」に該当しますので、当該被相続人の実子とみなされる者になります。

設例２

１．被相続人　甲（令和６年３月死亡）

２．相続人　長男・養子Ａ（亡乙（甲の妻）の実子）・養子Ｂ（甲の甥）・養子Ｃ（甲の姪）

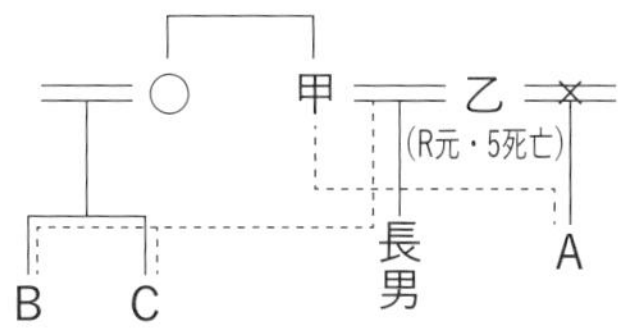

３．乙の死亡年月　令和元年５月

４．養子縁組の年月　養子Ａ（令和３年２月）・養子Ｂ及びＣ（令和２年１月）

５．法定相続人の数　長男・Ａ及びＢ又はＣを１人と数えて合計３人として計算する

６．解説

配偶者の実子については、相続税法基本通達15－6において、「当該配偶者との婚姻期間において被相続人の養子であった者をいうものとする。」とされ、当該被相続人との当該配偶者との婚姻期間については、同通達の（　）書きにおいて、「婚姻後民法第728条第2項≪離婚等による姻族関係の終了≫の規定により姻族関係が終了するまでの期間をいう。」と定められています。

民法第728条では、その第1項において、「姻族関係は、離婚によって終了する。」と規定していますが、同法第2項において、「夫婦の一方が死亡した場合において、生存配偶者が姻族関係を終了させる意思を表示したときも、前項と同様とする。」と規定しています。

そのことから、配偶者が死亡している場合でも、生存配偶者が姻族関係を終了する意思表示をするまでの期間は、同通達15－6における婚姻期間に含まれることになります。

以上のことから、養子Aは実子とみなされます。

◉ **相続税法基本通達**

（「当該被相続人の配偶者の実子」等の意義）

15－6　法第15条第3項第1号に規定する「当該被相続人の配偶者の実子で当該被相続人の養子となった者」とは、当該被相続人と当該配偶者との婚姻期間（婚姻後民法第728条第2項≪離婚等による姻族関係の終了≫の規定により姻族関係が終了するまでの期間をいう。以下15－6において同じ。）において被相続人の養子であった者をいうものとする。

⑵　相続税額の2割加算

相続又は遺贈（死因贈与を含みます。）により財産を取得した者が、その相続又は遺贈に係る被相続人の一親等の血族（その者又はその直系卑属が相続開始以前に死亡し、又は相続権を失ったため相続人となったその者の直系卑属を含みます。）及び配偶者以外の者である場合においては、その者に係る相続税額は、2割加算することとされています。

相続税額の2割加算制度は、相続又は遺贈により財産を取得した者が、被相続人との血縁関係の疎い者である場合又は血縁関係のない者である場合には、被相続人が子を越して孫へ直接遺産を遺贈することにより相続税の課税を1回免れることになる等のために設けられたものとされています。

①　孫が養子となっている場合の加算

養子は一親等の法定血族となりますが、被相続人の養子となった当該被相続人の直系卑属である孫など（いわゆる孫養子）については、２割加算の対象者とされます。ただし、その被相続人の直系卑属が相続開始以前に死亡し又は相続権を失ったため、その養子が代襲して相続人になっている場合は、この２割加算の対象から除外されています。

②　相続時精算課税適用者に係る例外

相続開始の時において被相続人の一親等の血族に該当しない相続時精算課税適用者については、その相続税額のうち被相続人の一親等の血族であった期間内に被相続人からの贈与によって取得した相続時精算課税制度の適用を受ける財産の価額に対応する相続税額については、２割加算の対象とはならないこととされています。

養子縁組による相続税の軽減効果

相続対策や相続税等の計算において、養子縁組は届け出たその日から効力が発生することから、即効性のある対策といえます。養子縁組により得られる効果で主なものは次のとおりです。

⑴　遺産に係る基礎控除額の計算

相続税の総額を計算する場合に課税価格の合計額から控除することができる基礎控除額は、「3,000万円＋600万円×法定相続人の数」で計算されるため、養子縁組により法定相続人が増えることで基礎控除額も増加することとなります。

⑵　相続税の総額を計算する場合の累進税率の緩和

相続税の総額は、課税遺産総額を法定相続分に従って分けたものとみなした場合における各取得金額に累進税率を適用して計算します。したがって、養子縁組により法定相続人が増えることで適用される累進税率が低くなる可能性があります。

設例

1．被相続人　父（令和６年３月死亡）
2．相続人　母と子１人
3．相続財産　５億円
4．遺産分割　法定相続分どおり相続する。なお、母の固有の財産はないものと仮定する。
5．養子縁組　**子の配偶者を養子縁組した場合の効果の確認**　（単位：万円）

	第一次相続（父の相続）		第二次相続（母の相続）	合計税額
	母の相続税	子の相続税	子の相続税	
母と子１人	0	7,605	6,930	14,535

母と子２人	0	6,555	4,920	11,475
軽減効果額	−	1,050	2,010	3,060

父が養子縁組をしていれば、法定相続人は母と子２人となり第一次相続において1,050万円、第二次相続では2,010万円、通算相続税では、3,060万円相続税が軽減されます。

◉ 相続人が法定相続分により相続した場合の相続税額の早見表

<母（配偶者）と子が相続人である場合の相続税額>　（単位：万円）

相続人	遺産の総額				
	3億円	4億円	5億円	7億円	10億円
母と子１人	3,460	5,460	7,605	12,250	19,750
母と子２人	2,860	4,610	6,555	10,870	17,810
母と子３人	2,540	4,155	5,963	9,885	16,635

<子のみが相続人である場合の相続税額>　（単位：万円）

相続人	遺産の総額				
	1.5億円	2億円	2.5億円	3.5億円	5億円
子１人	2,860	4,860	6,930	11,500	19,000
子２人	1,840	3,340	4,920	8,920	15,210
子３人	1,440	2,460	3,960	6,980	12,980

⑶　生命保険金等・退職手当金等の非課税限度額の計算

相続人が受け取った生命保険金等及び退職手当金等については、それぞれ「500万円×法定相続人の数」まで非課税とされています。養子縁組により法定相続人が増えることで非課税限度額も増加することとなります。

なお、上記⑴から⑶までの法定相続人には、相続の放棄があった場合にはなかったものとし、養子がいる場合に、原則として実子がいる場合には１人まで、実子がいない場合には２人までとして計算した人数によることとされます。

⑷　未成年者控除・障害者控除

未成年者控除や障害者控除は、相続又は遺贈により財産を取得した者がその相続又は遺贈に係る被相続人の法定相続人に該当し、かつ、未成年者（制限納税義務者を除きます。）又は障害者（非居住無制限納税義務者及び制限納税義務者を除きます。）に該当する場合に適用される税額控除で、未成年者については10万円に18歳に達するまでの年数を乗じて算出した金額を、障害者については10万円（特別障害者は20万円）に85歳に達するまでの年数を乗じて算出した金額をそれぞれ控除した金額をもって、その納付すべき相続税額とするとしています。その場合に、控除を受けることができる金額がその控除を受ける者の相続税額を超えるとき（控除不足額があるとき）は、その控除不足額を扶養義務者の相続税額から控除できることとしています。この場合、その扶養義務者は、制限納税義務者であるかどうかは問いません。

これらの規定は、未成年者や障害者は一般の人より生活費等が多くかかることなどを配慮した規定であるといわれています。そのため、本人の相続税額から控除できない部分は、扶養義務者の相続税額から控除することが認められています。なお、扶養義務者が二人以上ある場合においては、扶養義務者の全員が、協議によりその全員が控除を受けることができる金額の総額を各人ごとに配分してそれぞれの控除金額を定めることとしています（相令４の３一）。この場合、法定相続人の数に算入する養子の数の制限は設けられていませんので、養子全員が未成年者控除・障害者控除の対象となります。

例えば、被相続人甲（令和６年４月相続開始）の相続人は、配偶者乙（障害者）と養子丙の２名である場合で、相続開始後の令和６年７月に配偶者乙と養子丙は養子縁組を解消したときでも、配偶者乙の算出相続税額から控除しきれない障害者控除の残額を（元）養子であった丙の相続税額から控除することはできます。

これは、「扶養義務者に該当するかどうかの判定は、相続税にあっては相続開始の時…の状況によることに留意する。」と定められていて、相続開始の時において、養子丙は配偶者乙の直系血族として配偶者乙の扶養義務者に該当するため、配偶者乙の算出相続税額から控除しきれない障害者控除の残額を（元）養子丙の算出相続税額から控除することができます。

また、未成年者控除又は障害者控除は、法定相続人（相続の放棄があった場合には、その放棄がなかったものとした場合における相続人）であることなどが要件とされています（相基通19の３－１）ので、相続の放棄があってもその他の要件を満たす場合には、これらの適用を受けることができます。

この控除の適用を受けるためには、法定相続人である未成年者、又は障害者が「相続又は遺贈により財産を取得する」ことが要件となっています。そのため、相続又は遺贈により財産を取得しない場合には、これらの控除の適用はなく、当然本人から税額控除をすることはできません。

また、未成年者又は障害者であっても、例えば、被相続人の孫のように法定相続人に該当しない人はこの規定の適用を受けることはできません。そこで、孫と養子縁組をしておけば孫は法定相続人に該当することになります。

このように、法定相続人である未成年者や障害者が相続又は遺贈により財産を取得しない場合には税額控除の適用を受けることができなくなるため、本人が1,000円でも相続すれば未成年者や障害者の相続税額から控除することができない金額は、扶養義務者の相続税額から控除することができます。

設例

1．**被相続人**　母

（令和６年１月に死亡・相続人等の年齢は相続開始時の年齢）

2．**相続人**　長男（特別障害者・45歳）

3．**長男の家族**　妻（一般障害者・42歳）、子（一般障害者・15歳）

4．**母の財産**　３億円（法定相続分どおり相続する）

5．**養子縁組**　長男の妻と子を母と養子縁組を行う

6．**養子縁組の効果の検証**　（単位：万円）

	縁組前	縁組後			
	長男	長男	長男の妻	長男の子	合計
課税価格	30,000	10,000	10,000	10,000	30,000
基礎控除額	3,600	4,200（※１）			4,200
課税遺産総額	26,400	25,800			25,800
相続税の総額	9,180	6,920（※２）			6,920
各人の算出税額	9,180	2,307	2,307	2,306	6,920
相続税額の２割加算（※３）	−	−	−	461	461
未成年者控除（※４）	−	−	−	△30	△30
障害者控除（※５）	△800	△800	△430	△700	△1,930
納付税額	8,380	1,507	1,877	2,037	5,421

※１　法定相続人は、長男と２人の養子（長男の妻と長男の子）は１人とカウントすることから、（3,000万円＋600万円×２人）4,200万円となります。

※２　課税遺産総額を、各法定相続人が民法に定める法定相続分に従って取得したものとして、各法定相続人の取得金額（千円未満切捨て）を計算し、この取得金額に税率を乗じて相続税の総額の基となる税額を算出します（設例の場合の法定相続人の数は２人（養子は２人を１人としてカウント）として計算します。）。

このようにして計算した各法定相続人ごとの算出税額を合計して相続税の総額を計算します。

※３　孫養子は２割加算の対象者とされます（相法18②）。

※４　未成年者控除額は以下のとおりです。

・長男の子　10万円×（18歳－15歳）＝30万円

※５　障害者控除額は以下のとおりです。

・長男　　20万円×（85歳－45歳）＝800万円

・長男の妻　10万円×（85歳－42歳）＝430万円

・長男の子　10万円×（85歳－15歳）＝700万円

⑸　相次相続控除

今回の相続開始前10年以内に被相続人が相続、遺贈や相続時精算課税に係る贈与によって財産を取得し相続税が課されていた場合には、その被相続人から相続、遺贈や相続時精算課税に係る贈与によって財産を取得した人の相続税額から、一定の金額を控除します。

相次相続控除が受けられるのは、相続人に限定されていますので、相続の放棄をした

人及び相続権を失った人がたとえ遺贈により財産を取得しても、この制度は適用されません。

そのため、生前に養子縁組をしておき相続人として財産を取得すれば、相次相続控除の対象者となることができます。

◉ 相次相続控除とは（相次相続控除のイメージ図、例示）

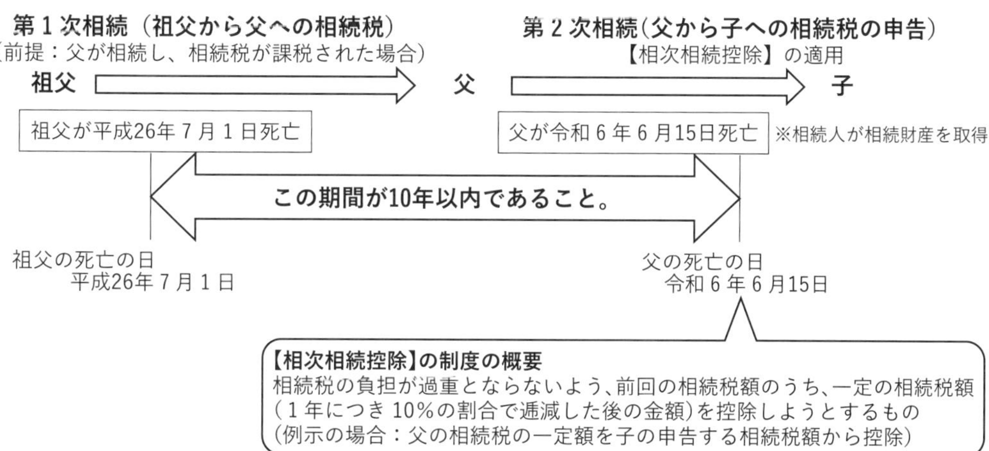

（出典：国税庁ホームページ　タックスアンサー（一部改変））

相次相続控除額は、次の算式により計算した金額となります。

A×C/(B－A)［求めた割合が100/100を超えるときは、100/100とする］
×D/C×(10－E)/10＝各相続人の相次相続控除額

A：今回の被相続人が前の相続の際に課せられた相続税額
この相続税額は、相続時精算課税分の贈与税額控除後の金額をいい、その被相続人が納税猶予の適用を受けていた場合の免除された相続税額並びに延滞税、利子税及び加算税の額は含まれません。

B：被相続人が前の相続の時に取得した純資産価額（取得財産の価額＋相続時精算課税適用財産の価額－債務及び葬式費用の金額）

C：今回の相続、遺贈や相続時精算課税に係る贈与によって財産を取得したすべての人の純資産価額の合計額

D：今回のその相続人の純資産価額

E：前の相続から今回の相続までの期間
１年未満の期間は切り捨てます。

設 例

１．被相続人　父（令和６年９月死亡）

２．相続人　長男・二男

３．相続財産　その他の財産　４億円

４．遺産分割

⑴　長男と二男が１/２ずつ相続する

⑵　長男と長男の子（遺贈又は養子縁組）がそれぞれ１/４ずつ、二男が１/２を相続する

５．その他

父は、令和元年７月に死亡した甲から１億円を相続し2,000万円の相続税を納付した。

6．相続税の計算

（単位：万円）

	4の(1)		長男の子へ遺贈した場合			長男の子が養子である場合		
	長男	二男	長男	長男の子	二男	長男	長男の子	二男
その他の財産	20,000	20,000	10,000	10,000	20,000	10,000	10,000	20,000
相続税の総額	10,920		10,920			8,980		
各人の算出税額	5,460	5,460	2,730	2,730	5,460	2,245	2,245	4,490
2割加算額	−	−	−	546	−	−	449	−
相次相続控除(※)	△500	△500	△250	−	△500	△250	△250	△500
納付税額	4,960	4,960	2,480	3,276	4,960	1,995	2,444	3,990
合計税額	9,920		10,716			8,429		

※　2,000万円×100/100×(10年−5年)/10＝1,000万円

(6)　相続税額の2割加算の不適用

被相続人の一親等の血族（代襲相続人を含みます。）及び配偶者以外の人が、相続又は遺贈により財産を取得した場合には、その人の相続税額は2割加算されることとなっています。しかし、養子縁組を行うと、養子は民法上の一親等の血族に該当することになり、2割加算の適用はありません。

ただし、被相続人の養子となった当該被相続人の直系卑属である孫など（代襲相続人である者を除きます。）については2割加算の対象者とされます。

民法上の一親等の血族			相続税額の2割加算の対象となる者	相続税額の加算
実親・実子（自然血族）			非該当	−
養親（法定血族）			非該当	−
養子（法定血族）	被相続人の直系卑属が養子となっている場合	一親等の血族の死亡、廃除、相続欠格により代襲相続人となった直系卑属	非該当	−
		上記以外の直系卑属	該当	有
	上記以外の養子		非該当	−

設例

1．**被相続人**　姉（令和6年4月死亡）

2．**相続人**　弟1人

3．**相続財産**　2億円

4．**生前対策**　生涯独身の姉は、弟と養子縁組をしていた。

5．**相続税の計算**

（単位：万円）

	養子縁組あり	【参考】養子縁組なし
相続財産	20,000	20,000

相続税額	4,860	4,860
相続税額の2割加算	−	972
納付税額	4,860	5,832

この設例の場合、養子縁組の有無に関わらず相続税の基礎控除額は、3,000万円＋600万円×1人で変わりません。しかし、養子縁組が行われていた場合には、弟は一親等の法定血族に該当し相続税額の2割加算が行われないことから、その税額相当分だけ相続税が軽減されることになります。

(7) 相続の一代飛ばし

孫と養子縁組をして財産を相続させると、相続税の課税を一世代飛ばすことができます。例えば、父から子へ、そして子から孫へ財産が相続される場合には、その都度相続税が課税されますが、父から直接孫へ相続させれば相続税の課税は1度で済みます（ただし、相続税額の2割加算の対象者となります。）。

設例

1．**被相続人**　父（令和6年3月死亡）

2．**相続人**　長男・養子縁組がある場合には長男の子・長女

3．**父の相続財産と遺産分割**

その他の財産　3億円（法定相続分どおり相続する）

4．**長男（令和7年5月死亡）の相続人**　妻・子

5．**長男の相続財産と遺産分割**

長男固有の財産　1億円

父から相続した財産　相続税を控除した金額が残っていると仮定

法定相続分どおり相続するものとする

6．**相続税の計算**

(1) 父の相続税　（単位：万円）

	養子縁組なし		長男の子と養子縁組あり		
	長男	長女	長男	長男の子	長女
その他の財産	15,000	15,000	10,000	10,000	10,000
課税価格	15,000	15,000	10,000	10,000	10,000
相続税の総額	6,920		5,460		
各人の算出税額	3,460	3,460	1,820	1,820	1,820
相続税額の2割加算	−	−	−	364	−
納付税額	3,460	3,460	1,820	2,184	1,820

⑵　長男の相続税　（単位：万円）

	父と養子縁組なし		父と養子縁組あり	
	妻	子	妻	子
長男固有の財産	5,000	5,000	5,000	5,000
父からの相続財産（※1）	5,770	5,770	4,090	4,090
課税価格	10,770	10,770	9,090	9,090
相続税の総額	3,802		2,794	
各人の算出税額	1,901	1,901	1,397	1,397
配偶者の税額軽減	△1,901	−	△1,397	−
相次相続控除（※2）	0	△1,557	0	△819
納付税額	0	344	0	578
父＋長男の税額合計	7,264		6,402	

※1　父から相続した財産
・縁組なし　(15,000万円−3,460万円)÷2人＝5,770万円
・縁組あり　(10,000万円−1,820万円)÷2人＝4,090万円

※2　相次相続控除
・縁組なし(子)　3,460万円×1/1×(10,770万円÷21,540万円)×(10−1)/10＝1,557万円
(妻は配偶者の税額軽減後の金額が上限とされているため控除額は0円)
・縁組あり(子)　1,820万円×1/1×(9,090万円÷18,180万円)×(10−1)/10＝819万円
(妻は配偶者の税額軽減後の金額が上限とされているため控除額は0円)

⑻　養子縁組と遺留分

財産を相続させたくない子がいる場合、遺言書を残しておいて他の相続人にすべての財産を相続させるとしていても、遺留分侵害額請求権を行使されると遺留分に相当する金額は取り戻されてしまいます。

相続税法上は実子がいる場合には、養子の数は1人としてカウントすることとされていますが、民法上は養子の数について制限が設けられていませんので、孫や子の配偶者などと養子縁組すれば、相続人の数が増えて、1人当たりの遺留分の割合を少なくすることができます。

この場合、養親となる者の意思能力の有無を巡って紛争の発生を防止するために、養子縁組の届出書に養親本人の自署を求め、それが不可能なときには、届出書の作成に当たって養親の意思を確認するに足りる公正な第三者を立会いさせる等の配慮が必要です。共同相続人の相続分ないし遺留分の割合を減少させようとすることのみを目的とする養子縁組は、法律上の親子関係を形成しなければならない特段の必要性はなく、民法802条1号にいう「当事者間に縁組をする意思がないとき」に該当し、養子縁組が無効とされる可能性があります（東京高裁：昭和57年2月22日判決）。養子縁組が相続争いの火種とならないよう細心の注意が必要です。

設例

1. **被相続人**　父（令和6年3月死亡）
2. **相続人**　長男、長女
3. **養子縁組**　長男の妻と子を養子縁組
4. **父の財産**　4億円
5. **遺言書による遺産分割（長女の遺留分に配慮した遺言書にしてある）**
   ①　養子縁組なし：長男3億円、長女1億円
   ②　養子縁組あり：長男3億円、長女5千万円、長男の妻4千万円、長男の子1千万円

（注）長女の遺留分
養子縁組なし：4億円×1/2(総体的遺留分)×1/2(個別的遺留分)＝1億円
養子縁組あり：4億円×1/2(総体的遺留分)×1/4(個別的遺留分)＝5千万円

6. **相続税の計算**　（単位：万円）

	養子縁組なし			養子縁組あり				
	長男	長女	合計	長男	長女	養子（長男の妻）	養子（長男の子）	合計
課税価格	30,000	10,000	40,000	30,000	5,000	4,000	1,000	40,000
基礎控除額	4,200		4,200	4,800（※）				4,800
相続税の総額	10,920		10,920	8,980				8,980
各人の算出税額	8,190	2,730	10,920	6,735	1,123	898	224	8,980
相続税額の2割加算	−	−	−	−	−	−	45	45
納付税額	8,190	2,730	10,920	6,735	1,123	898	269	9,025

※　実子がいるため、養子は1人と数えて基礎控除額を計算します。

⑼　法定相続人が兄弟姉妹の場合の養子縁組

法定相続人が兄弟姉妹の場合、養子縁組を行うと、その養子は第1順位の相続人となりますので、養子のみが法定相続人となります。つまり、養子にすべての財産を相続させることができます。自分より年少者であれば養子縁組できますので、自分の弟か妹かの1人を養子にして、全財産を相続させることもでき、さらに、相続税額の2割加算の適用もなくなります。しかし、元々の法定相続人の数が多い場合には、養子縁組することで、法定相続人の数が少なくなり、基礎控除額が下がるなど、相続税の計算上不利となることもありますので、注意が必要です。

設例

1. **被相続人**　甲（令和６年３月死亡）
2. **相続人**
   ①　養子縁組前　妻・兄・姉・弟・妹
   ②　養子縁組後　妻・養子（妹の子）
3. **相続財産**　４億円
4. **遺言書による遺産分割**　妻３億円、養子（妹の子）１億円
5. **相続税の計算**

（単位：万円）

	養子縁組なし			養子縁組あり		
	妻	妹の子	合計	妻	養子	合計
課税価格	30,000	10,000	40,000	30,000	10,000	40,000
基礎控除額	6,000（※１）		6,000	4,200（※２）		4,200
相続税の総額	9,850		9,850	10,920		10,920
各人の算出税額	7,387	2,463	9,850	8,190	2,730	10,920
相続税額の２割加算	−	493	493	−	−	−
配偶者の税額軽減	（※３）△7,387	−	△7,387	△5,460	−	△5,460
納付税額	0	2,956	2,956	2,730	2,730	5,460

※１　法定相続人は、妻、兄、姉、弟、妹の５人で、基礎控除額は（3,000万円＋600万円×５人）6,000万円となります。
※２　法定相続人は、妻、養子の２人で、基礎控除額は（3,000万円＋600万円×２人）4,200万円となります。
※３　配偶者の税額軽減は、法定相続分（3/4）に相当する３億円に対する相続税額となります。

⑽　独身の子が先に亡くなりそうな場合の養子縁組による対応策

例えば、長男（独身で子もいない）は、父から10数年前に財産を相続し、家族は、母と他家に嫁いだ妹が一人いる事例で対応策を検討します。

その長男が病気入院中で、そのまま死亡すると相続人は第２順位の母になり、父から相続した財産が母に戻ることになってしまいます。そうなると、母の相続のときの相続税が大変重くなるので、妹と養子縁組をすることとしました。妹は婚姻によって氏が変わっているので、婚姻の氏をそのまま承継できますし、相続税額の２割加算の規定の適用も受けません。両者の縁組意思の合致と養子縁組の届出をするだけで、母のときの相続税の軽減が期待できます。

また、養子縁組ができなかった場合や、養子縁組の届出前に相続が開始したときには、母が相続の開始があったことを知ったときから３か月以内に家庭裁判所に相続の放棄の申述をして相続を放棄すれば、相続の順位が異動して第３順位の妹が相続人となります。

この場合、妹は、被相続人の配偶者又は一親等の血族ではないので、相続税額の２割

加算の規定の適用を受けることになります。

設例

1．**被相続人**　長男（独身で子がいない。令和6年3月死亡）

2．**相続人**　母（母が相続を放棄した場合、長女1人）

3．**相続財産**　その他の財産2億円

4．**相続対策**

(1)　何もしない

(2)　母が長男死亡後に相続放棄する

(3)　生前に長女と養子縁組をする

5．**その他**　母固有の財産5,000万円（令和7年4月死亡）

6．**相続税の計算**

（単位：万円）

	4の(1)		4の(2)		4の(3)	
	長男の相続	母の相続	長男の相続	母の相続	長男の相続	母の相続
相続人	母	長女	長女	長女	長女	長女
その他の財産	20,000	(※1)20,140	20,000	5,000	20,000	5,000
算出税額	4,860	4,916	4,860	160	4,860	160
相続税額の2割加算	－	－	972	－	－	－
相次相続控除	－	(※2)△4,374	－	－	－	－
納付税額	4,860	542	5,832	160	4,860	160
合計税額	5,402		5,992		5,020	

※1　(20,000万円－4,860万円)＋5,000万円＝20,140万円

※2　4,860万円×1/1×(20,140万円÷20,140万円)×(10年－1年)/10年＝4,374万円

養子縁組とその他の税効果等

養子縁組による相続税の軽減効果以外の税効果については、以下のようなものが考えられます。

(1)　登録免許税の適用税率

不動産の所有権移転登記を行う場合の登録免許税の税率は、遺贈（例えば、孫が遺言により不動産を取得する場合）を原因とする場合が1000分の20であるのに対し、相続（例えば、孫が養子となって不動産を相続によって取得する場合）を原因とする場合には1000分の4に軽減されます。

⑵　不動産取得税

遺贈による不動産の取得は不動産取得税が課されますが、相続による不動産の取得には、不動産取得税が課税されません。

①　不動産取得税の課税標準

平成18年1月1日から令和9年3月31日までの間に宅地評価土地の取得があった場合は、通常の評価額の1／2が課税標準になります。

②　不動産取得税の税率

区　分	本則税率	特例税率	備　考
土　地	4％	3％	特例税率は、令和9年3月31日までの間に取得した不動産が対象になります。
家　屋	4％	3％（住宅）	

⑶　養子縁組と相続時精算課税

相続時精算課税は、60歳以上の者から、18歳以上の直系卑属である推定相続人又は孫が受けた贈与について適用することができます（年齢は贈与の年の1月1日で判定します。）。

子の配偶者（18歳以上）などと養子縁組すれば、その者は直系卑属である推定相続人に該当し、相続時精算課税によって贈与を受けることができます。その場合、年の途中に養子縁組により贈与者の推定相続人となった場合には、推定相続人となる前に贈与を受けた財産については、相続時精算課税の適用を受けることはできません。

設 例

養子縁組の年において、養子縁組前と養子縁組後の贈与がある場合

・令和6年1月10日　財産の贈与…(イ)　養子縁組前の贈与

・令和6年5月14日　養子縁組（養子の年齢20歳）

・令和6年9月20日　財産の贈与…(ロ)　養子縁組後の贈与

この年の贈与について相続時精算課税を選択した場合、養子縁組により贈与者の推定相続人となった以後の贈与(ロ)は、相続時精算課税の適用を受けることができます。したがって、養子縁組前の贈与(イ)については、暦年課税により贈与税額を計算し、養子縁組以後の贈与(ロ)は、相続時精算課税により贈与税額を計算します。

なお、養子縁組前の贈与(イ)に係る贈与税額の計算に当たっては、暦年贈与による基礎控除額（110万円）が、養子縁組後の贈与（ロ）については相続時精算課税贈与として基礎控除額（110万円）が控除されます。

養子で相続時精算課税適用者が、その後、養子縁組を解消した場合の課税関係は、その特定贈与者からの贈与により取得した財産については、引き続き相続時精算課税が適用されます。

【養子縁組の解消（離縁）前後に財産の贈与を受けた場合】

・令和４年２月20日　財産の贈与(イ)

・令和５年６月24日　養子縁組の解消

・令和６年４月30日　財産の贈与(ロ)

養子縁組の解消前の贈与(イ)について、相続時精算課税の適用を受けている場合には、養子縁組の解消後の贈与(ロ)についても、相続時精算課税が適用されます。

(4)　その他

養子縁組を行うことで親子関係ができることから、養親から以下のような特例贈与などの適用を受けることができます。

①　直系尊属から住宅取得等資金の贈与を受けた場合の贈与税の非課税

②　直系尊属から教育資金の一括贈与を受けた場合の贈与税の非課税

③　直系尊属から結婚・子育て資金の一括贈与に係る贈与税の非課税

④　暦年贈与を受けた場合の特例贈与の税率の適用（受贈者が18歳以上である場合に限る。）

⑤　相続時精算課税の選択（養子が18歳以上である場合に限る。）

⑥　遺族基礎年金の受給（養子が18歳未満など一定の要件を満たす場合）

VI

資産の種類別直前対策の具体例

贈与税の非課税財産

贈与により取得した財産でも、その財産の性質又は贈与の目的等からみて贈与税を課税することが適当でないものがあります。そこで、次に掲げる財産は、贈与税が課税されないこととされています。

そこで、非課税財産の生前贈与によって、相続税が課される財産から除外する対策が効果的です。

	贈与税の非課税財産	根拠条文
①	相続開始の年に被相続人から贈与を受けた財産で、相続税の課税価格に加算されるもの	相続税法 21 の 2④
②	法人から贈与を受けた財産（贈与税ではなく所得税がかかります。）	相続税法 21 の 3①一
③	扶養義務者相互間で教育費や生活費に充てるために贈与を受けた財産で通常必要と認められる範囲内のもの	相続税法 21 の 3①二
④	宗教、慈善、学術その他公益を目的とする事業を行う人で一定の要件に該当する人が、贈与を受けた財産で、その公益を目的とする事業の用に供することが確実なもの	相続税法 21 の 3①三
⑤	特定公益信託で学術に関する顕著な貢献を表彰するもの、若しくは顕著な価値がある学術に関する研究を奨励するもので一定の金品又は学生若しくは生徒に対する学資の支給を行うことを目的とする特定公益信託から交付される金品	相続税法 21 の 3①四
⑥	心身障害者共済制度に基づく給付金の受給権	相続税法 21 の 3①五
⑦	国会議員、地方公共団体の議会の議員、都道府県知事及び市町村長の選挙の候補者が、選挙運動に関して贈与を受けた金品などで、選挙管理委員会に報告されたもの	相続税法 21 の 3①六
⑧	特定障害者扶養信託契約に基づく信託受益権の価額のうち、受益者一人につき特別障害者の場合は 6,000 万円、特別障害者以外の特定障害者の場合は 3,000 万円までの部分	相続税法 21 の 4
⑨	社交上の香典や贈答品などで常識的な範囲内のもの	相基通 21 の 3 － 9
⑩	婚姻期間が 20 年以上など一定の要件を満たす配偶者へ、居住用財産又はそれを取得するための資金（最高 2,000 万円）	相続税法 21 の 6
⑪	直系尊属から贈与を受けた住宅取得等資金の非課税の適用を受ける金銭	措法 70 の 2
⑫	直系尊属から贈与を受けた教育資金の一括贈与（最高 1,500 万円）	措法 70 の 2 の 2
⑬	直系尊属から贈与を受けた結婚・子育て資金の一括贈与（最高 1,000 万円）	措法 70 の 2 の 3

以上の非課税贈与のうち、相続開始直前でも相続税の軽減効果が期待されるものについて解説します。

⑴　住宅取得等資金の非課税の特例

令和6年1月1日から令和8年12月31日までの間に、父母や祖父母など直系尊属からの贈与により、自己の居住の用に供する住宅用の家屋の新築、取得又は増改築等の対価に充てるための金銭を取得した場合において、一定の要件を満たすときは、次の非課税限度額までの金額について、贈与税が非課税となります。

＜非課税限度額＞

贈与を受けた者ごとに省エネ等住宅の場合には1,000万円まで、それ以外の住宅の場合には500万円までの住宅取得等資金の贈与が非課税となります。

詳細については、長期対策編「生前贈与を活用した対策」111ページを確認ください。

⑵　祖父母などから教育資金の一括贈与を受けた場合の贈与税の非課税制度

平成25年4月1日から令和8年3月31日までの間に、30歳未満の人（以下「受贈者」といいます。）が、教育資金に充てるため、金融機関等との一定の契約に基づき、受贈者の直系尊属（祖父母など）から、①信託受益権を付与された場合、②書面による贈与により取得した金銭を銀行等に預入をした場合、又は③書面による贈与により取得した金銭等で証券会社等で有価証券を購入した場合には、その信託受益権又は金銭等の価額のうち1,500万円までの金額に相当する部分の価額については、取扱金融機関の営業所等を経由して教育資金非課税申告書を提出することにより贈与税が非課税となります。

しかし、贈与者死亡の際の管理残額については、原則として受贈者が23歳未満など一定の者を除き、相続等により取得したものとみなして相続税が課されます。

詳細については、長期対策編「生前贈与を活用した対策」84ページを確認ください。

⑶　特定障害者扶養信託契約に基づく信託受益権の非課税贈与

特定贈与信託は、特定障害者（重度の心身障害者、中軽度の知的障害者及び障害等級2級又は3級の精神障害者等）の生活の安定を図ることを目的に、その親族等が金銭等の財産を信託銀行等に信託するものです。

詳細については、長期対策編「生前贈与を活用した対策」90ページを確認ください。

⑷　贈与税の配偶者控除

婚姻期間が20年以上など一定の下記要件を満たす配偶者に対しては、居住用の不動産又はそれを取得するための資金を贈与したとき、贈与税について最高2,000万円の非課税規定の適用があります。これは、「贈与税の配偶者控除の特例」といわれるものです。

詳細については、長期対策編「生前贈与を活用した対策」80ページを確認ください。

相続税の非課税財産

相続税がかからない財産に組み換えることによって相続税の負担を軽減することができます。相続税がかからない財産のうち主なものは次のとおりです。

	相続税の非課税財産	根拠条文
①	墓地や墓石、仏壇、仏具、神を祭る道具など日常礼拝をしている物 ただし、骨とう的価値があるなど投資の対象となるものや商品として所有しているものは相続税がかかります。	相法12①二
②	宗教、慈善、学術、その他公益を目的とする事業を行う一定の個人などが相続や遺贈によって取得した財産で公益を目的とする事業に使われることが確実なもの	相法12①三
③	地方公共団体の条例によって、精神や身体に障害のある人又はその人を扶養する人が取得する心身障害者共済制度に基づいて支給される給付金を受ける権利	相法12①四
④	相続によって取得したとみなされる生命保険金のうち500万円に法定相続人の数を掛けた金額までの部分	相法12①五
⑤	相続や遺贈によってもらったとみなされる退職手当金等のうち500万円に法定相続人の数を掛けた金額までの部分	相法12①六
⑥	相続や遺贈によって取得した財産で相続税の申告期限までに国又は地方公共団体や公益を目的とする事業を行う特定の法人に寄附したもの	措法70①
⑦	相続又は遺贈によって財産を取得した人が、その取得した財産に属する金銭を、相続税の申告期限までに、特定公益信託のうち、その目的が教育又は科学の振興など公益の増進に著しく寄与する特定公益信託の信託財産とするために支出したもの	措法70③
⑧	相続又は遺贈によって取得した財産について相続税の申告書の提出期限前に災害により甚大な被害を受けた場合におけるその財産の価額	災免法6

以上の非課税財産のうち、相続開始直前でも、相続税の軽減効果の期待できるものについて以下に解説します。

(1) 生命保険金の非課税規定

被相続人の死亡により相続人（相続を放棄した人や相続権を失った人を除きます。）が取得した生命保険契約の保険金等については、次の①又は②に掲げる場合の区分に応じ、その定める金額に相当する部分は課税されません。

保険金の非課税限度額＝500万円×法定相続人の数

① 各相続人の取得した保険金の合計額が保険金の非課税限度額以下である場合

各相続人が実際に取得した保険金の金額＝非課税金額

② 各相続人の取得した保険金の合計額が保険金の非課税限度額を超える場合

$$保険金の非課税限度額 \times \frac{その相続人が取得した保険金の合計額}{各相続人が取得した保険金の合計額} = 非課税金額$$

（注１） 被相続人に養子がある場合には、非課税限度額の計算上、法定相続人の数に算入する養子の数については、①実子がある場合…１人、②実子がいない場合…２人までとされます。
（注２） 死亡退職金についても同様の取り扱いがあります。

国内の大手生命保険会社では、一時払終身保険を販売していて、被保険者の加入年齢が90歳までとされているため、相続税の生命保険金の非課税枠を使い残している人は、預貯金から生命保険金へ組み換えることで一定額まで相続税が非課税として取扱われます。

⑵ 墓地、仏壇等

相続税法では、相続税の課税価格に算入しない財産(以下「非課税財産」といいます。)として、いくつかのものを掲げています。そのなかの一つに「墓所、霊廟及び祭具並びにこれらに準ずるもの」があります。

手元現金などで墓地、仏壇等を購入すれば、いわゆる相続税の課税対象となる現金が、たちどころに非課税財産に変化することとなります。

非課税財産取得に当たっての注意点は以下のとおりです。

① あくまでも生前取得でないと非課税財産にはなりません。
② 借入等をして墓地等を取得しても、その借入金等は相続税の計算上債務として控除することはできません。
③ 美術品と認定されるような黄金の仏壇や貸金庫に安置？されている仏像などは非課税財産と判定されないと思われます。
④ 祭具等には骨董品又は投資の対象として所有するものは含まれません。

賃貸不動産の取得による評価差額を活用した対策

相続、遺贈又は贈与により取得した財産の価額は、当該財産の取得の時における時価による（相法22）と定め、時価とは、課税時期（相続、遺贈若しくは贈与により財産を取得した日）において、それぞれの財産の現況に応じ、不特定多数の当事者間で自由な取引が行われる場合に通常成立すると認められる価額をいい、その価額は、この通達の定めによって評価した価額による（評基通１）としています。

財産評価基本通達では、不動産の価額などについて定めていて、実務では評価通達に基づいて土地や建物などを評価しています。

しかし、「この通達の定めによって評価することが著しく不適当と認められる財産の価額は、国税庁長官の指示を受けて評価する」（評基通6、以下「総則6項」といいます。）としています。

総則6項については、財産評価基本通達逐条解説において、「評価基本通達に定める評価方法を画一的に適用した場合には、適正な時価評価が求められず、その評価額が不適切なものとなり、著しく課税の公平を欠く場合も生じることが考えられる。このため、そのような場合には、個々の財産の態様に応じた適正な時価評価が行えるよう定めている」としています。

明らかに節税目的で取得したと思われる不動産の価額について、他の納税者との間での実質的な租税負担の公平を著しく害するとして、総則6項の規定によって否認された事例に共通する前提条件には、以下のような事由があります。

① 被相続人が高齢で、かつ、病気で入院等をしているなど相続開始が近いことが推測できる状況にある
② 取得日と相続開始日が近い（どの程度の期間遡るのかの検討が必要）
③ 相続開始後、比較的「短期間」で譲渡し、譲渡価額は取得価額と近似している
④ 不動産の取得に際し多額の借入金を利用している
⑤ 租税負担の実質的な公平を著しく害している
⑥ 明らかに節税目的と推測される
⑦ 利用する意思がみられない
⑧ 財産評価額（申告）と時価との開差が大きい

なお、課税庁は、多くの裁判例において、上記①ないし⑤に該当する事案については、評価通達の定める評価方法による評価額と、実際の取引価額との間に生じている開差を利用して、相続税の負担の軽減を図る目的で行われた行為を前提とするものと判定し、評価通達によらないことが許される特別の事情があるとして、総則6項の規定を適用しています。総則6項に関連する東京地裁の判決から共通する主な事実を一覧すると、以下のとおりです。

◉ 総則6項に関連する東京地裁の判決

東京地裁判決年月	平成4年3月	平成5年2月	令和元年8月		令和2年11月
被相続人の取得時の年齢	95歳	87歳	90歳		89歳
不動産の取得時期	2か月前	5～10か月前	甲不動産 3年5か月前	乙不動産 2年6か月前	1か月前
銀行借入金の割合	105%	97%	75%	69%	100%
取得不動産の譲渡時期	1年以内	1年以内	保有継続	1年以内	保有継続

更正処分の価額	取得価額	取得価額	鑑定評価額	鑑定評価額
裁判結果	最高裁・棄却	東京高裁・棄却	最高裁・棄却	最高裁・不受理

上記の否認事例は、近い将来発生することが予想される被相続人からの相続において、相続税の負担は著しく軽減されることになり、それらの行為は他の納税者との間に看過し難い不均衡を生じさせ、実質的な租税負担の公平に反するものと判定されています。

一方、東京地裁判決（平成５年２月16日）では、「評価基本通達に定められた評価方法以外の客観的な交換価格によって相続財産の評価を行うことが、実質的な税負担の公平を図るという見地から正当として是認されることとなるのは、被相続人が敢えて銀行から資金を借り入れて債務を負担し、その借入金によって不動産を取得することにより、その債務を相続債務として計上し、結果としてその債務額を他の積極財産の価額から控除されるという利益を享受することとなる場合であることを要するものである。したがって、銀行からの借入金によって購入されたものではなく、他の不動産を売却して得た代金を資金として取得されたため、右のような方法による相続税の節減に何ら寄与しない物件については、その相続財産としての価額を右通達以外の客観的な交換価格によって評価することを正当化する理由はなく、その評価は、通常の場合と同様に、右通達に定める方法によって行われるべきものである。」としています。

以上のことから、自己資金による不動産の購入の場合には、原則として総則６項適用のリスクはないものと考えられます。

相続税法22条

この章で特別の定めのあるものを除くほか、相続、遺贈又は贈与により取得した財産の価額は、当該財産の取得の時における時価により、当該財産の価額から控除すべき債務の金額は、その時の現況による。

財産評価基本通達

1（評価の原則）

財産の評価については、次による。

(1) 評価単位

財産の価額は、第２章以下に定める評価単位ごとに評価する。

(2) 時価の意義

財産の価額は、時価によるものとし、時価とは、課税時期（相続、遺贈若しくは贈与により財産を取得した日若しくは相続税法の規定により相続、遺贈若しくは贈与により取得したものとみなされた財産のその取得の日又は地価税法第２条《定義》第４号に規定する課税時期をいう。以下同じ。）において、それぞれの財産の現況に応じ、不特定多数の当事者間で自由な取引が行われる場合に通常成立すると認められる価額をいい、その価額は、この通達の定めによって評価した価額による。

(3) 財産の評価

財産の評価に当たっては、その財産の価額に影響を及ぼすべきすべての事情を考慮する。

6（この通達の定めにより難い場合の評価）

この通達の定めによって評価することが著しく不適当と認められる財産の価額は、国税庁長官の指示を受けて評価する。

租税回避行為と認定されないよう留意しながら、時価と財産評価基本通達に定める相続税評価額の差額の大きな資産に組換えることで、効率良く相続税を軽減させることができます。しかし、時価と相続税評価額の差が大きな資産は、価格の値下がりや維持コストの発生などリスクの伴うものがありますので、相続税の軽減効果だけに目を奪われることがないように、総合的に検討して資産の組換え対策を実行しなければなりません。

設 例

1．被相続人 父（令和6年3月死亡）

2．相続人 長男・長女

3．相続財産と遺産分割

① 現預金 3億円（下記4の対策前）

② その他の財産 1億円

すべての財産を法定相続分の割合で相続する。

4．相続対策

父は、令和5年に賃貸不動産を自己資金2億円（相続税評価額8,000万円）で取得した。

5．相続税の計算

（単位：万円）

	賃貸不動産を取得した場合		賃貸不動産を取得しない場合	
	長男	長女	長男	長女
現預金	5,000	5,000	15,000	15,000
その他の財産	5,000	5,000	5,000	5,000
賃貸不動産	4,000	4,000	−	−
課税価格	14,000	14,000	20,000	20,000
相続税の総額	6,120		10,920	
各人の相続税額	3,060	3,060	5,460	5,460

（注） 相続の開始前3年以内に新たに貸付事業の用に供された宅地等については、小規模宅地等の特例の適用を受けることはできません。ただし、相続開始前3年以内に新たに貸付事業の用に供された宅地等であっても、相続開始の日まで3年を超えて引き続き特定貸付事業（貸付事業のうち準事業以外のものをいいます。）を行っていた被相続人等のその特定貸付事業の用に供された宅地等については、3年以内貸付宅地等に該当しません。

借入金があれば相続税は安くなるか

相続税対策で、借入金が残っていれば相続税が軽減されると盲信されている人がいます。確かに、相続税の計算は正味財産（プラスの財産から借入金などのマイナス財産を控除した残額）に対して課税されることになりますので、借入金が残っていれば正味財産は少なく計算され、相続税負担は軽くなります。

しかし、相続人はその借入金を返済する義務を承継することになり、長期間に渡り借入金の返済に苦労されるケースを少なからず見受けます。相続税の負担軽減だけに目を奪われることなく、資産と負債のバランスにも配慮が必要です。

借入金を活用した相続税対策の代表例として、賃貸アパート・マンションの建築に伴う建築代金の借入があります。賃貸アパート・マンションの建築による相続税軽減効果は、主に賃貸アパート・マンションの時価と相続税評価額との開差を活用することにより生じます。そのため、賃貸アパート・マンションを自己資金で取得しても借入金によっても相続税の軽減効果は変わりません。

例えば、現金 1,000 万円と借入金 1,000 万円は相続税評価額において同じく 1,000 万円として評価されます。そのため、1,000 万円を銀行から借入をして 1,000 万円預金すると、相続税の計算上 1,000 万円のプラス財産と 1,000 万円のマイナス財産とが計上され正味財産の増減は生じないこととなります。

しかし、1,000 万円を借入れて 1,000 万円の賃貸アパート・マンションを建築した場合、時価においては同額であっても相続税評価額の計算においては、1,000 万円の借入金は同額マイナス財産として評価されますが、賃貸アパート・マンションは約 400 万円程度に評価されます。そのため、時価ベースでは正味財産の増減はないものの、相続税評価額ベースでは 600 万円正味財産が減少することとなり、結果として相続税額が軽減されることとなります。

◉ 資産の種類ごとの時価と相続税の評価額

資産の種類	時価	相続税評価額（目安）
現預金	100	100
宅地（自用地）	自用地の価額を 100 とした場合	80
宅地（貸家建付地）		76～85
宅地（貸宅地）		20～60
建物（自用家屋）	100	50～60
建物（貸家）	100	35～42
タワーマンション（自用家屋）	100	20～30（※）
タワーマンション（貸家）	100	15～20（※）

上場株式	100	90～95
借入金	△100	△100

※　令和６年１月１日以後の相続等又は贈与により取得した居住用の区分所有財産（いわゆる分譲マンション）の評価について、「現行の相続税評価額×区分所有補正率」によって評価することとされ、概ね都心のマンションの相続税評価額は２倍程度に引き上げられる事例が多くなると予想されます。

急騰上場株式の取得

上場株式は、次の４つのうち最も低い金額によって評価することとされています（ただし、負担付贈与や個人間の対価を伴う取引の場合には①のみで評価します。）。

①　相続・遺贈又は贈与のあった日（以下「課税時期」といいます。）の最終価格
②　課税時期の属する月の毎日の最終価格の月平均額
③　課税時期の属する月の前月の毎日の最終価格の月平均額
④　課税時期の属する月の前々月の毎日の最終価格の月平均額

そこで、急騰株式を取得すれば、金融資産の評価額を低く抑えることができます。

設 例

１．被相続人　父（令和６年４月20日死亡）

２．相続人　長男・長女

３．遺産の内容

父は、Ａ社上場株式10万株を令和６年４月６日に@2,500円で現金により取得している。

その他の遺産額は75,000万円である。

４．Ａ社上場株式の価格

令和６年２月の月平均価額　1,000円
令和６年３月の月平均価額　1,800円
令和６年４月の月平均価額　2,550円
令和６年４月20日最終価格　2,600円

◉ A 社上場株式の取得前と取得後の相続税の比較表

（単位：万円）

	取得前	取得後
現　金 A 株式 その他	25,000 — 75,000	— 10,000 75,000
課税価格	100,000	85,000
相続税	39,500	32,000
対策の効果	39,500－32,000＝7,500	

このように、A 上場株式の評価額が、令和 6 年 2 月の月平均価額、令和 6 年 3 月の月平均価額、令和 6 年 4 月の月平均価額及び令和 6 年 4 月 20 日の最終価格のうち最も低い価格である 1,000 円となることにより、金融資産の評価額が 15,000 万円圧縮され、対策の効果は 7,500 万円となります。

なお、負担付贈与の場合には、東京高裁の判決（平成 7 年 12 月 13 日）で贈与時の時価によって評価すべきとしていますが、相続税の評価においては、財産評価基本通達による価額で特に問題は生じないと思います。問題が生ずるとすれば、その取得が被相続人の意思であったかどうかに係る部分であると思われます。

生命保険等を活用した対策

被相続人の死亡により各相続人が取得した生命保険契約の保険金等の合計額が 500 万円に法定相続人の数を乗じて算出した金額以下であるときは、相続税は課税されません。この保険金の非課税限度額をフルに活用することが相続税の納税資金対策にとっては必須項目といえます。

しかし、既に加入していた生命保険が満期を迎えたりして、相続税法に定める保険金の非課税限度額をフルに活用するだけの保険に加入していない人も多くいます。ところが、既に高齢であったり、病気であったりして一般の生命保険に追加加入が困難な場合には、以下のような方法を検討します。

(1)　告知不要の生命保険への加入

保険会社によっては、契約年齢 90 歳まで加入することができる生命保険を販売しています。この場合、健康状態等の告知や医師の診査がなく、原則として、入院中でないなど一定の条件を満たす場合には、簡単な手続で生命保険に加入することができます。このような生命保険を活用すれば、生命保険金の非課税枠の確保ができていない人が、容易に相続税の課税財産（現預金）から非課税財産へ組み換えることができます。

◉ 国内大手Ｄ生命保険会社の場合

《一時払保険料1,000万円で終身保険に加入した場合の保険金額》

（令和６年６月現在）

契約年齢	男性	女性
80歳	10,007,000円	10,017,000円
85歳	10,001,000円	10,011,000円
90歳	10,001,000円	10,010,000円

⑵　法人契約の生命保険の活用による非課税額の確保

役員等を被保険者とする法人契約の終身保険等がある場合において、その役員が死亡退職したときには、死亡退職金の原資とすることができます。また、生前に退職することとなった場合でも、その生命保険契約を解約する必要はなく、役員退職時の解約返戻金相当額で退職する役員へ譲渡するなどの方法により、保険契約を継続することができます。その後の保険料をその役員が支払うこととすると、その役員の相続時においては、生命保険金として相続税の課税対象となり、生命保険金等の非課税の規定を適用することができます。

設例

1．被保険者を甲（Ａ社の役員）としてＡ社が契約していた終身保険を甲の退職金として支給

2．退職時の解約返戻金　　2,000万円

3．保険積立金　　1,800万円

⑴　契約形態

	現在の契約形態	退職後の契約形態
契約者	Ａ社	甲
被保険者	甲	甲
受取人	Ａ社	甲の長男

⑵　甲の退職所得……2,000万円

退職時の解約返戻金が甲の退職所得の収入金額となります。

⑶　Ａ社の処理

退職時の解約返戻金相当額が退職金として計上され、保険料支払い時に資産計上されていた保険積立金との差額が雑収入に計上されます。

借　方	貸　方
（退職金）　2,000万円	（保険積立金）　1,800万円 （雑収入）　200万円

なお、法人役員の退職金支給に代えて保険契約者の地位を引継ぎした場合、保険金を受

取る権利は一定の保険事由（被保険者の死亡等若しくは満期に生存していていること）により発生するものであり、それまでの間は権利が生じないことから、この解約返戻金相当額は資産の譲渡等に該当しないので、消費税の課税対象にはなりません。

◉ 役員に生命保険契約を現物支給する場合の議事録

臨時株主総会議事録

（中略）

議案　役員退職金支給の件

議長は、甲が代表取締役を辞任したことにより、役員退職金を下記の保険契約をもって支給したい旨を述べ、その可否を議場に諮ったところ、全員一致でこれを承認可決した。

記

＊＊生命保険相互会社との契約にかかる下記の保険契約

証券記号番号：＊＊＊－＊＊＊＊＊

契　約　日　：令和＊＊年＊月＊＊日

保険種類　　：終身保険

（後略）

⑶ 生命保険契約に関する権利の活用は第二次相続対策と遺産分割対策に役立てる

＜第二次相続対策に役立てる＞

実質的に相続とは、第一次相続及び配偶者の第二次相続を経て、すべての財産が子や孫などの次の世代へ移転されたときに初めて完了したことになります。したがって、相続対策を考える場合も、第一次相続の被相続人のみについて対策を講じるだけでは十分な対策とはいえません。

たとえば、現時点では夫のみが資産家で妻には資産がないケースでも、先に夫の相続が発生し、法定相続分を妻が相続すると、妻も一気に資産家となって相続対策が必要となる事態に陥ります。しかし、夫の相続が発生してから妻が生命保険に加入しようとしても、年齢や健康状態によっては加入できないということも考えられます。したがって、妻についても、保険料が安く健康状態も良好な若いうちに生命保険に加入し、夫と同様に妻も生命保険金の非課税枠の確保などの対策が肝要です。

この場合に、妻が保険料を負担して自らを被保険者とする終身保険に加入することができれば問題はありませんが、妻にそのような資力がない場合も少なくありません。その場合には、夫が保険料を負担して、妻のための保険を準備するようにします。

夫が配偶者を被保険者とする生命保険契約の保険料を負担していた場合、夫の相続においては「生命保険契約に関する権利」として評価され、保険契約者又は遺産分割協議により相続することとなった相続人がその権利を取得することとなります。その後はその権利を相続した者がその保険料を負担したものとして取り扱われることから、生命保険契約に関する権利を相続する者を工夫することにより、第二次相続において受け取った生命保険金に対する課税の軽減を図ることが可能となります。

＜遺産分割対策に役立てる＞

生命保険を利用して、他の者に遺留分の放棄をさせずに、特定の者に財産を相続させることができます。生命保険はみなし相続財産と呼ばれ、保険金受取人の固有の財産とされます（被相続人の遺産ではありません）。したがって、相続が発生した場合でも、遺産分割協議を経ることなく生命保険金の取得者が確定します。よって、現預金を生命保険に組換えることによって、確実に特定の者に当該財産を相続させることができます。

しかし、相続発生直前においては、健康状態に問題があり生命保険には加入できない状況下にあると思われます。そこで、被保険者を被相続人以外の者とすることによって、現金を生命保険契約に組み換えます。

この場合に留意すべきことは、保険料負担者は被相続人で保険契約者を特定の相続人にしておくことです。このことにより、保険契約者固有の財産として遺産分割協議を経ることなく当該保険契約の取得者が確定します。相続によって取得した後は保険契約を解約して現金化する方法もありますし、もちろん保険契約を継続しても構いません。解約を前提として保険契約に組換える場合には、あらかじめ解約返戻率の高い保険商品を選ぶようにします。

＜契約形態＞

・保険契約者　長男
・保険料負担者　父
・被保険者　長男の子
・保険金受取人　父

（注）父死亡後は当該保険契約を継続する場合には、長男を保険金受取人に変更しておくようにします。

以上のような保険契約であれば、保険契約者である長男固有の財産となることから、遺産分割協議を経ることなく、長男が取得することができます。なお、相続税においては当該保険契約の解約返戻金相当額が、みなし相続財産（「生命保険契約に関する権利」）として相続税の課税対象となります。

⑷　死亡保険金の受取人を変更する

①　配偶者が受取人である場合

特に若いころから加入している生命保険などでは、受取人を配偶者にしているケースが一般的です。夫が亡くなったあとの妻の生活保障という観点からは、この契約形態が理想的です。

しかし、相続対策で加入する生命保険は主に相続税の納税資金に充てる目的のために加入するものですから、配偶者は法定相続分又は16,000万円までの財産を相続したとしても、配偶者の税額軽減により納付税額が生じないため、配偶者が生命保険金の受取人となっている契約形態は最適な選択とはいえません。また、相続税の計算においても、第二次相続まで考慮すると第一次相続で、たとえ非課税で配偶者が生命保険金を受け取ったとしても、第二次相続でその保険金相当額の金銭は課税されることとなり、通算相続税額は不利になってしまいます。

そこで、配偶者の老後生活資金が十分用意されている場合には、死亡保険金の受取人を配偶者から子へ変更し、通算相続税額を軽減するようにします。

設 例

1．第一次相続の被相続人　父（令和6年3月死亡）

イ　相続人　母・子

ロ　遺産の額　5億円

ハ　上記のほか、父が保険料を負担していた生命保険金1億円が支払われた。

ニ　父の遺産は、相続税の課税価格（生命保険金等の非課税考慮後）が法定相続分となるように分割した。

2．第二次相続の被相続人　母（令和6年10月死亡）

イ　相続人　子

ロ　母の財産は、父から相続した財産のみで、固有の財産はなかった。

ハ　母の財産は、父の相続時から変動はなかったものとする。

3．比較案

ケース1	父の死亡保険金の受取人は契約当時から母のままであった。
ケース2	父の死亡保険金の受取人を子に変更していた。

4．対策の効果

上記3のケース1とケース2の場合で父の第一次相続及び母の第二次相続までの相続税を比較してみます。

（単位：万円）

	ケース1			ケース2		
	第一次相続		第二次相続	第一次相続		第二次相続
相続人	母	子	子	母	子	子
生命保険金	10,000	−	−	−	10,000	−
非課税金額	△1,000	−	−	−	△1,000	−
現預金(※)	−	−	10,000	−	−	−
その他の財産	20,500	29,500	20,500	29,500	20,500	29,500

課税価格	29,500	29,500	30,500	29,500	29,500	29,500
算出相続税額	9,630	9,630	9,405	9,630	9,630	8,955
配偶者の税額軽減額	△9,630	−	−	△9,630	−	−
納付相続税額	0	9,630	9,405	0	9,630	8,955
納付額の合計	19,035			18,585		
対策の効果	△450					

※　ケース１の現預金は第一次相続で母が受け取った父の死亡保険金である。

このように、第一次相続では母が受け取った生命保険金のうち1,000万円は非課税となり、9,000万円の生命保険金が課税の対象となりますが、第二次相続では10,000万円の財産として課税されることとなってしまいます。

また、その他の財産に現預金がなく、また物納に適した財産もない場合、ケース１では子は納税資金がないため、母に相続税を立替払いをしてもらうか、延納を申請しなければなりません。

したがって、ケース２のように相続税の納税資金対策として加入している生命保険については、受取人を子に変更しておくことが肝要です。

②　孫が受取人である場合

相続人ではない孫を生命保険金の受取人に指定している場合には、相続人ではない孫が受け取る生命保険金は相続税の非課税規定の適用を受けることができません。また、配偶者及び一親等の血族（代襲相続人となった孫（直系卑属）を含む）ではないことから相続税額の２割加算の対象者となります。さらに、孫が相続又は遺贈により財産を取得したこととなるため、その被相続人から相続開始前３年（令和６年１月１日以後の贈与から７年）以内に贈与を受けていた場合には、生前贈与加算の対象にもなります。

そのため、遺贈を受けた孫の相続税が２割加算となるだけでなく、生前贈与加算が行われることになると、他の共同相続人の相続税も高くなります。

そこで、生前に生命保険契約の内容を確認し、孫が死亡保険金の受取人となっているものや、孫が生命保険契約の契約者となっているものについては、受取人や契約者を相続人に変更しておくようにします。

設 例

孫を生命保険の受取人とすることで遺贈によって生命保険金を取得したものとみなされ、その孫が、被相続人から相続開始前３年以内に贈与を受けていた場合には、生前贈与加算の対象となり、共同相続人の相続税も高くなります。

１．被相続人　父（令和６年３月死亡）

２．相続人　母・長男（長男には子Ａがいる）・長女

３．生前贈与

父は、以下のような贈与を行っていた。

（単位：万円）

受贈者	令和3年12月		令和4年2月		令和5年3月	
	贈与金額	贈与税	贈与金額	贈与税	贈与金額	贈与税
長男	300	19	300	19	300	19
長女	300	19	300	19	300	19
長男の子A	300	19	110	−	300	19

4．父の相続財産（生前贈与財産を除く。）と遺産分割

① 不動産　5,000万円（長男が遺産分割により相続）

② 現預金　10,000万円（母が遺産分割により相続）

③ 上場株式　5,000万円（長女が遺産分割により相続）

④ 生命保険金　1,000万円（長男の子Aが受取人）

5．相続税の計算

（単位：万円）

	母	長男	長女	長男の子A
不動産	−	5,000	−	−
現預金	10,000	−	−	−
上場株式	−	−	5,000	−
生命保険金	−	−	−	（※1）1,000
生前贈与加算	−	900	900	（※2）710
課税価格	10,000	5,900	5,900	1,710
相続税の総額	3,578			
各人の算出税額	1,522	898	898	260
相続税額の2割加算				（※3）52
配偶者の税額軽減	△1,522	−	−	−
贈与税額控除	−	△57	△57	△38
納付税額	0	841	841	274
合計税額	1,956			

※1　長男の子Aは相続人ではないことから、生命保険金の非課税規定の適用を受けることができない。

※2　長男の子Aは、遺贈によって財産を取得したため、父から3年以内に受けた贈与財産については生前贈与加算の対象となる。

※3　長男の子Aは、相続税額の2割加算の対象者となる。

【参考】保険金受取人が長男の場合の相続税の計算

（単位：万円）

	母	長男	長女
不動産	−	5,000	−
現預金	10,000	−	−
上場株式	−	−	5,000
生命保険金	−	1,000	−
同上非課税金額	−	△1,000	−

生前贈与加算	−	900	900
課税価格	10,000	5,900	5,900
相続税の総額	3,150		
各人の算出税額	1,445	853	852
配偶者の税額軽減	△1,445	−	−
贈与税額控除	−	△57	△57
納付税額	0	796	795
合計税額	1,591		

金融資産を生前に整理する

金融資産の直前対策としては、①非課税財産に組換える、②時価よりも相続税評価額の低い財産に組換える、③相続発生後に預貯金等の名義変更手続を最小限にするために銀行口座を解約などして口座数を減らしておくなどが考えられます。

名義人本人が預貯金の解約手続や証券会社の口座解約などをする場合でも、大変な労力が必要となります。まして相続発生後に相続手続をするとなると、その何倍もの労力を必要とし、解約に求められる書類も格段に多くなります。

そのためには、預貯金等の取引金融機関等を1か所乃至2か所に集約したり、推定相続人全員の合意のもと、推定相続人代表名義の預金口座を開設してそこに預金取引を移動させたり、預貯金を解約して資産管理法人へ貸し付けるなどの方法が考えられます。

◉ 預貯金の解約・相続手続のときに必要な主な書類

	本人による解約	相続人による解約
届出印	○	—
名義人本人であることを証する書類（運転免許証など）	○	—
被相続人の出生から死亡までの連続した戸籍謄本(※)	—	○
相続人の戸籍謄本(※)	—	○
相続届出書などに署名した者の印鑑証明書	—	○
（被相続人名義の）通帳・証書・キャッシュカード・貸金庫の鍵等	○	○
遺産分割協議書又は公正証書遺言以外の遺言書の場合に検認済証明書の添付された遺言書	—	○
相続届出書	—	○

※ 「法定相続情報一覧図の写し」提出の場合、戸籍謄本は原則不要です。
なお、金融機関によって求められる書類が異なりますので、事前にそれぞれの金融機関で確認が必要です。

所有不動産の対策

国税庁が発表した「令和４年分相続税の申告事績の概要」によれば、相続財産のうち32.3%が土地で占められていて、家屋（5.1%）を加えると相続財産の37.4%を不動産で占めていることが分かります。この点から見ても日本の相続税は不動産を相続する場合の税金といっても過言ではありません。そのため、所有不動産に対する対策が相続税を大きく軽減させるポイントといえます。

そこで、以下に具体的な対策を紹介します。

⑴ 配偶者へ居住用財産又は居住用不動産を取得する金銭を贈与する

80ページ参照。

⑵ 使用貸借となっている土地上の貸家の整理

① 地主である親に子所有の貸家を時価で譲渡する

通常、親子間で土地貸借を行う場合、よく見受ける事例では、親の土地の上に子がアパートを建築し活用しているケースです。その場合、子は親に対して地代等の支払をしていない、すなわち使用貸借によるケースが大半と思われます。

使用貸借とは、目的物の貸借に際して、使用の対価の収受がなく無償（土地の貸借の場合、借主における固定資産税等相当額の実費程度の負担もその範囲に含まれます。）であるものをいい、個人間の使用貸借契約の場合には借地権の認定課税は行われません。

個人間において使用貸借による土地貸借が行われた場合、地主及び借地人ともに課税関係は生じません。そのため、地主の土地は自用地として評価され、借地人の借地権はゼロとされます。

そこで、子所有のアパートを親へ時価で譲渡することによって、親所有の土地を自用地から貸家建付地として評価し相続税を軽減することができます。

設例１

1. **被相続人**　父（令和６年３月死亡）
2. **相続人**　長男・二男
3. **父所有財産**　Ａ土地5,000万円（自用地評価額）、その他財産45,000万円
4. **Ａ土地の借地権割合**　60%
5. **Ａ土地の利用状況**　長男がアパートを建築し他に賃貸している。
6. **アパートの時価**　2,000万円（未償却残高と同額と仮定）
7. **アパートの固定資産税評価額**　800万円（自用家屋としての評価額）
8. **遺産分割**

短期対策編

Ⅵ

資産の種類別直前対策の具体例

① 対策前

長男がＡ土地及びその他の財産20,000万円を、二男がその他の財産25,000万円を相続する。

② 対策後

長男がＡ土地、アパート及びその他の財産18,000万円を、二男がその他の財産25,000万円を相続する。

9．相続税の計算 （単位：万円）

	対策前		対策後（アパートを父の生前に譲渡）	
	長男	二男	長男	二男
Ａ土地	5,000	−	（※１） 4,100	−
アパート	−	−	（※２） 560	−
その他の財産	20,000	25,000	（※３）18,000	25,000
課税価格	25,000	25,000	22,660	25,000
相続税の総額	15,210		14,157	
各人の算出税額	7,605	7,605	6,731	7,426

※１　5,000万円×（１－0.6×0.3）＝4,100万円
※２　800万円×（１－0.3）＝560万円
※３　20,000万円－2,000万円（アパートの代金）＝18,000万円

② 長男が主宰する同族会社へ貸家を譲渡する

上記①のように、個人間で使用貸借による土地貸借が行われている場合には、自用地として評価されることとなることから、長男所有の貸家を父に時価で譲渡することにより、建物の時価と相続税評価額の差による評価圧縮や、その敷地の評価額を「自用地」から「貸家建付地」とすることによる相続税評価額を引き下げる効果が期待できる旨を確認することができました。

しかし、実務においては相続人が複数いる場合、長男所有の貸家を父に譲渡すると、父の相続のときに必ず当該不動産を、従前に貸家を所有していた長男が相続することができるとは限りません。

そこで、次善の策として、貸家を所有する長男が株主である同族会社に譲渡し、当該敷地の貸借は賃貸借とし、土地の無償返還に関する届出書を提出することにより、その敷地の評価額を引き下げる方法も検討に値すると思います。

この場合、建物の所有者である同族会社が、通常の地代を支払い、「土地の無償返還に関する届出書」が提出されている場合には、当該敷地は「自用地評価×80％」として評価されます。

この対策では、父は貸家を取得しないことになるため、①に比べて建物の評価差額が生じないため相続税の軽減効果は小さくなりますが、貸家を所有する長男は、貸家を同族会社に譲渡した後においてもその土地の使用を続けていることになり、父の相続の際

にはその敷地を相続する可能性は高いと予想されます。

設例 2

1．上記の設例 1 による現状の相続税額　　15,210 万円

2．同族会社に貸家を譲渡し、当該貸家の敷地について土地の無償返還に関する届出書（借地契約賃貸借型）を提出した場合の相続税額

（単位：万円）

	対策前		対策後（アパートを法人へ譲渡）	
	長男	二男	長男	二男
A 土地	5,000	−	（※）4,000	−
アパート	−	−	−	−
その他の財産	20,000	25,000	20,000	25,000
課税価格	25,000	25,000	24,000	25,000
相続税の総額	15,210		14,760	
各人の算出税額	7,605	7,605	7,229	7,531

※　5,000 万円×（1 −0.2）=4,000 万円

⑶　土地の無償返還に関する届出書の見直し

土地の無償返還の届出書提出方式は次の 2 つに分類されます。

借地契約の形態	詳細区分
無償返還の届出書提出方式	借地契約賃貸借型
	借地契約使用貸借型

①　借地契約賃貸借型

相続税の評価では、例えば社長個人の土地を同族会社が建物の所有を目的として土地の賃貸借契約を行い「土地の無償返還に関する届出書」が提出されている場合に、相当の地代に満たない地代の収受がある賃貸借であっても、底地の評価については、自用地評価額の 80%とし、その同族会社の株式が相続財産に含まれている場合の株式を純資産価額方式で評価するときには、自用地評価額の 20%（貸家の敷地として引用されている場合には14%）相当の借地権が法人にあるとして同族会社の株式を評価することになっています。

なお、法人税法上の借地権の認定は土地貸借のすべてを含み、賃料支払の有無や建物の所有を目的としないものまで広範囲なものとなっています。そのため、建物の所有を目的としない土地の貸借契約が行われた場合に、法人税法上借地権の認定課税を回避するため、土地の無償返還に関する届出書を所轄税務署長に提出しても、相続税法上の借地権は建物の所有を目的とするものに限定されていることから、相続税の評価においては賃借権相当額の控除にとどまることとなります。

② 借地契約使用貸借型

個人所有の土地を同族会社が無償で借り受け、土地の無償返還に関する届出書を所轄税務署長に提出している場合、相続税評価においては借地人の借地権の価額はゼロと判定されます。

一方、地主の土地は自用地として評価され、小規模宅地等の特例の適用も受けることができません。

以上のことから、借地契約使用貸借型となっている土地の貸借については、借地契約賃貸借型に契約を改訂することにより、同敷地の評価額は20%軽減され、かつ、小規模宅地等の特例の対象にもなります。

⑷ 宅地の利用区分の変更

宅地の利用区分を変更することにより宅地の相続税評価額を引き下げることができます。宅地の価額は、１画地の宅地ごとに評価します。「１画地の宅地」とは利用の単位となっている１区画の宅地のことをいいますので、必ずしも１筆の宅地からなるとは限らず、２筆以上の宅地からなる場合もあり、また、１筆の宅地が２画地以上の宅地として利用されている場合もあります。

二方の路線に面している宅地や角地などの宅地の場合、奥行価格補正後の路線価の高い方の価格を正面路線価とし、さらに二方路線影響加算や側方路線影響加算等を行って１m^2当たりの宅地の相続税評価額を求めます。

そこで、二方の路線に面している次の設例のような宅地について、Ⓐ部分の利用の区分を変更すると、それぞれの宅地が面している道路の路線価で評価され、宅地の評価額を大きく下げることができます。また、アパートを建築する時間がないような場合には、同族法人などがあれば、その法人に対して定期借地権を設定するなどすれば、貸宅地となり利用区分を変えることも可能です。

なお、相続、遺贈又は贈与により取得した宅地については、不合理分割に該当しなければ、原則として分割取得後のその取得した者及び利用区分ごとにその宅地を評価しますので、遺産分割の工夫によって同様に宅地の評価を引き下げることが可能です。

設 例

次のような二方の路線に面している宅地に、相続税対策としてⒶ部分にアパートを新築した場合の宅地の評価は以下のようになります。

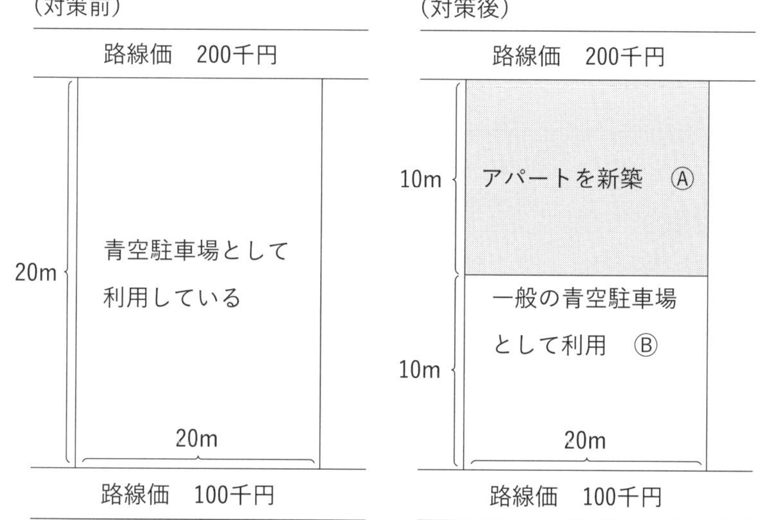

〈前提〉普通住宅地区にある青空駐車場として利用している土地

奥行価格補正率　20 m：1.00　　10 m：1.00

二方路線影響加算率　0.02

借地権割合　60％　賃貸割合　100％

1．被相続人　父（令和６年３月死亡）

2．相続人　長男・長女

3．父の財産　上記土地とその他の財産　１億円

4．生前対策

Ⓐの土地の部分に、父が設立した甲社（資本金 1,000 万円・父が全額出資）がアパート（建築価格 6,000 万円、不足する資金は銀行借入）を新築し、「土地の無償返還に関する届出書」（賃貸借型）を提出した。

5．遺産分割

⑴　上記４の対策実行前に相続が開始した場合

長男　Ⓐ土地とその他の財産 5,000 万円を相続

長女　Ⓑ土地とその他の財産 5,000 万円を相続

⑵　対策実行後に相続が開始した場合

長男　Ⓐ土地と甲社株式及びその他の財産 4,000 万円を相続

※　アパートの課税時期の未償却残高は 5,700 万円、借入金の残額は 4,800 万円

長女　Ⓑ土地とその他の財産 5,000 万円を相続

6．相続税の計算　（単位：万円）

	対策前に相続開始		対策実行後に相続開始	
	長男	長女	長男	長女
Ⓐ土地	（※1）4,000	－	（※3）3,200	－
Ⓑ土地	－	（※2）2,000	－	（※2）2,000
甲社株式	－	－	（※4）0	－
その他の財産	5,000	5,000	（※5）4,000	5,000
課税価格	9,000	7,000	7,200	7,000
相続税の総額	2,140		1,600	

※1　20万円×200 m²＝4,000万円
※2　10万円×200 m²＝2,000万円
※3　20万円×（1－0.2）×200 m²＝3,200万円
※4　純資産価額（課税時期前3年以内に新築したアパートは「通常の取引価額」によって評価される）
5,700万円×（1－0.3）＋20万円×200 m²×0.2≦4,800万円　∴　0
※5　その他の財産から甲社の資本金1,000万円を支出している

対策の実行により、利用の単位がⒶ部分については貸宅地、Ⓑ部分はアパート専用駐車場ではないので、自用地として別々の評価単位でもって評価することとなり、大きく宅地の評価額を下げることができます。

また、父が設立した甲社の純資産価額ですが、課税時期前3年以内に新築したアパートの価額は、「通常の取引価額」によって評価することとされています。そのため、アパートの新築時は自用家屋の価額ですが、課税時期は貸家として利用状況が変わっているため、貸家として評価することとなります。その結果、甲社の純資産価額は、5,700万円×（1－0.3）＋20万円×200㎡×0.2≦4,800万円（借入金）で、甲社の株式の相続税評価額は0円となります。

⑸　物納予定地の実測

「物納」による相続税の納付が避けられない場合には、被相続人の生前に被相続人の負担で実測しておくとその実測費用の分だけ相続財産が減少し有利です。

実測費用は、土地の形状や面積等によって異なりますが、50万円～300万円程度の支出となる場合が多くあります。例えば、物納しない場合でも、公簿面積より実測面積がかなり少ない場合などでは、同様に被相続人の生前に実測しておくと、相続税の申告においては、実際の地積によって申告することができます。また、物納要件である確定測量ができないケースなどの事前判定ができることにより、相続税の納税対策の見直しにも役立ちます。

⑹　青空駐車場の場合

①　自らが月極め貸駐車場として利用している場合

土地の所有者が、自らその土地を月極め等の貸駐車場として利用している場合には、

その土地の自用地としての価額により評価します。これは、土地の所有者が貸駐車場を経営することは、その土地で一定の期間、自動車を保管することを引き受けることであり、このような自動車を保管することを目的とする契約は、土地の利用そのものを目的とした賃貸借契約とは本質的に異なる契約関係ですから、この場合の駐車場の利用権は、その契約期間に関係なく、その土地自体に及ぶものではないと考えられるためです。

② コインパーキング業者へ賃貸している場合

賃借権の目的となっている雑種地の価額は、原則として、自用地としての雑種地の価額から、賃借権の価額を控除した金額によって評価することとされています。そのため、貸し付けられている雑種地として評価することとなります。

同じ駐車場として利用していても、自用地としての月極め駐車場と、賃借権が付された土地とは評価単位が異なります。そのため、以下のような土地の場合、異なる利用に変更することで土地の相続税評価額は下がります。

設例

1．**A土地**　800 m²（下図参照。三大都市圏以外の地域）。二方路線に面する土地で、路線価は北側 10 万円／m²、南側 8 万円／m²（二方路線影響加算率は 0.02）。

2．**現状**　月極め駐車場として賃貸中

3．**コインパーキング業者へ北側の部分 400 m² を賃貸（賃貸期間は 3 年間）し、残余は月極め駐車場として賃貸を継続する**

4．**A土地の相続税評価額**（単位：万円）

⑴　現状

（10 万円＋ 8 万円×0.02）×800 m²＝8,128 万円

⑵　コインパーキング業者へ一部賃貸した場合

①　コインパーキング部分

10 万円×400 m²×（ 1 －0.025）＝3,900 万円

②　月極め駐車場部分

8 万円×400 m²＝3,200 万円

③　①＋②＝7,100 万円

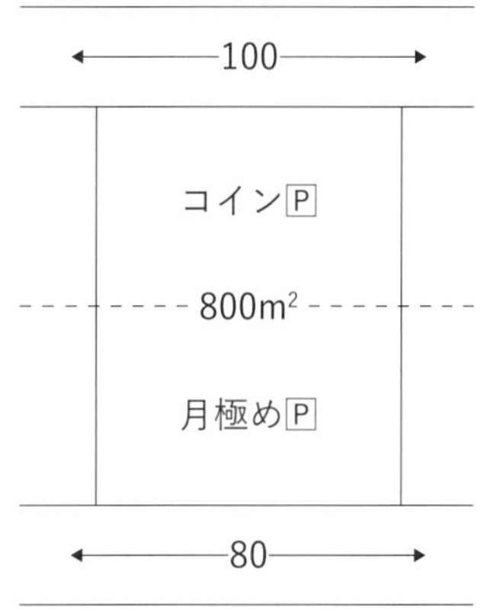

⑺　小規模宅地等の特例の活用の検討（未利用地から貸付用の宅地に）

小規模宅地等の特例制度は、大都市圏の宅地を相続する場合、相続税評価額が高く、これらの宅地を売却しないと納税できないような状況に対応し、生活に最低限必要な財産を守るために事業用や居住用の宅地など一定の宅地については、80％又は 50％の評価減を行うことによって、相続税の負担の軽減を図る趣旨で設けられています。

この制度によれば、相続又は遺贈によって取得した財産のうちに、被相続人若しくは

当該被相続人と生計を一にしていた当該被相続人の親族（以下「被相続人等」といいます。）の事業（相当の対価を得て継続的に行う不動産の貸付けを含みます。）の用、若しくは居住の用に供されていた宅地等で、建物や構築物の敷地の用に供されているものがある場合には、相続人等が取得したこれらの宅地等のうち一定の面積（200m^2、330m^2又は400m^2）までの部分（以下「小規模宅地等」といいます。）について相続税の課税価格に算入すべき価額は、その宅地等の価額（自用地、貸宅地、貸家建付地等として評価した価額）から、その価額に一定の減額割合を乗じて得た金額を減額した価額とされます。

貸し付けられていた不動産が事業の用に供されていた宅地等に当たるかどうかは、その貸付けが事業として行われていたかどうかにより判断すべきものと解されていて、この場合、事業とは、自己の計算と危険において独立して営まれ、営利性、有償性を有し、かつ、反復継続して遂行する意思と社会的地位とが客観的に認められる業務をいうとされています。

この特例の適用を受けるためには、相続税の申告書（期限後申告書及び修正申告書を含みます。）に、この特例の適用を受ける旨を記載し、一定の書類を添付して提出しなければなりません。

しかし、特定居住用宅地等については、①配偶者が相続した場合には、相続税の申告期限まで居住継続する必要はないこととされている、②持家を持たない非同居親族が被相続人の居住用宅地等を承継した場合、居住継続要件はありませんので、特定居住用宅地等として適用を受けることができます。

小規模宅地等については、相続税の課税価格に算入すべき価額の計算上、次の表に掲げる区分ごとに一定の割合を減額します。

<table>
<tr><th colspan="3">相続開始の直前における宅地等の利用区分</th><th colspan="2">要　件</th><th>限度面積</th><th>減額割合</th></tr>
<tr><td rowspan="5">被相続人等の事業の用に供されていた宅地等</td><td colspan="2">貸付事業以外の事業用の宅地等</td><td>①</td><td>特定事業用宅地等に該当する宅地等（※2）</td><td>400 m²</td><td>80%</td></tr>
<tr><td rowspan="4">貸付事業用の宅地等（※1）</td><td rowspan="2">一定の法人に貸し付けられ、その法人の事業（貸付事業を除く）用の宅地等</td><td>②</td><td>特定同族会社事業用宅地等に該当する宅地等</td><td>400 m²</td><td>80%</td></tr>
<tr><td>③</td><td>貸付事業用宅地等に該当する宅地等</td><td>200 m²</td><td>50%</td></tr>
<tr><td>一定の法人に貸し付けられ、その法人の貸付事業用の宅地等</td><td>④</td><td>貸付事業用宅地等に該当する宅地等</td><td>200 m²</td><td>50%</td></tr>
<tr><td>被相続人等の貸付事業用の宅地等</td><td>⑤</td><td>貸付事業用宅地等に該当する宅地等</td><td>200 m²</td><td>50%</td></tr>
<tr><td colspan="3">被相続人等の居住の用に供されていた宅地等</td><td>⑥</td><td>特定居住用宅地等に該当する宅地等（※3）</td><td>330 m²</td><td>80%</td></tr>
</table>

（注） 特定事業用等宅地等と特定居住用宅地等との完全併用が認められますが、貸付事業用宅地等を選択する場合には、適用限度面積の調整が必要とされます。その場合、貸付事業用宅地等の「限度面積」については、以下の算式によって求められます。

$200\,m^2-(A\times 200\,m^2\div 400\,m^2+B\times 200\,m^2\div 330\,m^2)$＝貸付事業用宅地等の限度面積

A：「特定事業用宅地等」、「特定同族会社事業用宅地等」の面積の合計（①＋②）

B：「特定居住用宅地等」の面積の合計（⑥）

※1 相続開始前3年以内に「新たに貸付事業の用に供された」ものは、貸付事業宅地等の特例の対象となる宅地等から除かれます。

ただし、相続開始の日まで3年を超えて引き続き特定貸付事業*を行っていた被相続人等の場合には、この特例を適用することができます。

＊特定貸付事業とは、貸付事業のうち準事業以外のものをいい、この判定は以下の基準によります。

① 被相続人等が行う貸付事業が不動産の貸付けである場合において、当該不動産の貸付けが不動産所得を生ずべき事業として行われているときは、当該貸付事業は特定貸付事業に該当し、当該不動産の貸付けが不動産所得を生ずべき事業以外のものとして行われているときは、当該貸付事業は準事業に該当します。

なお、特に反証がない限り、①貸間、アパート等については、貸与することができる独立した室数が概ね10以上であること、②独立家屋の貸付けについては、概ね5棟以上であること、の場合には事業として行われているものとされます。

② 被相続人等が行う貸付事業の対象が駐車場又は自転車駐車場であって自己の責任において他人の物を保管するものである場合において、当該貸付事業が事業所得を生ずべきものとして行われているときは、当該貸付事業は特定貸付事業に該当し、当該貸付事業が雑所得を生ずべきものとして行われているときは、当該貸付事業は準事業に該当します。

※2 平成31年4月1日以後に相続等により取得する財産に係る相続税について特定事業用宅地等の範囲から、相続開始前3年以内に事業の用に供された宅地等（その宅地等の上で事業の用に供されている減価償却資産の価額が、その宅地等の相続時の価額の15％以上である場合を除く。）を除外することとされました。

※3 平成30年4月1日以後の相続又は遺贈により取得した宅地等については、相続開始前3年以内に日本国内にある取得者、取得者の配偶者、取得者の3親等内の親族又は取得者と特別の関係がある一定の法人が所有する家屋（相続開始の直前において被相続人の居住の用に供されていた家屋を除きます。）に居住したことがないこと、及び相続開始時に、取得者が居住している家屋を相続開始前のいずれの時においても所有していたことがないことが要件とされています。

⑻ 相続直前対策（小規模宅地等の特例適用のチェックを行う）

① 特定事業用宅地等

生前に父の個人事業を子が承継しているケースも多くあります。その場合、父と子が生計を一にしているか否かによって、特定事業用宅地等としての小規模宅地等の特例適用に大きな差異が見られます。

最も多くありそうな事例で、同特例適用の有無を判定し、その具体的な対策を解説します。

設例

1．家族関係 父・母・長男（父と生計別）

2．父の財産（相続税評価額）

現預金 2,000万円

A土地 12,000万円（自用地・小規模宅地等の特例適用前）

A建物 1,000万円（A土地の上に存する自用家屋・時価及び簿価とも1,000万円。固定資産税評価額（自用家屋）も同額と仮定）

その他 35,000万円（小規模宅地等の特例の対象となる宅地等はない）

計 50,000万円

3．A土地及びA建物の状況

⑴ 借地権割合60％

⑵ 地積 400m²（路線価300千円/m²）

⑶ A建物は長男が父の営んでいた小売業を生前に承継し、父から無償で借りている。

4．小規模宅地等の特例の適用判定

⑴ 特定事業用宅地等（400m²・80％減額）の適用について

① 長男は相続開始前から父の事業を承継しているので相続開始後に事業承継するケースに該当しない。

② 長男は父と生計別であり、父と生計を一にする親族の事業の用に供されていたケースにも該当しない。

⑵ 貸付事業用宅地等（200m²・50％減額）の適用について

父と生計別の長男との間におけるA建物の貸借において相当な対価を収受していない（無償使用）ため、父の貸付事業に該当しない。

以上のことから小規模宅地等の特例適用要件を満たさないので、小規模宅地等の特例を受けることができません。

5．対策

小規模宅地等の特例の適用を受けるためには、以下のような対策が考えられます。

⑴ 長男が父母と生計を一にする → 一定の要件を満たすことで特定事業用宅地等（適用対象面積400m²・80％評価減）に該当する。

⑵ 長男が父へA建物の家賃を支払う → 一定の要件（貸付事業の用に供して3年以上経過）を満たすことで貸付事業用宅地等（適用対象面積200m²・50％評価減）に該当する。

⑶ 長男の小売業を法人（甲（株）・資本金は長男が全額出資し代表取締役に就任する）組織に変更し、父へA建物の家賃を支払う → 一定の要件を満たすことで特定同族会社事業用宅地等（適用対象面積400m²・80％減額）に該当する。

6．対策別相続税額一覧表

（単位：万円）

	現　状	対策⑴	対策⑵	対策⑶
		同一生計へ	貸家へ	法人成り
現　預　金	2,000	2,000	2,000	2,000
A　土　地	12,000	（※1）2,400	（※2）7,380	（※4）1,968
A　建　物	1,000	1,000	（※3）　700	（※3）　700
その他財産	35,000	35,000	35,000	35,000
計	50,000	40,400	45,080	39,668
相続税（※5）	7,605	5,540	6,498	5,394

※1　400 m^2×300 千円×400 m^2/400 m^2×（1 −0.8）＝2,400 万円
※2　400 m^2×300 千円×（1 −0.6×0.3）＝9,840 万円
9,840 万円−9,840 万円×200 m^2/400 m^2×（1 −0.5）＝7,380 万円
※3　1,000 万円×（1 −0.3）＝700 万円
※4　400 m^2×300 千円×（1 −0.6×0.3）＝9,840 万円
9,840 万円×400 m^2/400 m^2×（1 −0.8）＝1,968 万円
※5　父は令和6年3月に死亡したものとして計算し、配偶者は法定相続分を相続し、配偶者の税額軽減後の金額である。

7．対策の解説

⑴　対策⑴について

生計一とは、同居している場合には、明らかに独立して生計を営んでいると認められる場合を除き、原則として生計を一にするものとして判定されます。別居しているときは、一般的には生計を別にしているものと判定することとしていますが、別居親族に対する生計費の送金及び職業の有無や各種状況等を総合勘案して判定することとしています。

そのため、生計一と判定されるためには同居が最も簡単な手法といえます。

⑵　対策⑵について（貸付事業用宅地等としての適用要件参照）

不動産貸付業等においては、相当の対価を得て継続的に貸付け等の行為を行うものについては小規模宅地等の特例を受けることができます。

「相当の対価」とは、その貸付け等の用に供している資産の減価償却費の額、固定資産税その他の必要経費を回収した後において、なお、相当の利益が生ずるような対価を得ているかどうかにより判定します。

「継続的に貸付け等の行為」を行っているかどうかについては、原則として、その貸付け等に係る契約の効力の発生した時の現況において、その貸付け等が相当期間継続して行われることが予定されているかどうかにより判定します。そのため、相当な対価である家賃を支払い、継続的に貸し付ける予定であれば小規模宅地等の特例の適用を受けることができます。

しかし、賃借人である長男がその土地・建物を相続すると、相続開始と同時に借主と貸主の地位が同一人に帰属して賃貸借契約は混同（民法520）により消滅し、事業継続要件を満たさなくなります。

そのため、その土地・建物の賃借人以外の相続人が相続し、相当の対価によって賃貸借契約を相続後も引き続き継続するなど貸付事業用宅地等に係る要件が満たされる場合に限り、小規模宅地等の特例を適用することができます。

⑶　対策⑶について（273 ページ「特定同族会社事業用宅地等の適用を受けるための判定フローチャート」参照）

特定同族会社事業用宅地等に該当するためには、①出資要件（被相続人及びその親族等が50％超出資）、②役員要件（相続税の申告期限においてその法人の役員であること）、③所有要件（申告期限までその土地を所有）及び④事業供用要件（申告期限まで事業の用に供する）を満たす必要があります。

しかし、長男が父と生計を一にしていたか否か、父又は長男が甲社の株主であったか否か（親族等が50%超出資していればOK）、又は長男が甲社の株式を相続したか否かについては、適用要件とはされていません。

以上のことから、特定同族会社事業用宅地等の適用要件に該当することとなります。

② 特定同族会社事業用宅地等

特定同族会社事業用宅地等で、小規模宅地等の特例の適用を受けることができたら400m²までの部分について80%の減額をすることができるため、この特例の適用を受けられるか否かで、相続税の負担に大きな影響が生じます。

被相続人等の事業の用に供されている宅地等について、特定同族会社事業用宅地等に該当する可能性を有するか又は貸付事業用宅地等若しくは小規模宅地等に一切該当しないかについては次のとおりとなります。

（注） 特定同族会社とは、相続開始の直前において被相続人及び被相続人の親族等が法人の発行済株式の総数又は出資の総額の50%超を有している場合におけるその法人（相続税の申告期限において清算中の法人を除きます。）をいいます。

イ 「他に貸し付けられている場合」の取扱い（土地所有者：被相続人の場合）

建物所有者	地代	判　定		
		特定事業用等	貸付事業用	適用外
特定同族会社	有償	○	－	－
特定同族会社	無償	－	－	○

ロ 「イ以外の宅地等」の取扱い（土地所有者：被相続人の場合）

建物所有者	地代	建物利用者	家賃	判　定		
				特定事業用等	貸付事業用	適用外
被相続人	－	特定同族会社	有償	○	－	－
被相続人	－	特定同族会社	無償	－	－	○
生計一親族	有償	特定同族会社	不問	－	○	－
生計一親族	無償	特定同族会社	有償	○	－	－
生計一親族	無償	特定同族会社	無償	－	－	○
生計別親族	有償	特定同族会社	不問	－	○	－
生計別親族	無償	特定同族会社	不問	－	－	○

以上のことから、特定同族会社との土地・建物の貸借では、賃貸借でなければ貸付事業に該当しないことから、小規模宅地等の特例の適用を受けることができません。そのため、生前に土地・建物の貸借関係について事前の確認が欠かせません。

なお、会社に必要な資産、例えば社長個人の土地の上に会社が建物を建てて利用している場合や、社長個人の土地・建物を会社が賃借しているときには、それらの不動産等を会社に譲渡又は現物出資するなどして、後継者が事業承継に必要な資産も、自社株を相続することで、すべて承継できるようにしておくことも検討課題と思われます。

◉ 特定同族会社事業用宅地等の適用を受けるための判定フローチャート

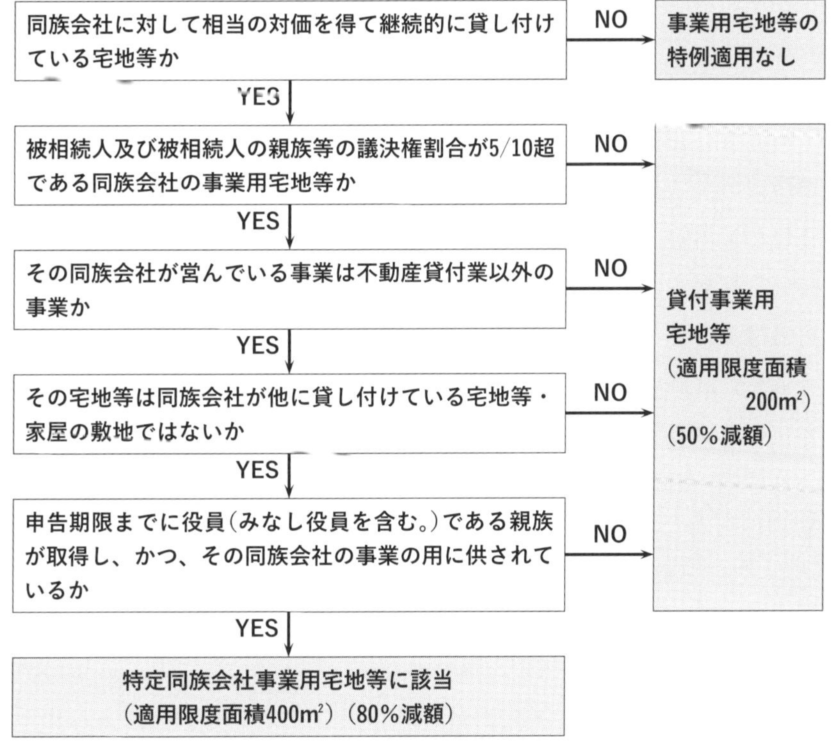

同族会社に対して相当の対価を得て継続的に貸し付けている宅地等か
NO
事業用宅地等の特例適用なし
YES
被相続人及び被相続人の親族等の議決権割合が5/10超である同族会社の事業用宅地等か
NO
YES
その同族会社が営んでいる事業は不動産貸付業以外の事業か
NO
YES
その宅地等は同族会社が他に貸し付けている宅地等・家屋の敷地ではないか
NO
YES
申告期限までに役員（みなし役員を含む。）である親族が取得し、かつ、その同族会社の事業の用に供されているか
NO
貸付事業用宅地等（適用限度面積200m²）（50%減額）
YES
特定同族会社事業用宅地等に該当（適用限度面積400m²）（80%減額）

<留意点>

①　社宅の取扱い

同族会社（不動産貸付業を営む会社を除きます。）の社宅の敷地として使われていた宅地等は、法人の事業の用に供されていたものとして他の要件を満たす場合には、特定同族会社事業用宅地等の適用を受けることができます。

ただし、その社宅を被相続人の親族だけで使用していた場合はこの適用を受けることができません。

②　株主でないものが取得した場合

同族会社の議決権割合要件は、相続開始直前に被相続人及び被相続人の親族等が5／10超所有していることだけが要件ですので、その宅地等を取得する親族は申告期限において役員であればよく、株主である必要はありません。

⑼　同族法人への貸宅地を当該法人へ売却する

貸宅地の相続税評価は、「自用地の評価額－借地権の評価額＝貸宅地の評価額」となります。これは、財産評価基本通達（評価通達）25の定める借地権価額控除方式は、底地の価額をその地域の借地権取引の状況等を踏まえて定められた借地権割合を乗じて算定される当該土地の借地権価額との相関関係において捉え、自用地としての価額から借地権価額を控除して残余の土地の経済的価値を把握しようとするものであり、このような考え方は、底地の客観的交換価値に接近する方法として相応の合理性を有すること、他方で、低廉な地代を基準とした収益価格による算定を標準として底地の時価とみる方法は相当ではないというべきことに加え、底地の価額や借地権価額の算定の前提である自用地としての価額の基礎となる路線価の付設に当たっては、評価の安全性を考慮して各年1月1日時点の公示価格と同水準の価格のおおむね80％程度を目途として評定するという控え目な運用が行われており、借地権価額控除方式により算出された底地の価額が直ちに時価を超えることとなるわけではないと考えられること、およそ完全所有権への復帰の可能性があるとは考え難い場合など、評価通達に定める評価方法によっては財産の時価を適切に評価することのできない特別の事情がある場合には、借地権価額控除方式によらずに時価を算定することが可能であること（評価通達6）をも考慮すると、評価通達25の定める借地権価額控除方式は、底地の客観的交換価値を算定する上での一般的な合理性を有していると認められる（最高裁：平成30年11月15日決定）としています。

そのため、貸宅地を相続する場合の相続税評価額は、借地権価額控除方式により算出された価額によって評価され、特別な事情がない限り、鑑定評価額を底地の時価とすることは、相続税実務の評価においてはほぼ認められることはないと考えられます。

しかし、貸宅地を他者に売却する場合には、相続税評価額を下回ることがほとんどです。

そこで、土地所有者が同族法人に対して土地を貸している場合、その貸宅地はその法人にとっては本社や工場の敷地であったりして、重要な土地であるケースが多くあります。そこで、その法人に時価（相続税評価額をかなり下回ると思われます。）で売却することにより、個人にとっては相続財産の圧縮に役立ち、法人にとっては事業基盤の強化につながります。

時価とは不特定多数の当事者間で自由な取引が行われる場合に通常成立すると認められる価額であり、売急ぎや買進みのない中値によることとしています。実務上は、不動産鑑定士による鑑定評価額などを参考に適正な時価を算定する場合が多くあります。

また、譲渡した年中に相続が発生すると、譲渡所得税は課税されるものの、相続税法上未納付税金として債務控除でき、さらに、住民税については翌年1月1日現在に住所がありませんので課税されません。

VIII

取引相場のない株式等の相続税対策

取引相場のない株式等（以下「自社株」といいます。）の対策の必要性が叫ばれて久しいのですが、対策を実行している割合は低いと思われます。その理由は、業績の好調な企業の経営者ほど先行きの企業業績について危機感を持っていて、本業に直接関わり合いのない資産の取得や借入を行うことによる自社株対策を避けようとする心理が働くからです。自社株対策の大半は、会社の貸借対照表に大きな影響が出るものが多く、そのため対策の必要性を認識しながら実行できずにいるのが現状です。

そこで、この章では、会社の貸借対照表に大きな影響の出る新規投資などを伴うものを除いた対策を中心にまとめてみました。

（なお、自社株対策の参考書として拙著『「配当還元方式」徹底活用ガイド－立場で異なる自社株評価－』（清文社）を参照してください。）

自社株評価の概要

自社株は、相続や贈与などで株式を取得した株主が、その株式を発行した会社の経営支配力をもっている同族株主等か、それ以外の株主かの区分により、それぞれ原則的評価方式又は特例的評価方式のいずれかにより評価します。

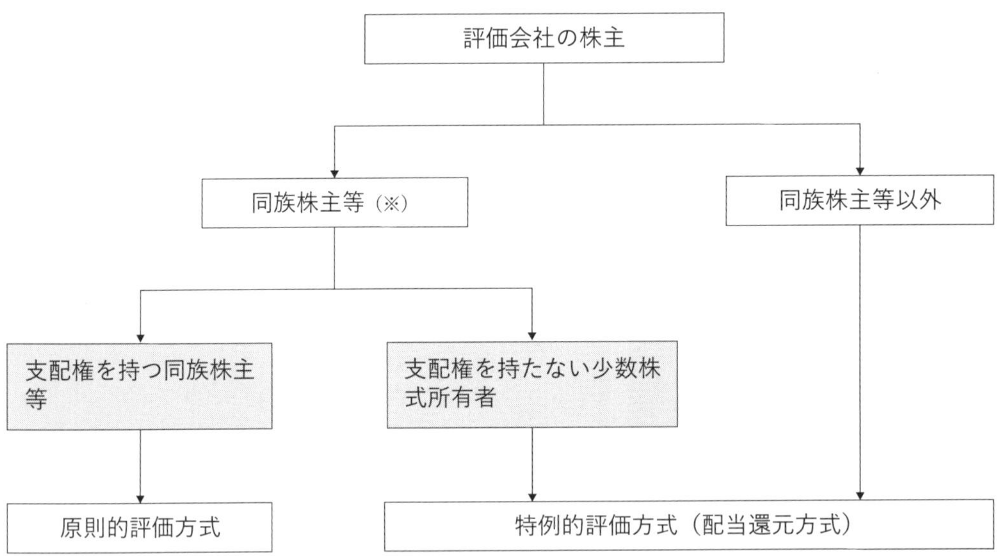

※　同族株主等とは、同族株主及び同族株主がいない会社における議決権割合の合計が15％以上の株主グループをいいます。

(1)　原則的評価方式

原則的評価方式は、評価する株式を発行した会社を従業員数、総資産価額及び取引金額により大会社、中会社又は小会社のいずれかに区分して、次のような方法で評価をすることになっています。

① 大会社

大会社は、原則として、類似業種比準方式により評価します。類似業種比準方式は、類似業種の株価を基に、評価する会社の１株当たりの配当金額、利益金額及び純資産価額の３つで比準して評価する方法です。

なお、類似業種の株価などは、国税庁ホームページで確認できます。

② 小会社

小会社は、原則として、純資産価額方式によって評価します。純資産価額方式は、会社の総資産や負債を原則として相続税の評価に洗い替えて、その評価した総資産の価額から負債や評価差額に対する法人税額等相当額を差し引いた残りの金額により評価する方法です。

③ 中会社

中会社は、大会社と小会社の評価方法を併用して評価します。

⑵ 特例的評価方式

同族株主等以外の株主の取得した株式については、その株式の発行会社の規模にかかわらず原則的評価方式に代えて特例的評価方式による配当還元方式ですることができます。配当還元方式は、その株式を所有することによって受け取る１年間の配当金額を、一定の利率（10％）で還元して元本である株式の価額を評価する方法です。

自社株の評価方法は、株主の態様及び会社の規模区分により、それぞれの評価方法を採用又は併用して評価します。

◉ 同族株主のいる会社の場合の評価方式

<table>
<tr><th colspan="8">株主の態様</th><th>評価方式</th></tr>
<tr><td rowspan="6">評価対象者</td><td rowspan="5">同族株主</td><td rowspan="5">評価対象者</td><td colspan="5">取得後の議決権割合が５％以上の株主</td><td rowspan="4">原則的評価方式（類似業種比準方式又は純資産価額方式、若しくはそれらの併用方式）</td></tr>
<tr><td rowspan="4">取得後の議決権割合が５％未満の株主</td><td rowspan="4">評価会社</td><td colspan="3">中心的な同族株主がいない場合</td></tr>
<tr><td rowspan="3">中心的な同族株主がいる場合</td><td rowspan="3">評価対象者</td><td>中心的な同族株主</td></tr>
<tr><td>役員又は役員予定者</td></tr>
<tr><td>その他の株主</td><td rowspan="2">特例的評価方式（配当還元方式）</td></tr>
<tr><td colspan="7">同族株主以外の株主</td></tr>
</table>

（注）「同族株主」、「同族関係者」、「中心的な同族株主」及び「役員又は役員予定者」の定義は、次のとおりです。

① 「同族株主」とは、課税時期における株主の１人とその同族関係者の有する議決権の合計数が、評価会社の議決権総数の30％以上である場合における、その株主及び同族関係者をいいます。なお、この場合において、その評価会社の株主のうち、株主の１人及びその同族関係者の有する議決権割合の合計数が最も多いグループの有する議決権割合の合計数が、その会社の議決権総数の50％超である会社にあっては、50％超のその株主及びその同族関係者をいいます。

② 「同族関係者」とは、親族（配偶者、６親等内の血族、３親等内の姻族）、特殊関係のある個人（内縁関係にある者等）及び特殊関係にある会社（子会社、孫会社等をいいます。）をいいます。

③ 「中心的な同族株主」とは、課税時期において、同族株主の１人並びにその株主の配偶者、直系血族、兄弟姉

妹及び一親等の姻族（これらの者と特殊の関係のある会社のうち、これらの者の保有議決権割合が 25%以上である会社を含みます。）の保有議決権割合が 25%以上となる場合のその株主をいいます。

④ 「役員となる株主」とは、課税時期の翌日から法定申告期限までに役員となるものをいい、役員とは代表取締役、専務取締役、常務取締役などを指し、平取締役や使用人兼務役員などは含まれません。

◉ 同族株主のいない会社の場合の評価方式

<table>
<tr><th colspan="8">株 主 の 態 様</th><th>評価方式</th></tr>
<tr><td rowspan="5">評価対象者</td><td rowspan="4">議決権割合の合計が15%以上の株主グループに属する株主</td><td rowspan="4">評価対象者</td><td colspan="5">取得後の議決権割合が５%以上の株主</td><td rowspan="3">原則的評価方式
（類似業種比準方式又は純資産価額方式、若しくはそれらの併用方式）</td></tr>
<tr><td rowspan="3">取得後の議決権割合が５%未満の株主</td><td rowspan="3">評価会社</td><td colspan="3">中心的な株主がいない場合</td></tr>
<tr><td rowspan="2">中心的な株主がいる場合</td><td rowspan="2">評価対象者</td><td>役員又は役員予定者</td></tr>
<tr><td>その他の株主</td><td rowspan="2">特例的評価方式
（配当還元方式）</td></tr>
<tr><td colspan="7">議決権割合の合計が 15% 未満の株主グループに属する株主</td></tr>
</table>

（注）「中心的な株主」とは、課税時期において株主の１人及びその同族関係者の有する議決権の数がその会社の議決権総数の 15%以上である株主グループのうち、いずれかのグループに単独でその会社の議決権総数の 10%以上の議決権を有している株主がいる場合におけるその株主をいいます。

◉ 中心的な同族株主の判定の基礎となる同族株主の範囲（網かけ部分）

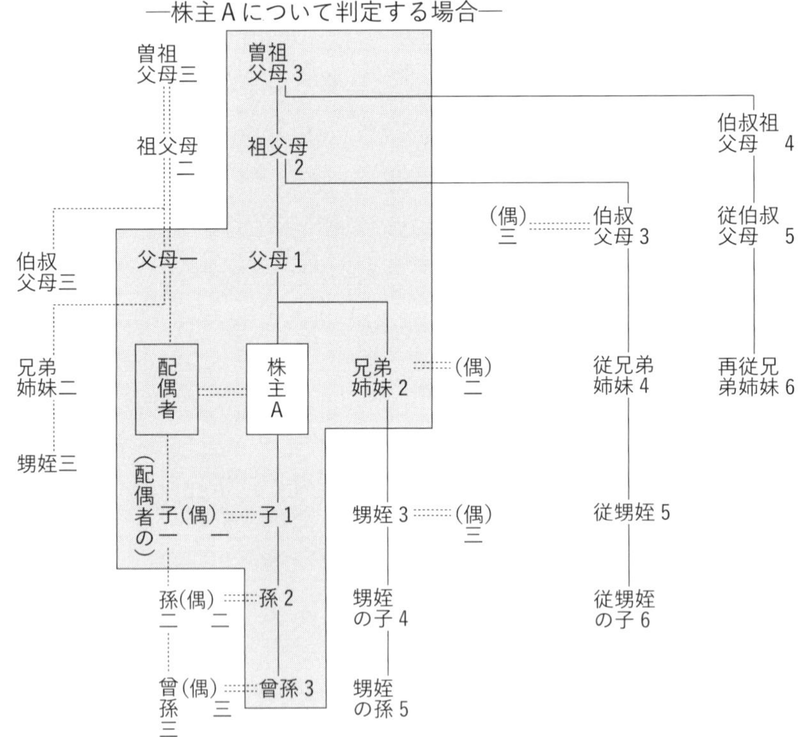

1. 肩書数字は親等を、うちアラビア数字は血族を、漢数字は姻族を、（偶）は配偶者を示しています。
2. **親族の範囲**…親族とは①６親等内の血族、②配偶者、③３親等内の姻族をいいます。
3. **養親族関係**…養子と養親及びその血族との間においては、養子縁組の日から血族間におけると同一の親族関係が生じます。

◉ 会社規模の区分

1．卸売業、小売・サービス業以外

		総資産価額と従業員数	取引金額
大会社		15億円以上かつ35人超	15億円以上
中会社	大	5億円以上かつ35人超	4億円以上
	中	2.5億円以上かつ20人超	2億円以上
	小	5,000万円以上かつ5人超	8,000万円以上
小会社		5,000万円未満かつ5人以下	8,000万円未満

2．卸売業

		総資産価額と従業員数	取引金額
大会社		20億円以上かつ35人超	30億円以上
中会社	大	4億円以上かつ35人超	7億円以上
	中	2億円以上かつ20人超	3.5億円以上
	小	7,000万円以上かつ5人超	2億円以上
小会社		7,000万円未満かつ5人以下	2億円未満

3．小売・サービス業

		総資産価額と従業員数	取引金額
大会社		15億円以上かつ35人超	20億円以上
中会社	大	5億円以上かつ35人超	5億円以上
	中	2.5億円以上かつ20人超	2.5億円以上
	小	4,000万円以上かつ5人超	6,000万円以上
小会社		4,000万円未満かつ5人以下	6,000万円未満

（注1） 従業員数が70人以上の場合は、すべて「大会社」に区分されます。
（注2）「総資産価額と従業員数」と「取引金額」で区分が異なる場合は、いずれか上位の区分により判定します。

同族会社の株式は、大株主（同族株主）にとっては、「会社支配権」、「会社経営権」という意味を有するのに対し、その他の少数株主にとっては、「配当を受ける権利」という意味にすぎません。したがって、同族会社の株式は、相続する株主の態様により評価方法も変わってきます。

すなわち、同族株主が取得する株式の評価は、原則として会社の業績や資産内容を株価に反映させた原則的評価方式（類似業種比準方式、又は純資産価額方式、あるいはそれらの併用方式）で、その他の少数株主が取得する株式の評価は、特例的評価方式（配当還元方式）により行います。

◉ 一般の評価会社の自社株の相続税評価額（支配権を有する同族株主等の場合）

会社規模区分		評価方式	
大会社		原則	類似業種比準価額
		選択	１株当たりの純資産価額（※２）
中会社	大	原則	類似業種比準価額×0.90＋１株当たりの純資産価額（※１）×0.10
		選択	１株当たりの純資産価額（※２）×0.90 ＋１株当たりの純資産価額（※１）×0.10
	中	原則	類似業種比準価額×0.75＋１株当たりの純資産価額（※１）×0.25
		選択	１株当たりの純資産価額（※２）×0.75 ＋１株当たりの純資産価額（※１）×0.25
	小	原則	類似業種比準価額×0.60＋１株当たりの純資産価額（※１）×0.40
		選択	１株当たりの純資産価額（※２）×0.60 ＋１株当たりの純資産価額（※１）×0.40
小会社		原則	１株当たりの純資産価額（※１）
		選択	類似業種比準価額×0.50＋１株当たりの純資産価額（※１）×0.50

※１　議決権割合が50％以下の同族株主グループに属する株主については、その80％で評価します。

※２　上記※１のような80％評価はしません。

	原　則	納税者の選択
大会社	類似業種比準価額	純資産価額
中会社	類似業種比準方式と純資産価額方式との併用方式	純資産価額
小会社	純資産価額	類似業種比準価額の割合を0.5とした併用方式

◉ 特定の評価会社と相続税評価額（支配株主の場合）

	分　類（※７）	評価方式	
1	比準要素数１の会社（※３）	類似業種比準価額×0.25 ＋純資産価額（※１）×0.75	純資産価額(※１)とのいずれか少ない金額
2	株式等保有特定会社（※６）	Ｓ１+Ｓ２方式（※５）	
3	土地保有特定会社（※６）	純資産価額（※１）方式	
4	比準要素数ゼロの会社（※４）		
5	開業後３年未満の会社		
6	開業前又は休業中の会社	純資産価額（※２）方式	
7	清算中の会社	清算分配見込額の複利現価方式	

※１　議決権割合が50％以下の同族株主グループに属する株主については、その80％で評価します。

※２　上記※１のような80％評価はしません（評基通189－５）。

※３　直前期を基準として１株当たり配当・利益・簿価純資産のうち、いずれか２つが０で、かつ、直前々期を基準として１株当たり配当・利益・簿価純資産のうちいずれか２以上が０の会社をいいます。

※４　直前期を基準として１株当たり配当・利益・簿価純資産の３要素が０の会社をいいます。

※５　「S_1」の金額は、実際の事業活動部分としての株式の価額について類似業種比準方式を部分的に取り入れて評価し、「S_2」の金額では、評価会社が所有する資産のうち、株式等についてのみ純資産価額としての価値を反映させて評価することができます。

※6　特定の評価会社のうち、「株式等保有特定会社」や「土地保有特定会社」に該当する会社であるか否かを判定する場合において、課税時期前において合理的な理由もなく評価会社の資産構成に変動があり、その変動が株式等（土地）保有特定会社に該当する会社であると判定されることを免れるためのものと認められる場合には、その変動はなかったものとしてその判定を行うこととされています（評基通189なお書き）。

※7　評価会社が2以上の特定の評価会社の区分に該当する場合には、以下の順位による、より上位の区分が適用されることとされています（評価明細書記載要領）。例えば、比準要素数ゼロの会社と株式等保有特定会社の双方に該当する場合には、比準要素数ゼロの会社と判定されます。

⑴　清算中の会社
⑵　開業前又は休業中の会社
⑶　開業後3年未満の会社
⑷　比準要素数ゼロの会社
⑸　土地保有特定会社
⑹　株式等保有特定会社
⑺　比準要素数1の会社

◉ 同族株主等以外の株主や支配権を有しない同族株主等が所有する自社株の相続税の評価方式

会社区分		評価方式	
一般の評価会社		原則	配当還元方式
		選択	原則的評価方式（※1）
特定の評価会社	その他の特定会社	原則	配当還元方式
		選択	純資産価額方式等（※1）
	開業前又は休業中の会社	純資産価額方式（※2）	
	清算中の会社	清算分配見込額の複利現価方式	

※1　議決権割合が50％以下の同族株主グループに属する株主については、純資産価額の80％で評価します。
※2　上記※1のような80％評価はしません。

主な特定評価会社の概要を以下に解説しておきます。

①　株式等保有特定会社

株式等保有特定会社とは、課税時期において評価会社の有する各資産を相続税評価額により評価した価額の合計のうちに、株式、出資及び新株予約権付社債の価額の合計額の占める割合が50％以上である会社をいいます。

②　土地保有特定会社

土地保有特定会社とは、課税時期において評価会社の有する各資産を相続税評価額により評価した価額の合計額のうちに、土地及び土地の上に存する権利の価額の占める割合が70％以上（大会社又は一定の小会社の場合）又は90％以上（中会社又は一定の小会社の場合）である会社をいいます。

◉ 土地保有特定会社の判定基準

	土地保有割合（相続税評価額による）
大会社	70％以上
中会社	90％以上

	総資産価額（帳簿価額）			土地保有割合（相続税評価額による）
	卸売業	小売・ サービス業	卸売・小売・ サービス業以外	
小会社	20億円以上	15億円以上		70％以上
	20億円未満 7,000万円以上	15億円未満 4,000万円以上	15億円未満 5,000万円以上	90％以上
	7,000万円未満	4,000万円未満	5,000万円未満	適用除外

（注）　特定の評価会社のうち、「株式等保有特定会社」や「土地保有特定会社」に該当する会社であるか否かを判定する場合において、課税時期前において合理的な理由もなく評価会社の資産構成に変動があり、その変動が株式等（土地）保有特定会社に該当する会社であると判定されることを免れるためのものと認められる場合には、その変動はなかったものとしてその判定を行うこととされています。

③　比準要素数１の会社

比準要素数１の会社とは、類似業種比準価額の計算において使用する「１株当たりの配当金額」、「１株当たりの利益金額」及び「１株当たりの純資産価額（帳簿価額）」の比準要素のうち、直前期末における２の比準要素について「０」となっており、かつ、直前々期末における２以上の比準要素についても「０」となっている会社をいいます。

【類似業種比準価額の計算方法】

類似業種比準方式は、同族会社であっても、上場会社に準ずるような規模の会社については、上場会社の株式との整合性を保つため、その会社の事業内容と類似する上場会社の株価に次の３つの比準要素の比準割合などを乗じて計算します。

- １株当たりの配当金額
- １株当たりの年利益金額
- １株当たりの純資産価額（帳簿価額によって計算した金額）

なお、上記の比準要素は、課税時期が当該法人の決算期末に近い場合でも、直前期末の金額によって評価することとされています。

【算式】

$$A \times \frac{\frac{Ⓑ}{B} + \frac{Ⓒ}{C} + \frac{Ⓓ}{D}}{3} \times \text{斟酌率} \times \frac{\text{1株当たりの資本金等の額}}{\text{50円}}$$

A：類似業種の株価
Ⓑ：評価会社の１株当たりの配当金額
Ⓒ：評価会社の１株当たりの利益金額
Ⓓ：評価会社の１株当たりの純資産価額（帳簿価額によって計算した金額）
B：課税時期の属する年の類似業種の１株当たりの配当金額
C：課税時期の属する年の類似業種の１株当たりの年利益金額
D：課税時期の属する年の類似業種の１株当たりの純資産価額（帳簿価額によって計算した金額）

斟酌率：大会社0.7、中会社0.6、小会社0.5

【純資産価額の計算方法】

株式の所有状況及び会社運営形態により、個人が会社財産を所有しているのと変わらないような同族会社は、株式の評価に当たり、株式を会社財産に対する持分と考え、会社財産を相続税法に定める評価額により、評価替えしたところの純資産価額により評価します。

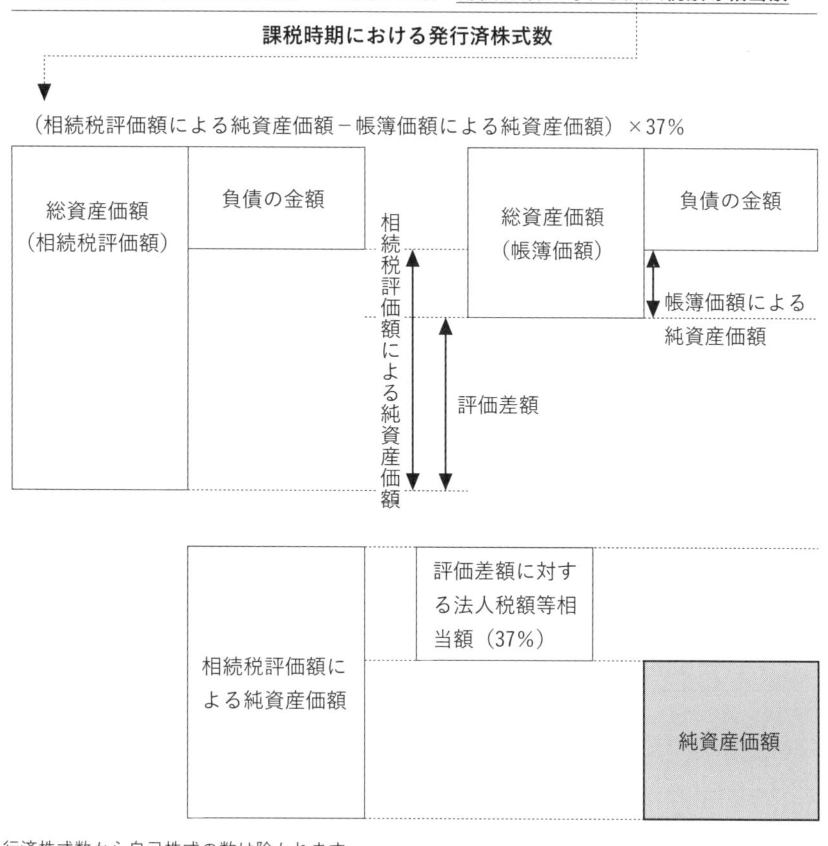

（注１） 発行済株式数から自己株式の数は除かれます。

（注２） 株式取得者とその同族関係者の有する議決権の合計数が評価会社の議決権総数の50%以下である場合には、１株当たりの純資産価額に80%を乗じて計算した金額により評価します。

【配当還元方式】

同族関係者以外の株主のように、議決権割合の少ないものの所有する株式について、評価手続の簡便性を考慮し、配当率を利回りとしてとらえた価額により評価します。配当還元価額は、その株式に係る年配当金額を10%の還元率で割戻した金額となります。例えば、１株当たりの資本金等の額50円の株式の場合、年10%の配当の場合には、その株式の１株当たりの資本金等の額で評価します。

（注） 年配当金額は、「（直前期末以前２年間の配当金額÷２）÷１株当たりの資本金等の額を50円とした場合の発行済株式数」で求めます。また、その年配当金額が２円50銭未満となる場合、又は無配の場合は２円50銭とされます。

なお、次の⑴～⑷のような特定の評価会社の株式を取得した同族株主等以外の株主については、特例的評価方式である配当還元方式により評価することができますが、⑸については純資産価額方式により、⑹については清算分配見込額により評価することとされています。

⑴　類似業種比準方式で評価する場合の３つの比準要素である配当金額、利益金額及び簿価純資産価額のうち直前期末の要素のいずれか２つがゼロであり、かつ、直前々期末の要素のいずれか２つ以上がゼロである会社（比準要素数１の会社）

⑵　総資産価額中に占める株式、出資及び新株予約権付社債の価額の合計額の割合が50％以上の会社（株式等保有特定会社）

⑶　総資産価額中に占める土地等の価額の合計額の割合が一定の割合以上の会社（土地保有特定会社）

⑷　課税時期において開業後の経過年数が３年未満の会社や、類似業種比準方式で評価する場合の３つの比準要素である配当金額、利益金額及び簿価純資産価額の直前期末の要素がいずれもゼロである会社

⑸　開業前又は休業中の会社

⑹　清算中の会社

◉ 同族株主等以外の株主（※）が所有する自社株の相続税の評価方式

<table>
<tr><th colspan="2">会社区分</th><th>評価方式</th></tr>
<tr><td colspan="2">一般の評価会社</td><td rowspan="2">配当還元方式
（特例的評価方式）</td></tr>
<tr><td rowspan="3">特定の
評価会社</td><td>その他の特定会社</td></tr>
<tr><td>開業前又は休業中の会社</td><td>純資産価額方式</td></tr>
<tr><td>清算中の会社</td><td>清算分配見込額の複利現価方式</td></tr>
</table>

※　同族株主等以外の株主とは、同族株主のうち支配権を有しない株主、同族株主以外の株主、及び同族株主がいない会社の場合の議決権割合の合計が15％未満の株主グループに属する株主をいいます。

自社株の移転に当たっては、移転の事実を明確に説明できるような証拠書類（贈与契約書、贈与税の申告書等）を完備し、法人税申告書別表第二（株主欄）を変更することが大切です。また、多くの中小企業は、株式譲渡制限会社（すべての株式に譲渡制限に関する規定がある会社）であることから、そのような会社の場合には、定款に定められた機関による株式の譲渡承認の手続が欠かせません。なお、自社株を分散しすぎると同族の支配権が確保できなくなるケースや、分散したあとに株を買戻そうとする場合に、その価額でトラブルになるなどの心配があります。特に買戻す場合の価額については、配当還元価額により移転した株式であっても、特定の同族株主が買戻すときは、原則的評価方式による価額となります。配当還元価額で買戻すと贈与税が課税されますので、注意が必要です。

後継予定者が親族である場合

自社株の相続税評価額は、同族株主が一定数以上の議決権を保有する場合には、原則的評価方式(類似業種比準方式又は純資産価額方式、若しくはそれらの併用方式)によって評価し、それ以外の同族株主は特例的評価方式（配当還元方式）によって評価することとされています。

(1) 議決権割合を引き下げて特例的評価方式によって移転する

評価方法についてのポイントは、議決権割合によって「原則的評価方式」か「特例的評価方式」に区分されることとされている点です。

そこで、評価対象者が保有する一定の普通株式を無議決権株式へ変更することで特例的評価方式によることが可能となります。

設例

1．評価対象会社　A社（甲、乙、丙の三兄弟が株主の同族会社）

2．A社の株主構成　甲（40%）、乙（35%）、丙（25%）

3．株式の種類　すべて普通株式で発行株式数は10,000株

4．丙の対策

① 丙の推定相続人は、妻、長女、二女の３名で、A社の経営には関わっていない

② 丙の保有する普通株式のうち12%を無議決権株式へ変更する

③ 丙から妻、長女及び二女に普通株式と無議決権株式を一括して均分に贈与する

5．対策の効果の検証

(1) 対策前のA社株式の評価方法

丙は、議決権株式を25%保有しており、単独でも中心的な同族株主となり得ることから、推定相続人がその株式を贈与や相続により取得した場合には、原則的評価方式によって評価されることになります。

(2) 対策後のA社株式の評価方法

丙の議決権割合は、14.77%((25%－12%)÷(40%＋35%＋25%－12%)）に下がり、３名に均分に贈与する場合には、１人当たりの議決権割合は５%未満で、かつ、丙の家族は中心的な同族株主に該当しないことから、特例的評価方式によって評価することになります。

なお、丙の所有する普通株式を1,200株A社の金庫株にすれば、同様の判定となります。

株主	現　行		無議決権			金庫株		
	所　有 株式数	持株 割合	所　有 株式数	議決 権数	議決権 割　合	所　有 株式数	議決 権数	議決権 割　合
甲	4,000株	40%	4,000株	4,000個	45.46%	4,000株	4,000個	45.46%
乙	3,500株	35%	3,500株	3,500個	39.77%	3,500株	3,500個	39.77%
丙	2,500株	25%	2,500株	1,300個	14.77%	1,300株	1,300個	14.77%
金庫株	－	－	－	－	－	1,200株	－	－
合計	10,000株	100%	10,000株	8,800個	100%	10,000株	8,800個	100%

（注）丙の所有する議決権のある株式を３名の相続人が均分に取得すれば、取得後の保有議決権割合は５％未満となり、特例的評価方法によることができます。

⑵　同族株主でも特例的評価方式によって評価できる者へ移転する

以下のような株主構成の会社の場合、山田父朗が山田一郎に贈与すると「原則的評価方式」に該当し、一郎の子二人（孫Ａ及び孫Ｂ）に贈与すれば「特例的評価方式（配当還元価額）」によって贈与することができます。

設 例

１．Ａ株式会社の株主と持株数

株主と親族関係	同族株主判定	持株数	比率
山田　父朗（父）	同族株主	10,000	6.2%
山田　母子（母）	同族株主	3,396	2.1%
山田　一郎（本人）	同族株主	20,692	12.9%
山田　二郎（兄弟）	同族株主	10,070	6.3%
山田　三郎（兄弟）	同族株主	3,621	2.2%
佐藤　長子（兄弟）	同族株主	3,621	2.2%
田中　春雄（叔父）	同族株主	7,170	4.4%
田中　夏夫（又従兄弟）	同族株主	2,330	1.4%
田中　秋子（又従兄弟）	同族株主	2,300	1.4%
田中　冬子（叔母）	同族株主	800	0.5%
同族株主計		64,000	40.0%
従業員持株会	同族株主以外の株主	29,400	18.3%
●●中小企業投資育成	同族株主以外の株主	27,700	17.3%
その他	同族株主以外の株主	38,700	24.2%
合計		159,800	100%

（注１）すべて普通株式で１株について１個の議決権。
（注２）山田一郎には二人の子（長男・長女）がいて、Ａ社の役員ではない。

２．山田父朗の所有株式（10,000株）の贈与

①　山田一郎の長男（Ａ）に対して、5,000株（3.1%）を贈与する

② 山田一郎の長女（B）に対して、5,000株（3.1%）を贈与する

3．贈与を受ける株主の評価方式の判定（一郎の長男を判定者とする）

① 山田（山田、佐藤及び田中）一族で40%の議決権を有していることから、一郎の長男は同族株主に該当します。

② 一郎の長男は、贈与を受けた後の議決権は3.1%で5%未満となります。

③ 評価会社（A社）には、中心的な同族株主がいます。

・山田一郎から判定すると以下のようになります。

（本人の持株＋本人の兄弟の持株＋母の持株＋本人の子（A及びB））

（20,692株＋10,070株＋3,621株＋3,621株＋3,396株＋5,000株＋5,000株）

＝51,400株

51,400株÷159,800株＝32.1%≧25%　∴山田一郎は、「中心的な同族株主」に該当します。

④ 評価対象者（一郎の長男）

（一郎の長男の持株＋その長男の妹の持株＋一郎の長男の父母の持株＋一郎の長男の祖父母の持株）

一郎の長男から判定すると、山田二郎などは父の兄弟に該当することから、中心的な同族株主の判定には含まれません。

（5,000株＋5,000株＋20,692株＋3,396株）＝34,088株

34,088株÷159,800株＝21.3%＜25%　∴一郎の長男は「中心的な同族株主」に該当しません。

⑤ 一郎の長男は、「役員」ではありません。

⑥ 判定（一郎の長男の妹も同様になります。）

	同族株主	取得後の議決権5%判定	評価会社	評価対象者	役員	評価方式の判定
			中心的な同族株主			
一郎の長男	該当	5%未満	いる（一郎）	該当しない	ではない	特例的評価
一郎の長女	該当	5%未満	いる（一郎）	該当しない	ではない	特例的評価

（注） 山田一郎に贈与すると一郎は中心的な同族株主に該当することから「原則的評価方式」によって評価することとなります。

以上のような会社で、相続開始まで何らの対策を実行しなければ山田父朗の相続人が相続する自社株は「原則的評価方式」によって評価されます。そのため、孫などへ生前贈与による対策が行われない場合には、遺言書で一郎の子2人（父朗から見れば孫）へ自社株を遺贈するように記載しておけばその自社株については、「配当還元価額」によって評価することができます。

⑶　遺言書によって配当還元価額で相続させる

同族株主が取得した自社株でも、取得後の議決権割合が５％未満であると「配当還元価額」によって評価することもできます。そのため、残された時間が少ない場合でも遺言書を残すことで自社株の相続税評価額を低く評価することが可能となります。

設 例

相続人の子等が会社経営に関わる予定がない場合に、取得後の議決権割合が５％未満となるよう株式を分散して移転することにより、原則的評価方式でなく特例的評価方式（配当還元価額）により評価できることを確認します。

【前提条件】

１．家族関係図

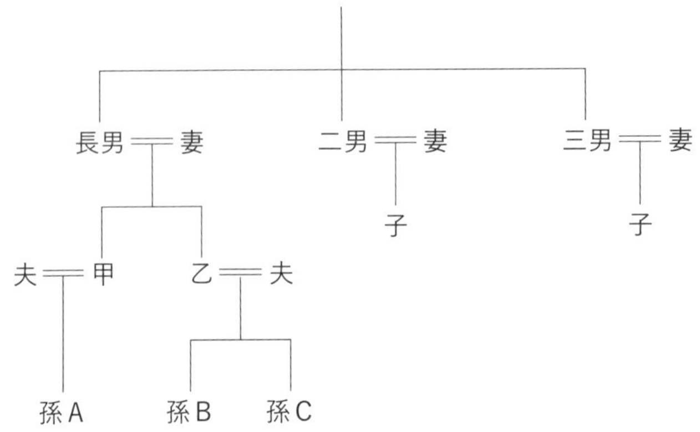

２．（株）Ｂ社の所有株数（発行済株式数 10,000 株・議決権数 10,000 個）

長男 3,400 株（34％）　二男 3,300 株（33％）　三男 3,300 株（33％）

３．その他

長男・二男及び三男以外は役員ではない。

４．長男所有株式の移転対策

長男の子等がＢ社を承継する予定がない場合には、長男が所有する全株を以下の者に対して次のように相続又は遺贈により移転することができるように遺言書を作成しておきます。

⑴　甲・甲の夫・Ａ・乙・乙の夫・Ｂに対してそれぞれ 490 株（4.9％）ずつ

⑵　Ｃに対して残株の 460 株（4.6％）

（中心的な同族株主に該当するか否かの判定表）

範囲＼判定者	二男	三男	甲	甲の夫	Ａ	乙	乙の夫	Ｂ	Ｃ	合計	判定
	3,300	3,300	490	490	490	490	490	490	460	10,000	
二男	3,300	3,300	－	－	－	－	－	－	－	6,600	○
三男	3,300	3,300	－	－	－	－	－	－	－	6,600	○

長男の家族	甲	—	—	490	490	490	490	—	—	—	1,960	×
	甲の夫	—	—	490	490	490	—	—	—	—	1,470	×
	A	—	—	490	490	490	—	—	—	—	1,470	×
	乙	—	—	490	—	—	490	490	490	460	2,420	×
	乙の夫	—	—	—	—	—	490	490	490	460	1,930	×
	B	—	—	—	—	—	490	490	490	460	1,930	×
	C	—	—	—	—	—	490	490	490	460	1,930	×

以上の方法によれば、長男の家族に対する株式の相続等については、全員同族株主に該当しますが、取得後の議決権割合が５％未満で、他に中心的な同族株主（二男又は三男）がいて、長男の家族は全員中心的な同族株主に該当せず、役員でもないことから、特例的評価方式（配当還元価額）によって評価して移転することができます。

同族株主が有する株式を原則的評価方式によって評価するか否かの判定は、相続・贈与又は譲渡があった後の株主の状況により判定しますので、生前に遺言書を作成しておき、配当還元方式によって相続人等が取得できるようにする方法や、相続発生後であっても、一定の議決権数以下の場合には、自社株の相続又は遺贈する割合を工夫すれば、配当還元方式により評価することも可能となります。

後継予定者が親族外の者の場合

自社株は、同族株主が取得すると「原則的評価方式」によって評価されますが、同族株主以外の株主が取得する場合には、「特例的評価方式」によって評価されます。

そこで、後継者が親族外（同族株主以外）である場合には、「特例的評価方式」によって株式を譲渡又は贈与することができます。

(1) 後継者が親族外の会社役員の場合

後継者が親族外で、その会社の役員である場合も少なくありません。この場合には、一定の株式の譲渡又は贈与に当たっては、「特例的評価方式（配当還元価額）」によって譲渡等を行うことができます。

設 例

1．A社の概要

① 発行済株式総数　10,000株

② 株主　甲8,000株、甲の妻500株、乙（A社役員、甲の親族ではない）1,500株

③ 原則的評価方式による株価　5,000円/株、配当還元価額　400円/株

2．株式の譲渡

甲は、親族に後継者が不在であることから、A社の役員である乙を後継者に指名し、A社株式をできるだけ安く譲渡してやりたいと考えている。

3．配当還元価額による譲渡

株主	現状の所有株式数	譲渡株式数	譲渡後の株式数	譲渡後の株式の評価方法
甲	8,000	△3,499	4,501	原則的評価方式
甲の妻	500	−	500	原則的評価方式
乙	1,500	＋3,499	4,999	特例的評価方式

この場合、譲渡後においても甲及び甲の妻が過半数の株式を保有していることから、甲及び甲の妻が同族株主と判定されます。しかし、乙は甲の親族ではないことから、乙が取得する3,499株は1株当たり400円（配当還元価額）以上で甲と売買すれば乙には贈与税が課されません。甲は譲渡した金額から取得費を控除した金額に対して、分離課税として20.315％の譲渡所得税が課されます。

その後、甲の相続開始前に、例えば甲の妻から乙へ2株贈与又は譲渡すると、乙が議決権の過半数を有することになり、乙が同族株主となり、甲及び甲の妻は同族株主以外の株主に該当し、甲及び甲の妻の株式は特例的評価方式によって評価されることになります。

⑵ 親族外の顧問税理士などへ譲渡する

親族外の者であれば、株式は特例的評価方式による価額で譲渡等を行うことができます。

その場合、最も信頼関係が強固な相手先の一つとして、顧問税理士などが考えられます。会社の経営や事業承継等について日頃から相談し、信頼関係が構築されているのであれば株式の受け皿として適任かと思います。

設 例

1．B社の概要

① 発行済株式総数 10,000株

② 株主 甲5,500株、乙（A社後継者、甲の親族ではない）3,500株、その他少数株主1,000株

③ 原則的評価方式による株価 5,000円/株、配当還元価額 400円/株

2．株式の譲渡

甲は、甲の相続人がB社の経営に関わる予定がないことから、B社の顧問税理士（丙、甲及び乙の親族ではない）にB社株式2,501株を譲渡した。

3．配当還元価額による譲渡

株主	現状の所有株式数	譲渡株式数	譲渡後の株式数	譲渡後の株式の評価方法
甲	5,500	△2,501	2,999	特例的評価方式
乙	3,500	－	3,500	原則的評価方式
少数株主	1,000	－	1,000	特例的評価方式
税理士丙	－	2,501	2,501	特例的評価方式

この場合、譲渡後は乙が30％以上の議決権を有していることから、乙が同族株主と判定されます。甲から株式の譲渡を受けた顧問税理士丙は甲及び乙の親族ではないことから、丙が取得する2,501株は1株当たり400円（配当還元価額）以上で甲と売買すれば適正な時価によって取得したものと判定され、贈与税などの課税関係は生じません。一方、甲は譲渡した金額から取得費を控除した金額に対して、分離課税として20.315％の譲渡所得税が課されます。

なお、甲は株式譲渡後においても、顧問税理士丙との絶大な信頼関係を基に、会社の重要な事項について丙が甲に協力すると過半数の議決権を確保することができます。

会社規模区分と株価

評価対象会社の会社規模区分（大・中・小）を確認し、次に、類似業種比準価額と純資産価額を確認します。類似業種比準価額が低い会社は、会社規模区分をランクアップさせるだけで株価を引き下げることができます。

そのため、評価対象会社が、類似業種比準価額＜純資産価額か、類似業種比準価額≧純資産価額かの確認が欠かせません（会社規模区分とその評価方式については、279～280ページ参照）。

例えば、純資産価額が1,000円、類似業種比準価額が210円（大会社の場合）の会社の場合、会社規模に応じて株価は以下のように変動します。

会社規模区分	評価額
大会社	210円
中会社の大	180円×0.9＋1,000円×0.1＝262円
中会社の中	180円×0.75＋1,000円×0.25＝385円
中会社の小	180円×0.6＋1,000円×0.4＝508円
小会社	150円×0.5＋1,000円×0.5＝575円

（注）類似業種比準価額は、会社規模区分に応じて斟酌率（大会社0.7、中会社0.6、小会社0.5）が異なります。そのため、大会社の類似業種比準価額が210円の場合、中会社は（210円÷0.7）×0.6＝180円に、小会社の場合には、（210円÷0.7）×0.5＝150円となります。

類似業種比準価額の引下げ

類似業種比準価額は、１株当たりの配当金額、利益金額及び簿価純資産価額の３つの比準要素を基に計算されることから、評価対象会社のそれらの比準割合を引き下げることで類似業種比準価額が下がることになります。

そのうち、同族会社の場合、配当比準を引き下げるために無配とすることについて同意を得やすいと思われます。また、利益比準を引き下げる方法として、①所有資産のうち、含み損を有している資産については売却するなどによって損失を実現させる、②生命保険などの課税の繰延べ商品を活用して１株当たりの利益金額を小さくする、③役員退職金を支給するなどの対策が効果的です。

(1)　１株当たりの配当金額の引下げ

設例

1. **A 社の概要**　大会社
2. **１株当たりの資本金等の額**　50 円
3. **純資産価額方式による純資産価額**　9,000 円
4. **類似業種の株価**　200 円
5. **比準割合の計算**

	配当金額	利益金額	純資産価額
A 社	10 円	900 円	5,050 円
類似業種	3.5 円	17 円	222 円
要素別比準割合	2.85	52.94	22.74
比準割合	(2.85＋52.94＋22.74)÷３＝26.17		

6. **A 社の株価**　200 円×26.17×0.7＝3,663 円＜9,000 円　∴3,663 円

A 社の配当金額を無配とすることで株価がどのように変動するのか設例で確認します。

設例

1. **比準割合の計算**

	配当金額	利益金額	純資産価額
A 社	0 円	900 円	5,050 円
類似業種	3.5 円	17 円	222 円
要素別比準割合	0	52.94	22.74
比準割合	(０＋52.94＋22.74)÷３＝25.22		

2．A社の株価　200円×25.22×0.7＝3,530円＜9,000円　∴3,530円

配当金を無配とすることで、3,663円の株価が3,530円に下がりました。

(2)　1株当たりの利益金額の引下げ

(1)のA社の利益金額をゼロ円とすることで株価がどのように変動するのか設例で確認します。

設例

1．比準割合の計算

	配当金額	利益金額	純資産価額
A社	10円	0円	5,050円
類似業種	3.5円	17円	222円
要素別比準割合	2.85	0	22.74
比準割合	(2.85＋0＋22.74)÷3＝8.53		

2．A社の株価　200円×8.53×0.7＝1,194円＜9,000円　∴1,194円

利益金額をゼロ円とすることで、3,663円の株価が1,194円に下がりました。

(3)　配当金額及び利益金額の引下げ

(1)のA社の配当金額を無配とし、利益金額をゼロ円とすることで株価がどのように変動するのか設例で確認します。

設例

1．比準割合の計算

	配当金額	利益金額	純資産価額
A社	0円	0円	5,050円
類似業種	3.5円	17円	222円
要素別比準割合	0	0	22.74
比準割合	(0＋0＋22.74)÷3＝7.58		

2．A社の株価　200円×7.58×0.7＝1,061円＜9,000円　∴1,061円

配当金を無配とし、利益金額もゼロ円とすることで、3,663円の株価が1,061円に下がりました。

従業員持株会に対する第三者割当増資（純資産価額引下げ対策）

1株当たりの純資産価額を引き下げる方法として、従業員持株会への第三者割当増資により、株式数を増やして純資産価額を引き下げる方法があります。この対策は増資が完了すれば即効果が発生するため、相続直前対策にも効果的です。

第三者割当増資とは、既存の株主以外の第三者又は既存の株主のうち特定の者に対して新株を割当てて行う増資をいいます。この場合の新株式の発行価額は時価が原則です。相続税の株式評価は原則として同族株主が取得した株式については原則的評価方式により評価し、同族株主以外の株主が取得した株式については配当還元方式で評価することが多いと思われます。したがって、支配権に影響のない範囲で従業員に対して配当還元価額で第三者割当増資を行っても税務上問題は生じないものと思われます（会社法199条により株主総会における特別決議が必要です。）。

また、同族株主が所有する株式を従業員持株会へ売却するのも選択肢の1つです。

設 例

1．**資本金**　5,000万円　発行済株式数　10万株

2．**既存株主**　甲100％

3．**1株当たりの純資産価額**　8,000円

4．**1株当たりの配当還元価額**　500円

5．**新株発行金額**　1,000万円（従業員持株会へ、配当還元価額@500円×2万株割当）

従業員持株会に配当還元価額で2万株割当てた後の1株当たりの純資産価額は6,750円に下がります。

(8,000円×10万株＋1,000万円)÷(10万株＋2万株)＝6,750円

特定の評価会社（比準要素数1の会社）に該当している場合の対応策

比準要素数1の会社に該当している場合に、類似業種比準価額が純資産価額方式による純資産価額よりも低いときには、自社株の評価額は一般の評価会社よりも高く評価されます。なぜなら、比準要素数1の会社は、会社規模区分に関わらず類似業種比準価額の25％と純資産価額の75％の併用方式によって評価されるからです。そのため、比準要素数1の会社から脱却するために、配当を実行するなどの対応策が求められます。

設例

1．**評価対象会社**　株式会社甲社（資本金等の額 1,000 万円）・大会社

2．**1株当たりの資本金等の額**　50 円

3．**株主**　父が全株（20 万株）所有

4．**純資産価額方式による純資産価額**　4,000 円

5．**類似業種の株価**　300 円

6．**比準割合の計算**

	配当金額		利益金額		純資産価額	
	現状	対策後	現状	対策後	現状	対策後
株式会社甲社	0 円	0.1 円	0 円	0 円	5,000 円	5,000 円
類似業種	4 円	4 円	20 円	20 円	250 円	250 円
要素別比準割合	0	0.02	0	0	20.00	20.00

（注）　甲社は、現状では配当金額及び利益金額は3期連続0円となっている。

7．**比準割合と類似業種株価**

	比準割合（小数点2位未満切捨て）	類似業種比準価額
現　状	(0＋0＋20.00)÷3＝6.66	1,998 円
対策後	(0＋0.02＋20.00)÷3＝6.67	2,001 円

8．**甲社株式の相続税評価額**

	1株当たりの株価（円未満切捨て）	相続税評価額
現　状	1,998 円×0.25＋4,000 円×0.75＝3,499 円	69,980 万円
対策後	2,001 円	40,020 万円

（注）　甲社は、現状では「比準要素数1」の会社に該当するため、「類似業種比準価額×0.25＋純資産価額×0.75」で計算します。対策後は、「一般の評価会社」に該当し、類似業種比準価額<純資産価額であることから、類似業種比準価額で評価することができます。

上記の設例の場合、わずかな配当金を行うだけで、甲社株式の相続税評価額が 29,960 万円も下がることが分かります。

同族会社への貸付債権等の放棄

同族会社が赤字で資金繰りもあまり良くない場合には、社長（同族株主）がその会社に対して資金援助していることがよくあります。同族会社に対する貸付金等は、社長に万一のことがあれば、相続財産に含まれ、相続税の課税対象となるため、このような債権を放棄し、相続財産として課税されないような対策が必須です。

この場合、会社側においては債務免除を受けた金額に相当する利益が発生しますが、税務上の繰越欠損金があれば、これと相殺されますので、繰越欠損金の範囲内の債務免除であれば、結果として法人税は課税されません。

注意点としては、社長の債権放棄により、同族会社の純資産価額がその債務免除額だけ増加することとなります。それによって株式等の相続税評価額が上がった場合には、その上がった部分の価額は、社長から他の同族株主への贈与とみなされ贈与税が課税されることとなります。また、資本金1億円超の特定同族会社においては、留保金課税を受けるケースがありますので注意が必要です。

設例

1．甲社（中会社に該当・3月決算）の貸借対照表

資産4億円（相続税評価額6億円）

負債6億円〔うち社長（父）借入金2億円〕（相続税評価額6億円）

2．資本金や株式

資本金1,000万円。父が10万株（1株当たり資本金等の額50円）、長男及び二男がそれぞれ5万株ずつ所有している。

3．類似業種比準価額　100円

4．税務上の繰越欠損金　2億円

5．社長の財産　不動産4億円、甲社株式及び甲社への貸付金は2億円とする。

6．法定相続人　長男・二男（父の財産はそれぞれ法定相続分で相続）

なお、父は令和6年1月に甲社への貸付金を債権放棄した後の令和6年4月に死亡した。

◉ 債権放棄した場合としない場合の相続税の比較　（単位：万円）

	債権放棄しない場合		1億円放棄した場合		2億円放棄した場合	
	長男	二男	長男	二男	長男	二男
不動産	20,000	20,000	20,000	20,000	20,000	20,000
貸付金	10,000	10,000	5,000	5,000	0	0
甲社株式（※1・2）	0	0	1,305	1,305	2,485	2,485
生前贈与加算（※3・4）	0	0	1,305	1,305	2,485	2,485
課税価格	30,000	30,000	27,610	27,610	24,970	24,970
相続税	9,855	9,855	8,780	8,780	7,592	7,592

（注）甲社は、比準要素数1の会社に該当し、「類似業種比準価額×0.25＋純資産価額×（1－0.25）」により評価するものとする。類似業種比準価額は100円/株と仮定する。

※1 ① 相続税評価額による純資産価額　1億円
② 帳簿価額による純資産価額　0円
③ 評価差額に相当する金額（①－②）　1億円
④ 評価差額に対する法人税相当額（③×37%）　3,700万円
⑤ 1株当たりの純資産価額〔(①－④)÷20万株〕　315円

⑥　相続税評価額 100 円(＜315 円)×25%＋315 円×(1－0.25)＝261 円
⑦　社長所有株式の相続税評価額（⑥×持株数）　2,610 万円

※2　①　相続税評価額による純資産価額　2 億円
②　帳簿価額による純資産価額　0 円
③　評価差額に相当する金額（①－②）　2 億円
④　評価差額に対する法人税相当額（③×37%）　7,400 万円
⑤　1株当たりの純資産価額〔(①－④)÷20 万株〕　630 円
⑥　相続税評価額 100 円(＜630 円)×25%＋630 円×(1－0.25)＝497 円
⑦　社長所有株式の相続税評価額（⑥×持株数）　4,970 万円

※3　①　貸付金放棄に伴う甲社株式の純資産の増加額（※1⑥×20 万株）5,220 万円
②　長男に対するみなし贈与　5,220 万円×25%(所有割合)＝1,305 万円
③　二男に対するみなし贈与　5,220 万円×25%(所有割合)＝1,305 万円
＊相続開始のあった年に被相続人から贈与によって取得した財産については、その財産の価額を相続税の課税価格に加算することとなっているため、贈与税は課されない（※4において同じ。）。

※4　①　貸付金放棄に伴う甲社株式の純資産の増加額（※2⑥×20 万株）9,940 万円
②　長男に対するみなし贈与　9,940 万円×25%（所有割合）＝2,485 万円
③　二男に対するみなし贈与　9,940 万円×25%(所有割合)＝2,485 万円

会社へ遺贈する

会社も、遺言により財産を取得することができます。この場合には、どのような税金がかかるのでしょうか。

まず会社は、財産を取得すると相続税ではなく、その財産の価額を受贈益として法人税が課せられます。財産をもらった会社が赤字会社であり、赤字(税務上の繰越欠損金)の範囲内の贈与ということであれば法人税の心配はありません。

しかし、その遺贈により、同族会社の純資産が増加することとなる場合には、株価の上昇による値上がった部分の価額は、遺贈者から他の同族株主への遺贈とみなされ相続税が課税されることになります。

この場合、取引相場のない株式等を類似業種比準価額により計算するときは、以下の点に留意する必要があります。

①　1株当たりの年利益金額…遺贈による受贈益は、非経常的な利益と認識されることから、影響は受けません。

②　1株当たりの純資産価額…直前期末において、遺贈を受けた財産を加算して計算します。この場合、土地の遺贈を受けたときは、増加した受贈益から受贈益に対する法人税等を控除して求めます。

一方、会社に財産を遺贈した被相続人については、会社に財産を時価で売却したものとして、所得税が課せられます。したがって、含み益のある土地などについては、かなりの所得税が課せられることになります。

被相続人が含み益のある土地等を売ったことになるため、被相続人の所得税の納税義務は、相続人が承継し、相続のあった日の翌日から４か月以内に、被相続人の準確定申告書を提出し、所得税を納めなければなりません。

この場合の所得税は、被相続人の債務となり、相続税の計算上被相続人の財産から控除することとなります。

区分	遺言者（遺贈者）	受贈者	
	個人	会社	その会社の同族株主
かかる税金	会社に時価で売却したものとして、所得税がかかる。	受贈益に対し法人税がかかる。	株価の値上がり分に対し遺贈があったものとして、相続税がかかる。
適用	遺贈者の所得税の納税義務は、相続人が承継し、相続開始の日の翌日から４か月以内に、準確定申告により所得税の納付を行う。 その所得税は被相続人の債務となり、相続財産から差し引く。	受贈益以上に、赤字（税務上の繰越欠損金）がある場合には、法人税はかからない。	会社が債務超過の状態で、受贈益を計上しても、なおかつ債務超過であれば、相続税はかからない。

VIII

その他の対策

非課税財産への組換えや、評価差額を活用した対策など以外にも、以下のような対策も併せて検討しておかなければなりません。

生前贈与加算の対象者以外の者へ贈与する

相続開始前３年以内（令和６年１月１日以後の贈与から７年以内。以下同じ。）の贈与の相続財産への加算制度は、相続又は遺贈によって財産を取得した者が、被相続人から相続開始前３年以内に贈与によって財産を取得しているときは、その贈与のあった時の贈与財産の価額を相続税の課税価格に加算し、その加算後の金額を相続税の課税価格とみなして相続税が計算されることとなっています。

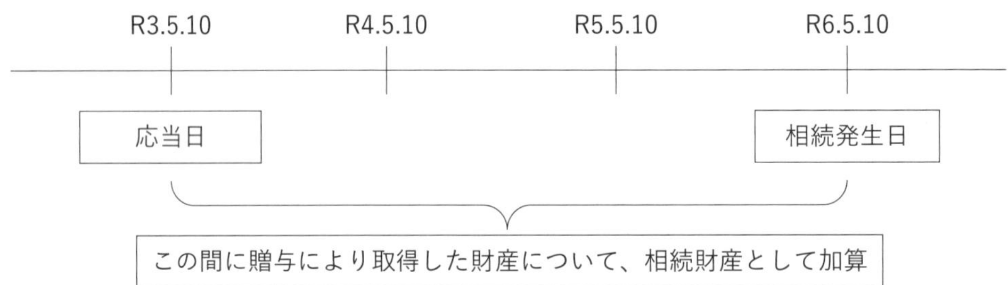

すなわち、被相続人から相続開始前３年以内に贈与を受けた者であっても、その者が相続又は遺贈により財産を取得しなければ、たとえ相続人に対して贈与された財産でも、相続税の課税価格に加算されることなく、贈与税の課税のみで完結します。

しかし、被相続人の相続開始前３年以内に被相続人から贈与を受けた財産でも、贈与税の配偶者控除の適用を受けた金額に相当する部分又は相続のあった年に贈与を受けた財産（贈与の配偶者控除の対象となる財産に限ります。）で贈与税の課税価格に算入する旨を相続税の申告書に記載したものについては、相続税の課税価格に加算する必要はありません。

設例１

１．被相続人　父（令和６年３月死亡）

２．相続人　長男・長女

３．相続財産（生前贈与前）

現預金　10,000 万円、その他の財産　16,000 万円

４．遺産分割　法定相続分どおり相続する

5．生前贈与

	長男の子へ現金贈与		長女の子へ現金贈与	
	甲	乙	丙	丁
令和3年12月	500万円	500万円	500万円	500万円
贈与税	53万円	53万円	53万円	53万円
令和4年1月	500万円	500万円	500万円	500万円
贈与税	53万円	53万円	53万円	53万円

（注） 受贈者は全員18歳未満

6．相続税の計算

（単位：万円）

	生前贈与なし		5の生前贈与を実行	
	長男	長女	長男	長女
現預金	5,000	5,000	3,000	3,000
その他の財産	8,000	8,000	8,000	8,000
課税価格	13,000	13,000	11,000	11,000
相続税の総額	5,320		3,940	
各人の算出税額	2,660	2,660	1,970	1,970
納付した贈与税	−	−	212	212
合計税額	5,320		4,364	

相続、遺贈や相続時精算課税に係る贈与によって財産を取得した人が、被相続人の一親等の血族（代襲相続人となった孫（直系卑属）を含みます。）及び配偶者以外の人である場合には、その人の相続税額にその相続税額の2割に相当する金額が加算されます。

○ 相続税額の2割加算の対象となる人

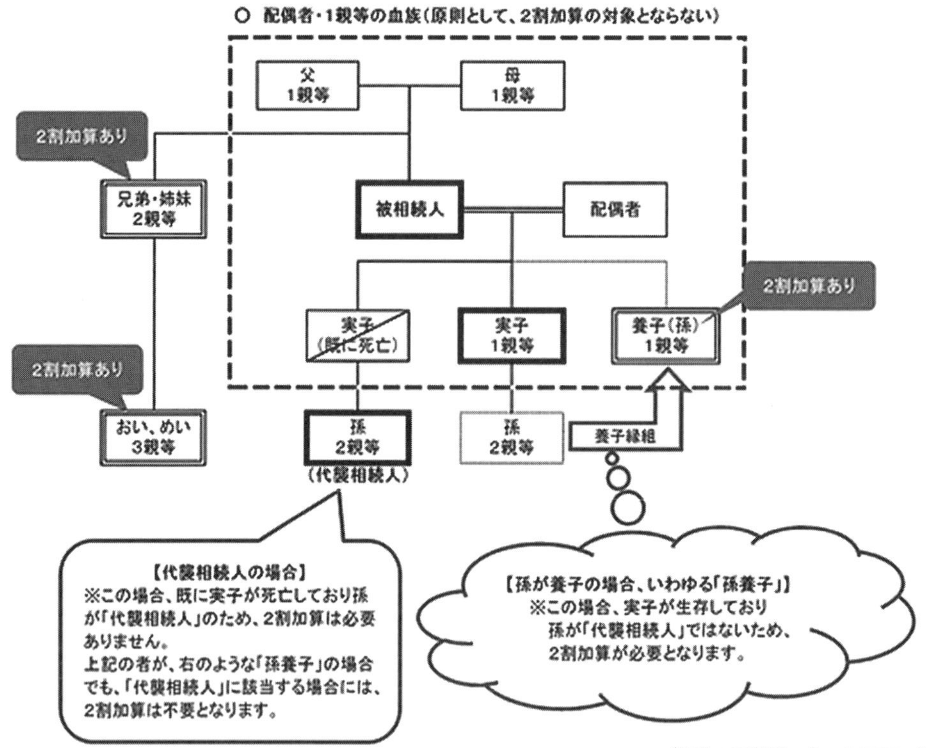

(出典：国税庁　タックスアンサー)

しかし、贈与税には、孫などへ世代飛ばしで財産を贈与しても、相続税に規定されている2割加算はありません。そのため、超富裕層の相続税対策では、積極的に相当な額の贈与を行っても相続税を軽減することができます。

設例2

1．被相続人　父（令和6年3月死亡）

2．相続人　長男・長女

3．以下のいずれかの対策を実行

①　生前贈与と養子縁組

長男の子（甲25歳）と養子縁組し、かつ、甲と長女の子（乙23歳）に令和5年と令和6年1月にそれぞれ1億円／回を暦年贈与によって贈与する

②　甲及び乙と養子縁組をする（生前贈与はしない）

4．相続財産　30億円（上記3の贈与後の遺産の額）

5．遺産分割

①　上記3の①の場合、長男及び長女はそれぞれ15億円を相続する（甲は相続によって遺産を取得しない）

②　上記3の②の場合、長男及び長女はそれぞれ15億円を、甲及び乙はそれぞれ2億円を相続する

6．相続税の計算

（単位：万円）

	養子縁組と孫へ生前贈与		養子縁組と孫が相続				【参考】養子縁組のみで生前贈与なし	
	長男	長女	長男	長女	甲	乙	長男	長女
課税価格	150,000	150,000	150,000	150,000	20,000	20,000	170,000	170,000
相続税の総額	140,760		162,760				162,760	
各人の相続税額	70,380	70,380	71,806	71,806	9,574	9,574	81,380	81,380
相続税の2割加算	−	−	−	−	1,915	1,915	−	−
贈与税（甲・乙）	(※)9,600	9,600	−	−	−	−	−	−
合計税額	**159,960**		**166,590**				**162,760**	

※　（１億円－110万円）×55％－640万円≒4,800万円　⇒　9,600万円（２年分）

甲及び乙は、父から相続開始前３年以内に生前贈与を受けていますが、父の相続によって遺産を取得していないことから、生前贈与加算の対象とはなりません。そのため、贈与税の課税のみで課税関係は終了します。

上記の設例より、超富裕層にとっては、相当額の暦年贈与を行っても、トータルの税負担は大きく軽減されることが確認できます。

◉ 贈与財産課税価格階級別（令和４年分）

取得財産価額階級	暦年課税分					相続時精算課税分		
	申告状況		課税状況			課税状況		
	人員（人）	取得財産価額（百万円）	人員（人）	取得財産価額（百万円）	差引税額（百万円）	人員（人）	取得財産価額（百万円）	差引税額（百万円）
150万円以下	177,134	164,306	104,628	126,803	1,171	2,192	2,132	58
150万円超	46,114	86,283	46,114	86,283	3,546	1,544	2,813	25
200万円超	135,029	399,236	135,029	399,236	25,597	6,692	20,389	118
400万円超	69,043	358,146	69,043	358,146	37,275	9,510	51,594	157
700万円超	19,325	163,342	19,325	163,342	25,728	7,259	63,799	186
1,000万円超	13,796	186,441	13,796	186,441	35,005	9,728	140,046	386
2,000万円超	2,667	63,013	2,667	63,013	12,789	3,851	93,125	635
3,000万円超	983	37,169	983	37,169	14,344	1,167	44,708	2,740
5,000万円超	378	26,864	378	26,864	12,372	665	46,329	5,580
1億円超	319	55,898	319	55,898	28,065	425	68,985	11,404
3億円超	61	24,008	61	24,008	12,408	71	27,184	4,956
5億円超	60	42,738	60	42,738	22,362	72	49,362	9,460
10億円超	13	17,079	13	17,079	8,712	22	28,742	5,623
20億円超	5	12,772	5	12,772	6,997	6	14,447	2,869
30億円超	2	7,689	2	7,689	4,215	4	15,803	3,131

50億円超	7	48,463	7	48,463	22,537	3	17,794	3,534
合　計	464,936	1,693,450	392,430	1,655,946	273,122	43,211	687,252	50,863

（出典：国税庁統計資料）

令和４年に行われた暦年課税による贈与税（課税状況）の申告件数392,430件のうち、贈与財産の額が400万円以下の割合が72.8%、1,000万円以下の割合は95.3%で、暦年贈与は1,000万円以下の贈与でほとんど占められています。

また、１億円を超える贈与の件数は467件（令和３年は485件）もあり、増加傾向にあります。贈与税には、相続税額の２割加算のような規定はありませんので、超大口資産家は、積極的に世代飛ばしの贈与を実行していると思われます。

一方、相続時精算課税贈与の申告件数は令和４年は前年比微減となり、相続時精算課税贈与に相続税の軽減効果はあまり期待できないことが多くの人に認知されていると思われます。

資（死）産を整理する

財産には、いろんなものがあります。相続人が相続して嬉しい換金性や収益性が高い資産もあれば、マイナス財産としての借入金、価値のない財産として「死産」があります。

死産とは、以下のような財産をいい、それらの財産について早急に対応策を実行しておかなければなりません。

⑴　同族会社への貸付金で回収が困難なもの

貸付金は、「債権」として額面で評価されます。同族会社への貸付金で回収が困難な場合には、生前に債権放棄の手続などをしておかないと、資産的価値がないものに相続税が課税されることになってしまいます。

⑵　未利用の不動産の整理

不動産は所有しているだけで、毎年固定資産税等の負担が強いられます。居住用不動産を除き、収益を生まない不動産は、リノベーションなどを行い、収益を生む不動産に変えるか、思い切って換金処分も含めた検討が必要です。

⑶　売却が困難な不動産の整理

「家の財産」として所有する不動産を１坪たりとも減らすことなく、次世代へ承継できれば良いのですが、現実問題として大変な困難が伴います。

そこで、所有する不動産のうち、「残すべき不動産」と、「処分やむなしの不動産」に区分して、残すべき不動産の残せる対策を考えることになります。この場合、収益性が低く、自ら有効活用が困難な普通借地権が設定されている貸宅地の整理を優先すべきと考えます。

しかし、借地人へ適正な価額で譲渡できれば良いのですが、これが困難な場合には、物納によって整理する方法もあります。

⑷　古くなった貸家のリフォーム＆リノベーション

賃貸住宅とその敷地の相続税評価額は、以下のように求めます。

①　賃貸住宅　固定資産税評価額×（１－0.3×賃貸割合）

②　賃貸住宅の敷地　（路線価×地積）×（１－借地権割合×0.3×賃貸割合）

（注）　その土地が、倍率地域にある場合には、路線価に代えて固定資産税評価額×倍率によって求めます。

老朽化した賃貸住宅で定期的な修理や改修をしていないと、入居者も少なくなっている事例が多くあります。相続税評価額は、土地建物ともに、賃貸割合を考慮して求めることとされているので、空室の多い賃貸住宅ほど相続税評価額が高く評価されてしまいます。

また、そのような賃貸住宅を残された相続人にとっては、その財産は、「不動産」ではなく、「不動損」又は「負動産」になってしまいます。

優良な資産を次の世代に残すために、所有関係が錯綜している不動産や、収益性が著しく劣る不動産など、現所有者がそれらの問題を解決しておくことが本来の相続対策です。

	現状のまま	立ち退かせて賃貸住宅を建替え
立退き費用	相続人が負担することになる。相続税の軽減にならない。	被相続人が負担し、現金が減少することで相続税の負担が軽減される。
賃貸住宅	建物の時価＜相続税評価額（固定資産税評価額×0.7×賃貸割合）になっている場合もある。	建物の時価と相続税の評価額との差額が大きく、相続税の負担軽減に役立つ
賃貸住宅の敷地	空室が多いと賃貸割合が低いため相続税評価額が高く算出される	満室経営であれば、相続税評価額は低く抑えられる
債務	相続人の負担は少ない	大きな債務が残っていることが多く、その後の経営のリスクが残る
資産価値	低い	高い

■著者紹介

山本　和義（やまもと　かずよし）

税理士・行政書士・CFP

昭和27年　大阪に生まれる

昭和50年　関西大学卒業後会計事務所勤務を経て

昭和57年　山本和義税理士事務所開業

平成16年　山本和義税理士事務所を税理士法人FP総合研究所に改組
代表社員に就任

平成29年9月　税理士法人FP総合研究所を次世代へ事業承継

平成29年10月　税理士法人ファミリィ設立　代表社員に就任

著　　書『新版タイムリミットで考える相続税対策実践ハンドブック〔遺産分割・申告実務編〕』（清文社）
『配当還元方式徹底活用ガイド―立場で異なる自社株評価―』（清文社）
『令和6年1月相続・贈与分から適用　マンションの相続税評価はこう変わる！』（清文社）
『上場株式等の相続と有利な物納選択』（共著・清文社）
『失敗のない特例事業承継税制の活用実務ガイド』（実務出版）
『税理士が知っておきたい　遺言書でできる相続対策』（新日本法規出版）
『遺言書作成・生前贈与・不動産管理法人・生命保険の活用による税務実務』（大蔵財務協会）
『遺産分割と相続発生後の対策』（共著・大蔵財務協会）
『相続財産がないことの確認』（共著・TKC出版）ほか

備　　考　資産運用・土地の有効利用並びに相続対策、節税対策等を中心に、各種の講演会・研修会を企画運営、並びに講師として活動。また、資産税に関する研修会（TBC研究会）を毎月開催し多くの方の好評を得ています。

令和６年10月改訂
タイムリミットで考える 相続税対策実践ハンドブック
〔生前対策編〕

2024年10月18日　発行

著　者　山本 和義 Ⓒ

発行者　小泉 定裕

発行所　株式会社 清文社
東京都文京区小石川１丁目３－25（小石川大国ビル）
〒112－0002　電話 03(4332)1375　FAX 03(4332)1376
大阪市北区天神橋２丁目北２－６（大和南森町ビル）
〒530－0041　電話 06(6135)4050　FAX 06(6135)4059
URL https://www. skattsei. co. jp/

印刷・製本 ㈱太洋社

■本書の内容に関するお問い合わせは編集部まで FAX（06-6135-4056）又はメール（edit-w@skattsei.co.jp）でお願いします。
■本書の追録情報等は、当社ホームページ（https://www.skattsei.co.jp/）をご覧ください。

ISBN 978-4-433-72424-5